ERDE UND KOSMOS
IM MITTELALTER

Rudolf Simek

ERDE UND KOSMOS IM MITTELALTER

Das Weltbild vor Kolumbus

Bechtermünz Verlag

GENEHMIGTE LIZENZAUSGABE
FÜR WELTBILD VERLAG GMBH, AUGSBURG 2000

EINBANDGESTALTUNG:
STUDIO HÖPFNER-THOMA, MÜNCHEN
EINBANDMOTIV: AKG; BERLIN
GESAMTHERSTELLUNG: CLAUSEN & BOSSE, LECK
PRINTED IN GERMANY
ISBN 3-8289-0379-7

Inhalt

Anhang

Vorwort

Das Mittelalter erweckt für den modernen Menschen gerade durch seine Andersartigkeit ein Interesse, das aus der einstmals finsteren Zeit heute ein schon viel besser ausgeleuchtetes Gebiet der Menschheitsgeschichte gemacht hat. Andererseits ist es auch die Modernität, die Geistesverwandtschaft mit dem heutigen Menschen, die uns aus den alten Quellen her anspricht. Das Mittelalter ist für diesen Blickwinkel nicht nur das Zeitalter, das uns über die Wirren von Völkerwanderungen, Kriegen und Seuchen das Erbe der Antike herübergerettet hat, es ist auch eine Epoche, in der Nationalsprachen und die Nationalstaatlichkeit noch kaum eine Rolle gespielt haben. So kann es uns in einer Zeit von wiederaufbrechenden kleinlichen Nationalismen, die man bereits überwunden glaubte, als Vorbild scheinen. Dazu kommt, daß in der heutigen pluralistischen Gesellschaft bei der Vielfalt koexistierender religiöser und politisch-ökonomischer Ideologien die Sehnsucht nach einem einheitlichen, geschlossenen System des Denkens wieder zu keimen beginnt.

Es ist daher nicht überraschend, daß es eine ganze Reihe von Arbeiten gibt, die sich nicht nur mit Detailproblemen des Mittelalters, sondern auch mit dem Weltbild des mittelalterlichen Menschen beschäftigen, um uns diesen – fiktiven – mittelalterlichen Menschen näherzubringen und verständlich zu machen.[1] Diese Werke bemühen sich, uns das religiöse, berufliche, politische, private und selbst intime Fühlen und Denken von Menschen zu vermitteln, welche in der dreißig oder vierzig Generationen langen Zeitspanne zwischen dem Zusammenbruch des römischen Imperiums und der Entdeckung Amerikas lebten und starben, eine Spanne, für die man später mangels anderer griffiger Definitionen nur den Begriff Medium Aevum, «mittleres Alter» (zwischen Antike und Neuzeit), prägte.

Die Menschen dieser und aller anderen Zeiten bestimmte aber nicht nur ihr eigenes Denken und Handeln, sondern auch ihre Umwelt, und um mit dieser Umwelt erfolgreich umgehen zu können, mußten sie sie begreifen, erklärbar machen. Die Erklärungen der physischen Umwelt sind von Entwicklungsstufe zu Entwicklungsstufe sehr unterschiedlich und reichen von der dämonisierten Umwelt archaischer Kulturstufen über die pantheistischen des Hellenismus und die monotheistische-monistische des Mittelalters bis zu der heute weitgehend rationalisierten Auffassung unseres Kosmos. Heute ist auf der physischen Ebene weder für Gott noch Dämon ein Platz geblieben, beide wurden daher in eine rein spirituelle Ebene verdrängt. Diese moderne Trennung des geistigen und des materiellen Bereichs ist zwar keine ausschließliche Entwicklung des 20. Jahrhunderts, dennoch kann man im Mittelalter noch von einem monistischen oder holistischen Weltbild sprechen. Geist und Materie durchdrangen sich trotz eines ausgeprägten äußerlichen Dualismus noch gegenseitig, wenn man auch dem spirituellen Bereich durchwegs den Vorzug gab und nicht selten eine aus dem Neuplatonismus stammende Verachtung des Materiellen zu spüren ist.[2] Dies widersprach aber nicht der Tatsache, daß man sich wissenschaftlich auch mit der physischen Welt beschäftigen konnte, und ein lateinischer Traktat aus dem Süddeutschland des 11. oder 12. Jahrhunderts, der sich ausdrücklich mit der Welt und dem Himmel befaßt, setzt mit den Worten *Mundus sensibilis* («Die sinnlich erfahrbare Welt») ein, die es hier zu erklären gilt.[3]

Die mittelalterlichen Ansichten von dieser physischen Welt hat sich das vorliegende Buch zu beschreiben vorgenommen, wobei vom Größten ausgehend zum Kleineren fortgeschritten werden soll, vom Bau des Kosmos über die Form der Erde und der Kontinente bis zu länderkundlichen, völkerkundlichen und naturkundlichen Details. Dabei werden nicht nur Grundfragen der Menschheit, wie die nach der Form und der Größe des Weltalls, behandelt, sondern auch die kleineren, aber um so konkreteren Fragen des Menschen an seine Umwelt und deren nicht immer leicht durchschaubares Verhalten.

Wenn im vorliegenden Band keine Kapitel über Gesellschaft, ständische Ordnung und Volksglauben zu finden sind, dann einerseits deshalb, weil diese Aspekte des menschlichen Umfelds Variablen sind, die sich in dem langen Zeitraum zwischen dem Zerfall des römischen Reiches und der Reformation in Europa zwar nicht revolutionär, aber doch wesentlich verändert haben, ganz abgesehen von den regionalen Variationen; andererseits wurde die gesellschaftliche Umwelt vor allem deshalb ausgeschlossen, um noch deutlicher das Bild der dem Menschen vorgegebenen, im vortechnischen Zeitalter auch kaum beeinflußbaren unbelebten Schöpfung darstellen zu können, der Welt also der ersten vier Schöpfungstage, bevor Tiere und Menschen geschaffen wurden.[4]

Im Titel dieses Buches wird Kolumbus als Kürzel für das Ende des Mittelalters genannt, und zwar mit gutem Grund. Drastischer als jede andere Veränderung der letzten 1000 Jahre haben die Entdeckungen des Kolumbus sowie die des Kopernikus und Kepler das einheitliche Weltbild des Mittelalters zerstört. Das hier geschilderte physische Weltbild ist also berechtigterweise als das «vor Kolumbus» zu bezeichnen; ebensogut könnte es allerdings als «Weltbild vor Kopernikus» angesprochen werden. Das Schlußkapitel soll sich daher auch mit anderen, vor allem astronomischen Gründen für das Aufbrechen der mittelalterlichen Welt beschäftigen.

Es muß allerdings darauf hingewiesen werden, daß die Darstellung des vollständigen physischen Weltbilds in zweierlei Hinsicht ein konstruiertes Gedankengebäude ist. Einerseits sind die hier als Grundlage genommenen vier Jahrhunderte vom Beginn des 12. bis zum Ende des 15. Jahrhunderts eine so lange Zeitspanne, daß selbst bei dem nur langsamen Fortschritt mittelalterlicher Naturwissenschaft ein Querschnitt den vielen verschiedenen, sich entwickelnden, dabei regional auch recht unterschiedlichen Ansichten von der physischen Welt nur schwer gerecht werden kann.

Andererseits ist jenes physische Weltbild ein gelehrtes Weltbild, geprägt durch die Tradierung antiker Kultur in den Klöstern, ab dem 13. Jahrhundert immer stärker beeinflußt durch die Universitäten. Es wäre also auch nicht falsch, von einem gelehrt-kirchlichen Weltbild zu sprechen, denn die Universitäten blieben bis in die Neuzeit hinein durch das Wissenspotential der Kirche dominiert, und von den Sieben freien Künsten wurden gerade die hier vorwiegend angesprochenen Fächer des Quadriviums (also Astronomie, Geometrie, Mathematik und Musik) noch lange als Diener der anderen Fächer, besonders aber der Theologie betrachtet. Dies galt wenigstens theoretisch, denn schon seit dem 9. Jahrhundert wurden in diesen heute als naturwissenschaftlich bezeichneten Fächern auch selbständige Studien betrieben, wobei die Einstellung der einzelnen Orden zu den Naturwissenschaften für die Intensität der Beschäftigung wichtiger war als die Grundhaltung der kirchlichen Hierarchie.[5] Das hier detailliert dargestellte Weltbild war also nicht das eines Gelehrten oder eines Ordens oder einer Universität, sondern ist die theoretische Summe der Vorstellungen von der physischen Welt im Mittelalter. Daß ein einzelner Gelehrter alle die Theorien gekannt hätte, ist wohl fast unmöglich. Und wie sich mittelalterliche Menschen außerhalb der Universitäten, Klöster und Bischofshöfe ihre Umwelt erklärten, darüber können trotz ganz vereinzelter Einblicke aus der Predigtliteratur und aus populären Traktaten auch weiterhin nur Spekulationen angestellt werden.

Kapitel 1

Kolumbus und seine Tat

Als Christoph Kolumbus im August 1492 vom kleinen spanischen Hafen Palos aus seine erste Entdeckungsfahrt nach Westen antrat, hatte er die größten Schwierigkeiten zur Durchführung dieser Reise bereits hinter sich. Nicht nur politische, organisatorische und finanzielle Probleme hatten ihn die 18 Jahre seit der ersten Idee zu dieser Entdeckungsreise begleitet. Besonders entscheidend für das ganze Unternehmen war die Frage – am meisten natürlich für die Spanische Krone, welche ⅞ des Unternehmens finanzieren sollte –, ob eine Fahrt nach Westen tatsächlich geeignet sein könnte, die östlichsten Länder der Erde zu erreichen.

Heute ist es gängige Meinung, daß man Kolumbus deswegen abgelehnt oder sogar verspottet habe[6], weil er die Erde für eine Kugel hielt und daher eine Fahrt nach Westen als Weg zu den Reichtümern Indiens und Ostasiens vorgeschlagen hatte. Diese Meinung ist völlig falsch und wird von der Forschung schon seit der Mitte des 19. Jahrhunderts bestritten. Was für Kolumbus zum Problem wurde, war die Frage nach der Größe der Erdkugel und damit der Länge der Reise von Spanien oder Portugal bis nach Asien, da man im 15. Jahrhundert mehrwöchige, geschweige denn mehrmonatige Seereisen ohne Zwischenlandungen für schwierig und gefährlich, wenn nicht überhaupt für undurchführbar hielt.

Um dem spanischen König diese Frage nach der Durchführbarkeit einer derartigen Reise beantworten zu können, berief man schon Ende des Jahres 1486 die sogenannte Talavera-Kommission in Salamanca ein, der nach den Berichten der Kolumbusbiographen Las Casas und Fernando Colón (dem Sohn von Christoph Kolumbus) Astronomen, Kosmographen, Seefahrer und Philosophen angehörten[7]; den Vorsitz hatte der Kleriker Hernando de Talavera, Beichtvater der Königin (und später Bischof von Avila).[8] Diese Kommission dürfte in irgendeiner Form tatsächlich existiert haben[9], aber daß Kolumbus wie ein Angeklagter vor ihr gestanden sei, verhört und geprüft worden sei und vor ihr seine angeblich neuen Gedanken zur Kugelgestalt der Erde vorgetragen habe, gehört einer populären, aber falschen Kolumbus-Mythologie an.[10] Kolumbus wurde dort auch nicht von konservativen Klerikern mit Zitaten aus den Kirchenvätern konfrontiert, um seine Meinung von der Kugelgestalt der Erde zu widerlegen.[11] Dies wäre auch absurd gewesen an einer Universität, an der gleichzeitig Abramo Zacuto lehrte, einer der größten Astronomen seiner Zeit, der die Lehren des Johannes Regiomontanus (1436–1476), die im Kopernikanischen System am Anfang des 16. Jahrhunderts vollendet wurden, schon im 15. Jahrhundert vortrug. Abgesehen davon hätte man sich schwer getan, viele Zitate aus den Kirchenvätern vorzubringen, denn die einzige verwendbare Stelle stammt aus der Religionslehre (*Divinae institutiones*) des afrikanischen Kirchenlehrers Firmianus Lactantius (um 300)[12], der auf Grund biblischer Aussagen eine Kugelgestalt der Erde, Antipoden und die Existenz der Schwerkraft ablehnte.[13] Eine zweite theoretisch gegen die Kugelgestalt der Erde anwendbare Stelle stammte aus der verworrenen, um 545 verfaßten *Topographia Christiana* des alexandrinischen Mönchs Kosmas, der sich selbst Indikopleustes, «Indienfahrer», nannte. Er vertrat auf biblischer Grundlage ein altarförmiges Weltbild und wandte sich gegen alle Lehren der antiken Astronomen. Dieses Werk wurde jedoch nie ins Lateinische übersetzt, erst 1706 in Paris gedruckt und war vorher in Europa so gut wie unbekannt (nur drei griechische Handschriften sind erhalten);[14] den Mitgliedern der Talavera-Kommission war die Stelle also sicher nicht geläufig.

Ausgehend von den astronomischen Kenntnissen des späten 15. Jahrhunderts kann man daher annehmen, daß die Kugelgestalt der Erde allen Mitgliedern der Kommission eine Selbstverständlichkeit war.[15] Auch ist keineswegs sicher, ob diese Kommission wirklich jemals formell getagt hat, oder ob Kolumbus nur Gelegenheit zu einzelnen Gesprächen mit Talavera und anderen Mitgliedern hatte.[16] Was nun tatsächlich besprochen wurde, ist nach der Lage der damaligen Wissenschaft und der Entdeckungsreisen leicht zu rekonstruieren. Die Hauptfrage war wohl die nach der Distanz zwischen Westspanien und der Ostküste Asiens, bzw. den dieser Küste vorgelagerten japanischen Inseln, wobei man sich auf die Vorarbeiten des gelehrten florentinischen Arztes und Astronomen Paolo Dai Pozzo Toscanelli (1397–1482), der außer mit Kolumbus mit Regiomontanus und Nikolaus von Kues in Korrespondenz stand, stützen konnte. Vor allem mußte man die absoluten Längenangaben für die Breitengrade diskutieren. Kolumbus hat hier vielleicht versucht, die Werte mit Blick auf die Genehmigung seines Plans zu verfälschen, um so zu einem geringeren Abstand zu gelangen und damit eine kürzere Reisedauer vorzugeben, als er selbst für realistisch hielt.

Eine zweite, in der Diskussion der Talavera-Kommission vielleicht nebensächlichere Frage war das schon von Toscanelli aufgeworfene Problem, ob man auf dem Weg nach Asien andere Inseln außer Cipangu (Japan) antreffen werde. In der Forschung hat man immer wieder darauf hingewiesen, daß Kolumbus davon überzeugt gewesen sein dürfte, auf der von ihm eingeschlagenen Route ziemlich bald auf Land stoßen zu können. Dafür spricht seine eigentümliche Fälschung von Längen- und Gradangaben in seinem Logbuch, mit denen er kaum die anderen beiden Kapitäne täuschen hätte können, die selbst loggten. Ob die Grundlage für seine diesbezüglichen Erwartungen die Kenntnis der skandinavischen Vinlandreise[17] oder eine hypothetische, aber nicht völlig zu verwerfende portugiesische Entdeckung der Neuen Welt durch Dualmo schon im Jahre 1487 war, ist natürlich nicht festzustellen. Letzteres, die Entdeckung einer Landbarriere im Westen durch den auf den Azoren ansässigen Flamen Dualmo, war seinerzeit von König Johann von Portugal geheimgehalten worden. Er wollte dadurch den Spaniern die Information vorenthalten, daß der einzig mögliche Seeweg nach Indien nun wohl rund um Afrika führen mußte.[18]

Das dritte, aber in den Augen von Geldgebern, Krone und Seefahrern gleichermaßen bedeutende Problem war die technische Durchführbarkeit einer so langen Seereise. Die Portugiesen hatten schließlich schon bei ihren Vorstößen um Afrika herum anfangs mit dem Problem der großen Entfernungen zu kämpfen gehabt.

Zum letzten Punkt konnte Kolumbus eigene Erfahrungen von seiner Reise nach Guinea im Jahre 1482 oder 1483 einbringen; allerdings war die portugiesische Lösung des Nachschubproblems durch Anlage von Forts an der Küste für eine Überquerung des Atlantiks nicht geeignet. Was Kolumbus auf dieser Reise aber gelernt haben mag, war die Tatsache, daß man auf See viel länger unterwegs sein konnte, als die meisten Seeleute seiner Zeit glauben mochten. Kolumbus wußte daher, daß man einen Monat, vielleicht auch zwei Monate ohne frisches Wasser und neue Nahrung mit Segelschiffen unterwegs sein konnte. Er wußte allerdings auch, welche psychischen Widerstände bei den konservativen und abergläubischen Seeleuten dabei zu überwinden waren.

Was die unterwegs nach Westen zu erwartenden Inseln anlangt, so bestand hier vielleicht die größte Unsicherheit (wie die Erfahrung Kolumbus noch lehren sollte), denn auf den mittelalterlichen Weltkarten und in den Kosmographien waren zwischen Irland im Westen und Cipangu/Japan im Osten kaum Inseln verzeichnet, und diese wenigen kannte niemand aus eigener Erfahrung. Man war hierbei also vorwiegend auf das Gebiet der Fabeln und der Mythologie verwiesen.[19] Andererseits hatten die Entdeckungen von Madeira (1420), der Azoren (ca. 1430) und der Kapverden (durch Cadamosta 1455)[20] doch darauf aufmerksam gemacht, daß mehr Inseln im Atlantik existierten, als der mittelalterlichen Kosmographie bekannt waren. Fabelhafte Inseln wie die Reste des in sagenhafter Vorzeit untergegangenen Atlantis oder Antiglia, die von Toscanelli erwähnt wurden[21], nahmen sicherlich einen Platz in der Diskussion über die Länge und Möglichkeit einer Seereise nach Westen ein; ob Kolumbus jedoch von irgendwelchen Seeleuten über andere, realere Inseln im Atlantik wußte, ist ganz ungewiß.

Die Hauptfrage war aber die nach der Distanz zwischen Europa und Ostasien, und hier konnte man noch am ehesten auf die Zeugnisse antiker, aber auch klerikaler mittelalterlicher Gelehrter zurückgreifen (dazu vgl. unten Kap. 3). Dennoch dürfte es auch in diesem Punkt vorwiegend um mathematische Fragen gegangen sein, und nicht in erster Linie um theologische; zwar mag man tatsächlich die Meinung des Hl. Augustinus zitiert haben, daß es keine Antipoden geben könne[22], aber da Kolumbus nach Asien und nicht zu den Antipoden (also etwaigen uns gegenüber auf der südlichen Erdkugel lebenden Menschen) wollte, dürfte dieses Argument keine große Rolle gespielt haben.

Die Kommission von Salamanca kam trotz Kolumbus' unleugbarer Eloquenz und seiner tiefen Überzeugung vom Sinn des Unternehmens zu keinem Entschluß. Dies überrascht allerdings kaum, denn daß eine gelehrte kirchliche Versammlung des 15. Jahrhunderts (ebenso übrigens des 14. oder voriger Jahrhunderte) zu einer klaren Empfehlung an die «Katholischen Majestäten»[23] über die praktische Möglichkeit der Umschiffbarkeit der Erde gelangen konnte, wo es noch dazu um handfeste und nicht ganz geringe Investitionen ging, war unwahrscheinlich. Zu vage sind die Aussagen sowohl der Bibel und der Kirchenväter, aber auch der antiken Autoritäten und der hochmittelalterlichen Gelehrten, um aus ihnen eine klare Antwort über die Form, die Größe und die Beschaffenheit unserer Erde und des Kosmos überhaupt zu ziehen. Die Begeisterung des Kolumbus allein, die teilweise nur spekulativen Berechnungen und eine gewisse Unterstützung durch die Dominikaner an der Universität Salamanca (darunter der Prior Diego Deza, mit dem Kolumbus in der Folge eine lebenslange Freundschaft verband[24]) konnten nach Ansicht einer sachlich wohl objektiven, aber den Majestäten immerhin verantwortlichen Kommission eine derartige Investition nicht rechtfertigen.

Erst sechs Jahre später, in der Begeisterung über den Fall von Granada am 2. Jänner 1492 und die darauffolgende endgültige Vertreibung der islamischen Feinde von der Pyrenäenhalbinsel, fand Kolumbus bei Hofe plötzlich ein besseres Klima für seine Pläne vor, so daß man ihm eine zwar sparsame, aber ausreichende finanzielle Grundlage für seine Reise anbieten konnte.

Was die «sechs oder sieben Jahre größter Sorge», die Kolumbus bis zur Bewilligung seiner Reise verbrachte[25], und die Diskussionen der Talavera-Kommission für uns interessant macht, ist die Beschäftigung des Kolumbus und seiner Zeitgenossen mit den wesentlichen Fragen der Kosmographie im Spätmittelalter, die schließlich durch die erste Reise des Kolumbus praktische Relevanz erlangten.

Es waren Fragen nach den Grundprinzipien unseres Kosmos, also Bau und Elementen des Weltalls, nach der Rolle der Erde in diesem Weltengebäude, der Oberflächenbeschaffenheit unserer Erdkugel, nach dem Aussehen und der Beschaffenheit der entferntesten Länder und Inseln der Erde und ihrer Rolle im göttlichen Heilsplan, Art und Herkunft der Menschen in diesen entlegenen Gegenden, und nicht zuletzt die Frage nach den Gründen für verschiedene Naturphänomene.

Diese Fragen des Menschen in bezug auf seine physische Umwelt, von deren Klärung der mittelalterliche Mensch nach heutiger Ansicht viel weiter entfernt war als der des nun endenden 2. Jahrtausends, sollen in der Folge systematisch dargestellt werden. Die Antworten auf diese Fragen hatten sich in den fünf Jahrhunderten vor Kolumbus' erster Reise, also vom frühen Mittelalter an, viel weniger deutlich geändert als in den 500 Jahren seit Kolumbus' Entdeckung der westindischen Inseln. Antworten hatte man auf diese Fragen sehr wohl, und bis ins 14. und 15. Jahrhundert wurden diese traditionellen Antworten auch kaum stärker in Zweifel gestellt als die der heutigen Wissenschaft von uns – auch uns erscheinen die durch die Astronomie, Physik, Geographie und Geologie ermittelten Ergebnisse über die Grundfragen unserer Erde und unseres Kosmos als kaum mehr wesentlich veränderbar. Aber ein gelehrter geistlicher Astronom des 13. Jahrhunderts, der es geschafft hatte, die über die Araber vermittelten Kenntnisse des Altertums mit seiner christlichen Weltsicht zu einem geschlossenen System zu vereinigen, mag trotz offener Detailfragen an die prinzipielle Unveränderbarkeit und Richtigkeit seines Weltsystems ebenso geglaubt haben wie wir an unseres, und das nicht nur von der (in physikalischen Fragen oft ohnehin außerordentlich offenen) Glaubensdoktrin her, sondern auch vom Standpunkt der naturwissenschaftlichen Forschungen seiner Zeit.

Kapitel 2

Die Erde als das geschützte Zentrum eines endlichen Kosmos und die Erde als Dotter im Ei des Kosmos

Der sphärische Bau der Welt

Das Weltbild des Christoph Kolumbus und der Menschheit vor ihm war ein geschlossenes System. Damit ist noch gar nicht die erst im 20. Jahrhundert entstandene Theorie von der ständigen Expansion des Kosmos angesprochen, sondern eine viel handgreiflichere Geschlossenheit als nur die der feststehenden Ausmaße. Die Erde war im eigentlichen Sinn vom Weltall umschlossen, indem sie darin als Zentrum konzentrischer Kugeln, der Sphären, eingeschlossen lag. Aber selbst die äußerste dieser Sphären, in immenser Entfernung vom Erdball die äußerste physische Schale dieser riesigen, aber nicht unendlichen Weltzwiebel, war im wahrsten Sinn des Wortes in Gott geborgen, der noch diese äußerste Sphäre in seiner Unendlichkeit umgab.

Die Endlichkeit des Kosmos betraf außer dem rein physischen Aspekt auch noch zwei philosophische Grundannahmen, von denen besonders die erste durch die Wiederentdeckung der Werke des Aristoteles im 12. und 13. Jahrhundert zu Kontroversen führte: Denn die Aristoteliker gingen von einer ewigen Welt aus, und dies widersprach der christlichen Lehre von der Schöpfung der Welt durch Gott. Die aristotelische Ansicht wurde daher 1270 und 1277 wiederholt und ausdrücklich verurteilt. Einigkeit bestand dagegen über die zweite Frage, nach der Einzigartigkeit unserer Welt, die sowohl von den antiken Philosophen als auch von den christlichen Theologen mit einer Reihe von Beweisen einhellig postuliert wurde[26], obwohl die theoretische Möglichkeit weiterer Welten zugelassen wurde.

Die Auffassung von der Erde als Mittelpunkt des Planetensystems und damit des Kosmos stammt aus der griechischen Astronomie, die seit dem vierten vorchristlichen Jahrhundert zwei etwas unterschiedliche geozentrische Systeme entwickelt hatte, die aber schon in der Spätantike und besonders im Mittelalter zu einem nicht immer konsequenten, jedoch verständlichen und allgemein akzeptierten Kosmosbild homogenisiert wurden. Das ältere dieser beiden Modelle war das homozentrische Sphärenmodell, welches von völlig konzentrischen Kugelschalen ausging, die sich um die Erde drehen. Das andere war das sogenannte Exzenter-Epizykelmodell, das die Unregelmäßigkeiten der Planetenbahnen durch Sphären mit ungleichen Mittelpunkten und der Epizykeltheorie (vgl. darüber mehr unten S. 30f und Abb. 6) zu erklären versuchte. Dieses zweite Modell begann ab dem 12. Jahrhundert und besonders im Spätmittelalter das gängige ptolemäische Sphärenmodell zu ergänzen.

Das Sphärenmodell wurde schon von Eudoxus von Knidos (ca. 408–350 v. Chr.) entwickelt und von Aristoteles auf 27 kristalline Sphären erweitert. Der griechische Astronom Hipparch von Nikaia im 2. Jahrhundert v. Chr. und besonders der Mathematiker Ptolemäus im 2. Jahrhundert n. Chr. entwickelten es dann von einem überwiegend symbolischen zu einem astronomischen System[27] und brachten es zu universaler Gültigkeit.[28] Dieses geozentrische Weltbild von Planeten, die sich in genau kreisförmigen Bahnen um die Erde bewegen, behielt in der Folge für eineinhalb Jahrtausende (bis Kopernikus) seine Gültigkeit, auch wenn schon seit dem 12. Jahrhundert die offensichtlichen Fehler dieses Systems zu immer neuen Korrekturversuchen führten.[29]

In diesem System des Eudoxus, Hipparch und Ptolemäus war der immens weite, aber nicht unendliche Kosmos aus konzentrischen Kugelschalen, eben den Sphären, aufgebaut, die aus den Bahnen der sieben damals bekannten «Planeten» (wozu man auch Sonne und Mond zählte) und dem Fixsternhimmel (Firmament) gebildet wurden. Diese Sphären stellte sich wohl kaum ein Gelehrter des Mittelalters als kristallene Kugeln vor wie Ptolemäus, sondern als rechnerische Größen, die von den Umlaufzeiten der Planeten bestimmt wurden. Als in Grade eingeteilte Bögen stellten sich die Planetenbahnen auch in den Armillarsphären des Spätmittelalters dar; Armillarsphären sind metallene Modelle des Kosmos, wo dünne Metallreife die Sphären abbilden und nicht etwa massive Kugelschalen.

Auf den sieben Sphären zwischen Erde und Firmament bewegten sich, von der Erde beginnend, der Mond, der Merkur, die Venus und als mittlerer, wichtigster Planet die Sonne, die auch als der größte Planet galt (entweder 7–8mal größer oder gar 160mal größer als die Erde[30]); dann folgten Mars, Jupiter und Saturn. Die sieben Planetenkreise befanden sich in einer achten Kugel, dem Firmament (= Fixsternhimmel), an dem die Fixsterne befestigt waren (schon Hipparch von Nikaia im 2. Jahrhundert v. Chr. führte 1026 Fixsterne an[31]; mehr sind mit freiem Auge kaum sichtbar). Das Firmament drehte sich am schnellsten, nämlich in 24 Stunden, um die Erde. Außerhalb des Firmaments lag der bewegliche und vielgestaltige Kristallhimmel (*coelum cristallinum*), der durchsichtig war wie Kristall, jenseits davon nur mehr der Feuerhimmel (*empyreum*), welcher als unbewegliches, homogenes Licht gedacht war.

Das Zentrum des Kosmos war die Erde, und zwar nicht etwa wegen ihrer Bedeutung, sondern nach mittelalterlicher Auffassung gerade wegen ihrer Bedeutungslosigkeit im Weltgebäude. Diese uns heute in sich widersprüchlich scheinende Auffassung wurde erstens damit erklärt, daß die Erde als schwerstes Element am weitesten *unten* lag, also vom Zentrum aus gesehen alle anderen Sphären weiter *oben* lagen und somit auch wichtiger waren. Zweitens wurde die Größe der Erde insofern richtig eingeschätzt, als man sie im Vergleich zum gesamten *mundus* als winzig ansah, ja geradezu als einen «unteilbaren Punkt»[32], verglichen mit dem jeder Stern am Firmament größer wäre. Drittens schließlich war die Bedeutung der *Bewegung* dafür ausschlaggebend, daß die Erde an unterster Stelle himmlischer Hierarchie rangierte: Die Bewegungen innerhalb des Kosmos gingen von einem außerhalb des Firmaments gelegenen Antrieb aus, während die Erde, davon scheinbar unberührt, unbeweglich im Zentrum lag.

Da das Firmament am schnellsten um die Erde rotierte (nämlich genau einmal alle 24 Stunden), während die Planeten verschieden lange Umlaufzeiten aufwiesen, lag der Schluß nahe, das Kraftzentrum für die Bewegung des Firmaments und aller Planeten läge jenseits des Firmaments; dieser erste Beweger (*primum movens*) wurde entweder als unsichtbare neunte oder zehnte Sphäre oder aber mit Gott selbst identifiziert. Aus Liebe teilte Gott der Welt die kosmische Bewegung mit[33], indem er das Erste Bewegte (*primum mobile*, oft als eigene neunte Sphäre gedacht), nämlich die äußerste physische Sphäre, in Bewegung setzte. Durch die Reibung der Sphären aneinander übertrug sich diese Bewegung auf die Planetensphären.

Die sichtbare Planetenbewegung zeigte jedoch, daß die am weitesten vom ersten Beweger entfernten untersten Planeten Mond, Venus und Merkur keineswegs die unregelmäßigsten Bahnen und längsten Umlaufzeiten aufwiesen, wie es dem streng hierarchisch gegliederten Bau des Kosmos nach Aristoteles entsprochen hätte, sondern daß gerade die äußeren Planeten die längsten Umlaufzeiten hatten. Schon Aristoteles hatte nämlich im außerhalb des Firmaments gelegenen *primum mobile* den Ursprung der regelmäßigen Planetenbahnen gesehen und demnach den äußeren Planeten höheren Rang eingeräumt als den niederen; dazu kam im Mittelalter noch die Bewertung des göttlichen Anteils am *primum movens*. Die Diskrepanz zwischen tatsächlich sichtbarer Planetenbewegung und aristotelischer Theorie führte in der scholastischen Kosmologie zu einer neuen Gliederung der Sphären, in welcher man nicht nach der Lage, sondern nach der Funktion den mittleren «Planeten», die Sonne, als den vornehmsten Himmelskörper ansah, der auch die Fixsternsphäre an Bedeutung überragte.[34]

Das ptolemäische Kosmossystem war in seiner einfachen Form (mit acht Sphären) das ganze Mittelalter hindurch gültig und fand seinen bildlichen Ausdruck im sog. Weltallbild, der wohl häufigsten astronomischen Abbildung in mittelalterlichen Handschriften (vgl. Abb. 1 und 2). Schon im frühen 8. Jahrhundert ist sie in *De natura rerum* des Beda venerabilis und im 9. Jahrhundert im metrischen *Calendarium* des Wandalbert von Prüm zu finden.

Dieses Weltallbild enthielt in seinem Zentrum üblicherweise eine symbolische Darstellung der Erde, die entweder aus dem in einen Kreis eingeschriebenen T (gleichzeitig Abkürzung für *Terra* und für die mittelalterlichen Mappae mundi[35]), dem Wort *Terra* in einem kleinen Kreis oder aber der schematischen Zeichnung einer irdischen Landschaft (oft komplett mit Städtchen und Hafen) umgeben vom kugelförmigen Weltmeer bestand.[36] Dieses Kürzel für unseren Planeten – in der mittelalterlichen Auffassung jedoch kein Planet, sondern das Zentrum des Kosmos – ist umgeben von acht konzentrischen Kreisen, welche die Namen der genannten Planeten und des Firmaments tragen. In dieser einfachen Form dient das Weltallbild selbst wieder als bildliches Kürzel für den physischen Kosmos und ist schon aus diesem Grund in fast allen Werken enthalten, die sich mit astronomischen oder kosmographischen Fragen beschäftigen[37], aber nicht nur in diesen. Weltallbilder finden sich ebenso in den Handschriften von Werken, die sich mit der Schöpfung der Welt befassen – von Genesiskommentaren bis hin zur mystischen Weltschau einer Hildegard von Bingen.[38]

In derartigen Weltallbildern ist aber meist außerhalb des Fixsternhimmels noch eine ebenfalls durch ein bis drei konzentrische Kreise repräsentierte Darstellung der spirituellen Himmel zu sehen. Außerhalb des Fixsternhimmels lag nämlich laut verbreiteter mittelalterlicher Auffassung noch der Kristallhimmel (oft mit dem *primum mobile* identifiziert), danach ein Feuerhimmel (*empyreum*) und schließlich Gott oder das *primum movens*. Weil aber der dazwischenliegende Feuerhimmel zum Teil als unbeweglich angesehen wurde, bestand im Mittelalter eine immer wieder aufbrechende terminologische und

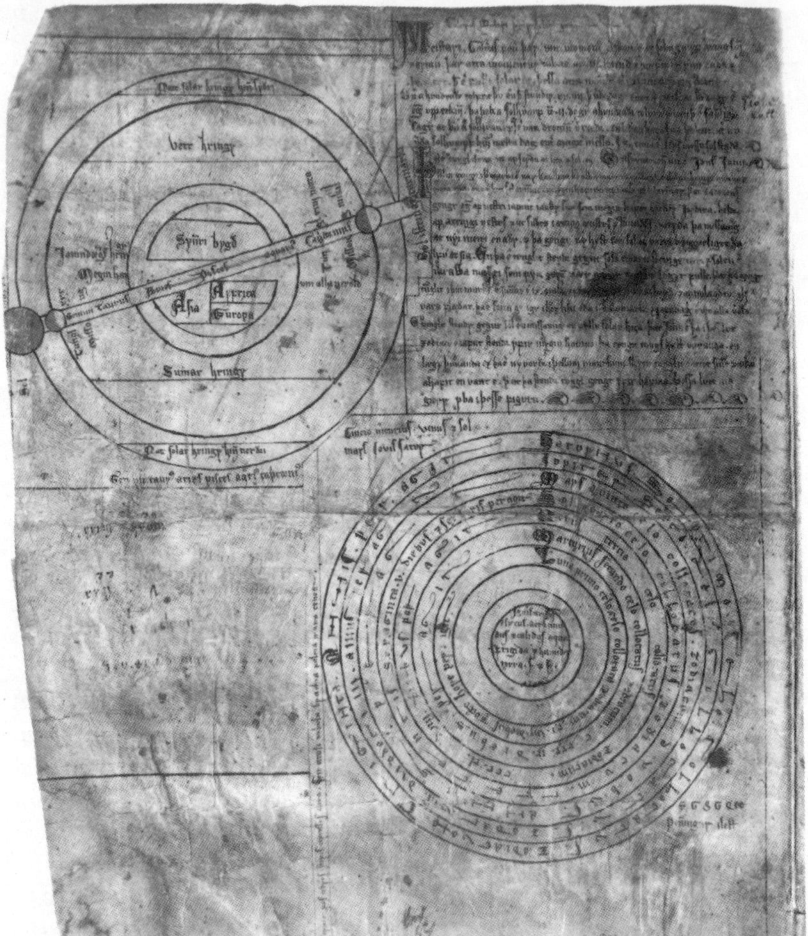

Abb. 1: Einfaches Weltallbild. Kopenhagen, Arnamagnaeanisches Institut, AM 736 I, 4to, f. 1v (ca. 1400).

sachliche Verwirrung über die Lage von Kristallhimmel, Feuerhimmel und *primum movens* zueinander. Diese Verwirrung wurde auch im Mittelalter selbst empfunden, so etwa von Thomas von Aquin, der – außer symbolischen – noch zwei weitere Bedeutungen des Wortes Himmel anführt, nämlich einerseits den körperlichen Himmel, zu dem von der Mondsphäre bis zum Feuerhimmel alles gehört, und andererseits den sogenannten Dritten Himmel (*tertium coelum*), der

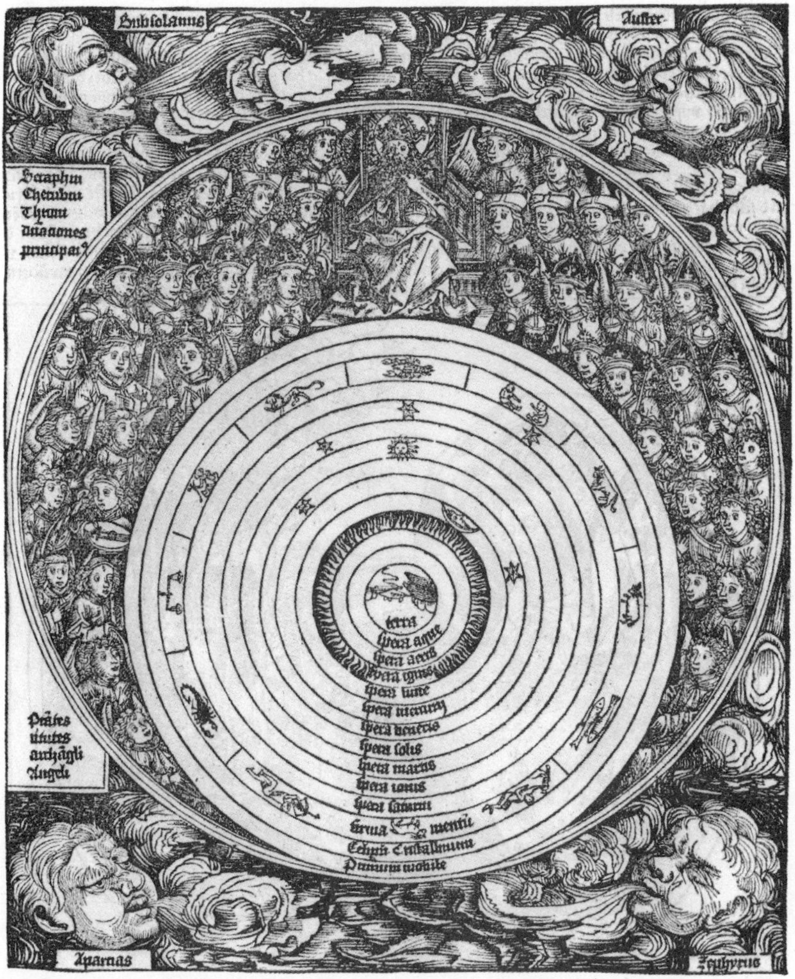

Abb. 2: Weltallbild aus der Schedelschen Weltchronik von 1493. Aus dem Exemplar Wien, Österreichische Nationalbibliothek, Ink. 25. A. 6, f. Vv.

außerhalb des körperlichen Himmels lag und der die Wohnorte der Heiligen, Engel und Gottes enthielt.[39]

Populärwissenschaftliche Werke des Mittelalters gingen noch weiter und unterschieden simplifizierend drei Himmel, einen körperlichen (*coelum corporale*), einen geistigen (*coelum spirituale*) und einen «intellektuellen» (*coelum intellectuale*).[40]Der erste dieser Himmel umfaßte wieder die physischen Sphären einschließlich des Firmaments und des

Feuerhimmels, der geistige Himmel war der Wohnort der Engel, im intellektuellen (im Sinne von vergeistigt) throhnte die Trinität.

Dabei konnte der geistige Himmel als Wohnort der Engel noch weiter in eigene (natürlich geistige) Sphären unterteilt werden, welche den neun Engelshierarchien als Wohnung dienten.[41] Diese Art der Einteilung war in ausführlichen Weltallbildern wie dem der Schedelschen *Weltchronik* auch bildlich dargestellt, wo außerhalb des Firmaments noch zwei (physische) Sphären, nämlich der Kristallhimmel und das *primum mobile*, angegeben werden. Außerhalb dieser lag ein großer Kreis, in dem die Trinität, umrahmt von den Engels-Chören, ihren Platz hatte.[42]

In hoch- und spätmittelalterlichen Texten werden daher an Himmelssphären teils acht oder neun (dies vor allem in astronomischen Werken), zehn oder gar 14 angeführt[43], letzteres nicht nur durch die Erweiterung in verschiedene geistige Sphären, sondern manchmal auch durch die Erweiterung von zehn Sphären durch die vier Elementarbereiche der sublunaren Sphäre (vgl. dazu unten Kap. 8).

Theologische Erweiterungen dieser Art erfüllten das Bedürfnis nach einer Homogenisierung des theologischen mit dem astronomischen Weltbild, wie sie sich schon in dem angeführten Erklärungsversuch des Thomas von Aquin manifestierte. Sie zeigten im geschlossenen Weltbild auch ganz konkret, wie Gott die Schöpfung umschloß oder in seinen Händen hielt. In mittelalterlichen theologischen Handschriften, besonders in den sog. Bibles moralisées (kommentierten und illustrierten Bibelhandschriften), fand dieses physische Gehaltenwerden der Welt durch Gott seinen ikonographisch bemerkenswerten Ausdruck. In der berühmten Darstellung zur Genesis in zwei Wiener Bibelhandschriften hält der Schöpfergott die Welt – repräsentiert durch ein künstlerisch gestaltetes Weltallbild – vor sich oder stützt sie mit einer Hand, während der Zirkel in der anderen Hand seine Verantwortung für den Schöpfungsplan symbolisiert. In dem in Abb. 4 dargestellten Beispiel und anderen reichen Illuminationen sind die einzelnen Sphären nicht eingetragen – während manche der zahlreichen kleineren Illustrationen des Schöpfergottes mit Weltallbild[44] auch die Sphären einzeichnen –, aber trotz der freien nichtastronomischen Darstellungsweise und der Betonung der Elemente gegenüber den Sphären sind sie deutlich als Weltallbilder zu erkennen.

Außerhalb der Welt, zu der außer den Planetensphären, Firmament, Kristall- und Feuerhimmel auch die genannten geistigen Sphären gezählt werden mußten, befand sich ein unendlicher, leerer

Raum, der allerdings – da Gott unendlich ist – als von Gott erfüllt gedacht wurde. Dieses Konzept einer (abgesehen von Gottes Allgegenwart) leeren Unendlichkeit stammt schon aus Aristoteles' *De coelo*, der aber von Gottes Omnipräsenz selbstverständlich noch nichts sagt. Das durch Wilhelm von Moerbeke 1271 in der Übersetzung des Aristoteles-Kommentars des Simplicius (6. Jahrhundert) vermittelte Werk wurde aber durch mittelalterliche Gelehrte des 14. Jahrhunderts wie Nikolaus Oresme oder Thomas Bradwardine mit den christlichen Lehren des Mittelalters homogenisiert.[45] Obwohl man seit 1277 die theoretische Möglichkeit weiterer Welten festgeschrieben hatte[46] (weil Gottes Allmacht auch mehr als eine Welt schaffen könnte), blieb die Entdeckung der realen Existenz weiterer Welten in dem als leer angenommenen Raum der Neuzeit überlassen.[47]

Der Fixsternhimmel (Firmament) bildete im Sphärenmodell, gleich welcher Ausführlichkeit, die äußerste sichtbare Sphäre. Galaktische Ereignisse wie Novae nahmen die Europäer im Mittelalter im Gegensatz zu arabischen und chinesischen Astronomen[48] offenbar nur äußerst selten zur Kenntnis, obwohl wenigstens zwei Erwähnungen von Supernovae, nämlich von 1006 und von 1054, vorzuliegen scheinen.[49] Ein konstantes Phänomen des Firmaments dagegen zog nicht nur populäre Deutungen und Namen, sondern auch astronomische Überlegungen nach sich, nämlich die Milchstraße, welche man richtig mit der Häufung von Sternen erklärte.[50]

Das Sphärenmodell fand seinen Ausdruck nicht nur in den gelehrten Darstellungen und im ikonographischen Kürzel der Weltallbilder, sondern auch in populären Vergleichen zur Bewegung der Planeten. Honorius von Autun spricht von einem Planeten, der sich um die Erde dreht, als von einer Fliege, die auf einem Mühlstein sitzt und sich mit diesem um seine Achse bewegt (*Imago mundi* I, 67), ein altisländischer Text sogar von zwei Fliegen.[51] Die sog. *Mainauer Naturlehre* spricht von einer Mücke auf einem Rad, Konrad von Megenberg in seiner *Deutschen Sphära* von einer Ameise auf einem Mühlstein. Am hübschesten ist das Bild bei Vitruv, der das Sphärensystem mit einem Mühlstein vergleicht, in den konzentrische Rillen eingelassen sind, in welchen Ameisen laufen.[52] So brauchbar das System sphärischer Planetenbahnen auch als Erklärung der wesentlichsten Züge des geozentrischen Weltenbaus war, und so sehr das Weltallbild als bildliches Kürzel für «Welt» zur Identifizierung des Inhaltes in astronomischen Handschriften gewesen sein mag, für die mittelalterlichen Astronomen waren die Unzulänglichkeiten dieses Weltbilds nur zu offensichtlich, und diese Unzufriedenheit äußerte

Abb. 3: Weltallbild in der Prosafassung von L'image du monde des Walter von Metz (ca. 1245). London, The British Library, Cod. Royal 19. A. IX., f. 149r (15. Jahrhundert).

Abb. 4: Weltallbild mit Schöpfergott aus einer Bible moralisée (13. Jahrhundert). Wien, Österreichische Nationalbibliothek, Cod. 1179, 1v.

sich nicht nur in Diskussionen zwischen Theologen und Astronomen über die Zahl der Himmelssphären, wie noch ein Holzschnitt in dem 1490 gedruckten Werk *Concordancia Astronomie cum Theologica* des Pierre d'Ailly zeigt.[53]

Die erste auffällige Ungereimtheit des sphärischen Modells war die schon angesprochene Diskrepanz zwischen den tatsächlichen Umlaufzeiten der Planeten und der Theorie vom Ersten Beweger (*primum movens*) als Ausgangspunkt aller Planetenbewegungen, die zu der bereits erwähnten Sonderstellung der Sonne führte. Diese Unstimmigkeit findet sich jedoch in der astronomischen Literatur kaum erwähnt, offenbar deswegen, weil die Astronomen aufgrund der offensichtlichen physikalischen Mängel auch die Erklärung der Planetenbewegung meist übergehen.

Gravierender war, daß man schon im klassischen Altertum die Beobachtung gemacht hatte, daß Venus und Merkur nur als Abend- und Morgenstern zu sehen waren, d. h. in einem nur geringen Winkelabstand von der Sonne, während die großen, äußeren Planeten jeden Winkelabstand zur Sonne einnehmen konnten; dieses Phänomen kann man heute aus den geringeren Umlaufradien der Planeten Venus und Merkur um die Sonne leicht erklären. Im 4. Jahrhundert v. Chr. fand Herakleides von Pontos die recht logische Lösung, daß diese beiden Planeten sich nicht um die Erde, sondern um die Sonne drehten, die sich ihrerseits jedoch um die Erde bewegte.[54] Diese Erklärung aus den verlorenen Schriften des Herakleides fand im Frühmittelalter Eingang in die Werke einiger Enzyklopädisten, darunter Martianus Capella (5. Jahrhundert) und Macrobius (um 400), die beide im Mittelalter recht bekannt waren. Aus deren Werken, die von den hochmittelalterlichen Enzyklopädisten ausgeschrieben wurden, fand die Theorie im Hochmittelalter Verbreitung. Dennoch wurde die Theorie des Herakleides explizit erst wieder Anfang des 12. Jahrhunderts von Wilhelm von Conches aus der Schule der Chartristen (Lehrer in Paris und Erzieher des englischen Königs Henry II. Plantagenet) in seiner *Philosophia mundi* aufgegriffen. Auch Daniel von Morley, der im Auftrag von Bischof John von Oxford um 1290 nach astronomischen Studien in Toledo seinen *Liber de naturis inferiorum et superiorum* verfaßte – allerdings stark an Wilhelm von Conches orientiert –, spricht ausführlich von der heliozentrischen Bahn von Merkur und Venus und illustriert diese Theorie wie Wilhelm durch eine Abbildung.[55] (Abb. 5)

Daniels Handbuch hatte allerdings wesentlich geringere Verbreitung (nur zwei Handschriften sind erhalten[56]) als das des Wilhelm.

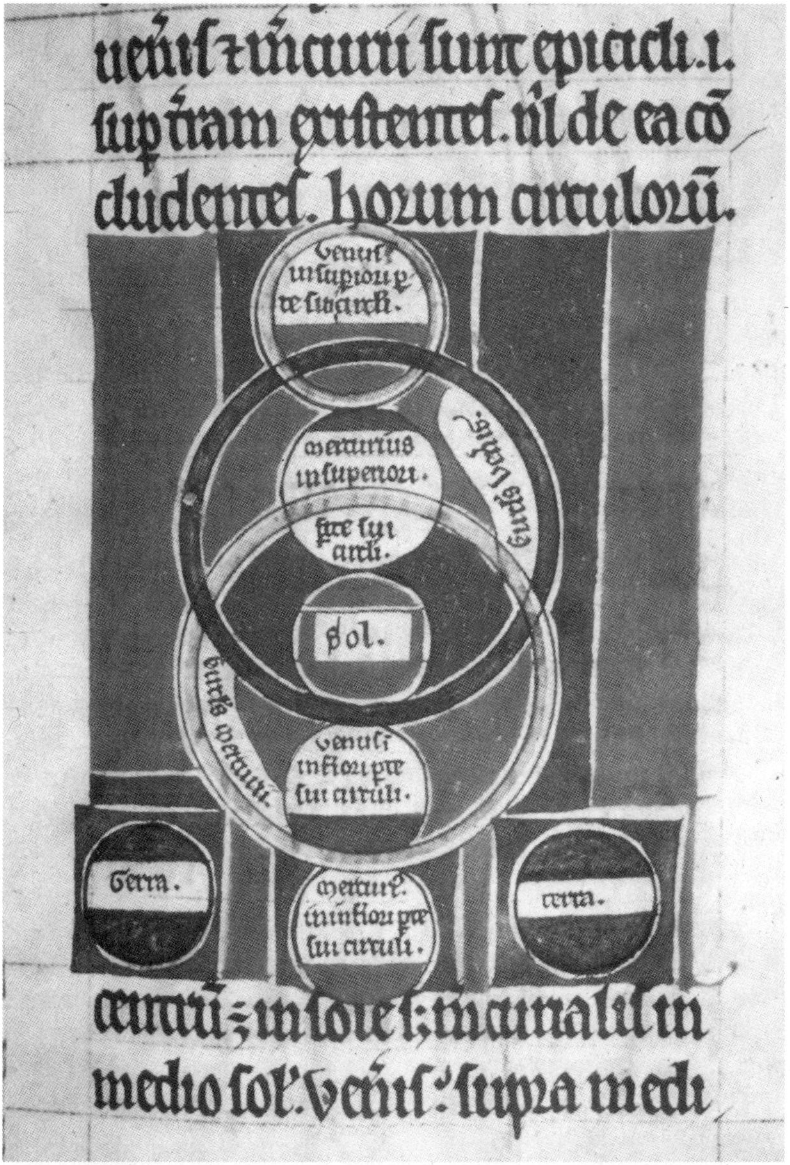

Abb. 5: Heliozentrische Bahnen von Merkur und Venus und des heliozentrischen Epizykels der Venus bei Daniel von Morley: Liber de naturis inferiorum et superiorum. London, The British Museum, Cod. Arundel 377, f. 119r (13. Jahrhundert).

Die genannte Erklärung für die Auffälligkeiten in den Bahnen von Merkur und Venus fand aber interessanterweise keine Aufnahme in das verbreitetste astronomische Lehrbuch des Mittelalters, nämlich Johannes' de Sacrobosco *Liber de sphaera*, entstanden zu Anfang des 13. Jahrhunderts, sowie dessen deutsche Übersetzungen, und sie fehlt auch in dem nicht ganz so erfolgreichen gleichnamigen Handbüchlein des Robert Grosseteste.

Diese Lehrbücher trugen ab dem 13. Jahrhundert enorm zur Verbreitung astronomischer Kenntnisse bei, da sie als vorgeschriebene Textbücher an den Universitäten verwendet wurden. Das erste dürfte der schon erwähnte *Liber de sphaera* (oder *De sphaera mundi*) des Johannes von Sacrobosco gewesen sein, das der nordenglische Gelehrte zu Anfang des 13. Jahrhunderts (vor 1220), als er an der Universität Paris lehrte, verfaßte. In seinem wenig umfangreichen Werk behandelte er in vier Abschnitten den sphärischen Bau der Welt nach dem ptolemäischen Weltsystem, die astronomischen Kreise, den Auf- und Untergang der Himmelskörper unter Berücksichtigung der Klimazonen, und schließlich die Planetenbewegungen. Trotz – oder gerade wegen – der Knappheit der Darstellung, in der manche wichtigen astronomischen Fragen überhaupt nicht angesprochen wurden, war dieses Büchlein einer der «Bestseller» mittelalterlicher Sachliteratur. An lateinischen Handschriften dürften noch etliche Hundert erhalten sein, in der Frühdruckzeit – als die astronomischen Angaben immerhin schon teilweise überholt waren – erlebte es zwischen 1472 und 1647 65 Ausgaben, die Zahl der lateinischen Kommentare dürfte über 80 betragen[57], und das Werk wurde ganz oder teilweise in verschiedene Volkssprachen übersetzt. Ins Mittelhochdeutsche wurde es gleich dreimal übersetzt, zwischen 1347 und 1350 von dem gelehrten und rührigen Regensburger Domherrn Konrad von Megenberg (1309–1374), als er als Leiter der Stephansschule in Wien wirkte; er nannte seine freie Übertragung die *Deutsche Sphaera*.[58] Ebenfalls in Wien entstand in der zweiten Hälfte des 14. Jahrhunderts eine anonyme Übersetzung unter dem Titel *Puechlein von der Spera*.[59] Eine weitere Übersetzung erfolgte schließlich noch zu Anfang des 16. Jahrhunderts durch den Mathematiker und Astronomen Konrad Heinfogel, einen Nürnberger Kleriker (ca. 1455–1517), dessen Fassung als *Sphaera materialis* zwischen 1516 und 1539 in vier verschiedenen Ausgaben im Druck erschien.[60]

Wenn das Lehrbuch des Johannes von Sacrobosco auch das wirksamste astronomische Werk des Mittelalters war, so war es doch keineswegs das einzige, das als Handbuch konzipiert war, denn es bestand die Tendenz, für die einzelnen Orden eigene Schriften anzufertigen. Fast gleichzeitig mit Johannes verfaßte sein Landsmann, der Franziskaner Robert Grosseteste (ca. 1175–1253), ab 1235 Bischof von Lincoln, ein noch knapperes Werk fast gleichen Inhalts, das er offenbar auf die Bedürfnisse seiner Ordensbrüder ausrichtete. Die fünf Kapitel von *De sphaera* enthalten sogar Abbildungen, die mit denen bei Johannes eng verwandt sind, an den Universitäten konnte es sich aber nicht durchsetzen und blieb wohl auf den Gebrauch im Franziskanerorden beschränkt.[61] Ein weiterer englischer Kleriker und Autor eines Astronomielehrbuchs war der Franziskaner Johannes Peckham (ca. 1220–1292), der seinen *Tractatus sphaerae* verfaßte, lange bevor er Erzbischof von Canterbury wurde, und diesen ebenfalls auf die praktische Verwendung in den Ordensschulen zuschnitt.[62] Ebenfalls kurz nach der Mitte des 13. Jahrhunderts dürfte Campanus von Novara, der Kaplan des Papstes Urban VI. (Pontifikat 1261–1265), seinen *Tractatus de Sphaera* verfaßt haben, der 54 sehr kurze Kapitel umfaßt und weitgehend auf Johannes beruht, aber in wenigen Fällen über den *Liber de sphaera* hinausgeht, so etwa in der Erwähnung der Kontinente, besonders aber in dem oben erwähnten Problem des Verhältnisses von Sonnenbahn und Umlaufbahn von Merkur und Venus.[63] Diese Frage wurde zwar vereinzelt auch in den Kommentaren zum Werk des Johannes von Sacrobosco thematisiert[64], aber keiner dieser Texte schrieb die Heliozentrik der beiden kleinen Planeten eindeutig fest.

Die dritte und auffälligste Unregelmäßigkeit des ptolemäischen Systems wird dagegen in allen genannten Werken recht ausführlich behandelt, nämlich die Stillstände und Rückläufe der Planeten, die in den Weltallbildern nur äußerst selten zum Ausdruck kamen. Diese Unregelmäßigkeiten bei allen Planeten außer der Sonne bildeten seit den Astronomen und Philosophen des klassischen Griechenlands, Eudoxus von Knidos, Herakleides von Pontos, Aristoteles und Ptolemäus Anlaß zu immer neuen Erklärungen. Man versuchte üblicherweise, die Stillstände und Rückläufe durch die Annahme immer neuer Zwischensphären zu erklären:[65] Die verschiedenen Geschwindigkeiten und Drehrichtungen der Zwischensphären sollten die von der Erde aus zu beobachtenden Unregelmäßigkeiten als gesetzmäßig deuten. Dabei kam schon Aristoteles auf insgesamt 27 Sphären, die später auf bis zu 55 erweitert wurden; selbst damit konnten aber nicht alle Irregularitäten der Planetenbahnen erklärt werden.[66]

Die im Hochmittelalter schließlich weitgehend akzeptierte Lösung ist die nach Vorarbeiten von Apollonius von Pergae (um 200 v. Chr.)

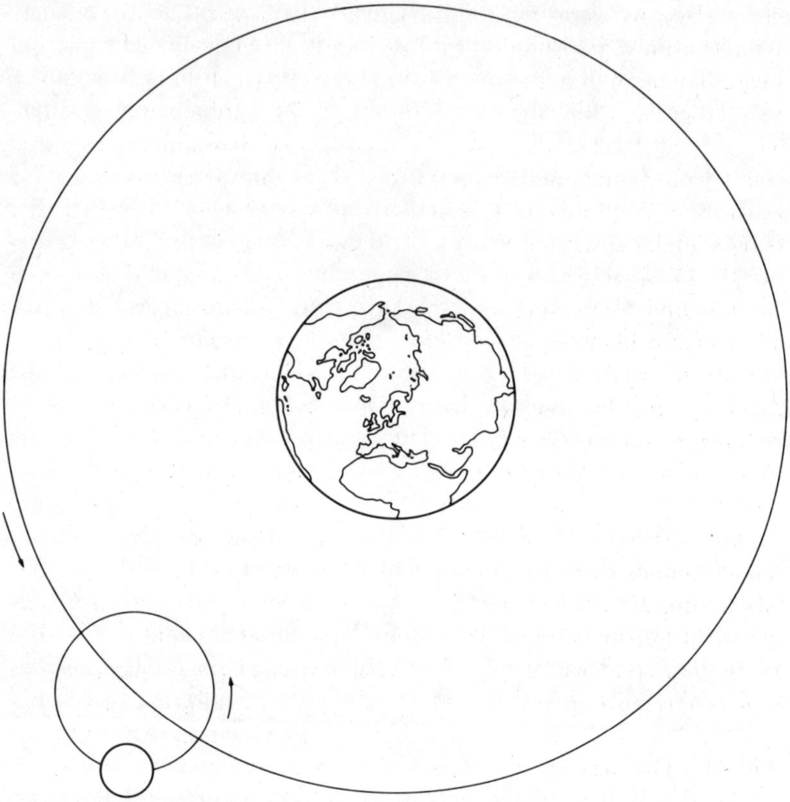

Abb. 6: Schematische Darstellung der Epizykeltheorie.

durch Ptolemäus entwickelte Epizykeltheorie[67], welche die eigentlichen Planetenbahnen als Kreise (= die sogenannten Epizykeln) deutete, deren Mittelpunkte sich auf den großen Sphären, den sogenannten Deferenten bewegten (vgl. Abb. 5 und Abb. 6).

Diese durch den *Almagest* und durch Sacroboscos *Liber de sphaera* ebenso wie die anderen besprochenen astronomischen Handbücher und Kommentare propagierte Theorie wurde für das 13. bis 16. Jahrhundert zur gültigen Erklärung der Planetenbahnen, fand ihren Niederschlag jedoch nur im ausgesprochen astronomischen Fachschrifttum. Die allgemein gehaltenen astronomischen Erklärungen des enzyklopädischen Schrifttums blieben von dieser komplexen Theorie weithin unbeeinflußt und bildeten den Sphärenhimmel ohne Detailerklärungen als einfache konzentrische Kreise ab, wie man sie üblicherweise aus dem Weltallbild kannte. Erst seit Johannes Scotus Eriugena im 9. Jahrhundert gab es vereinzelt Versuche, die traditionelle Ikonographie des Weltallbilds gemäß der Epizykeltheorie zu modifizieren, wobei auch Varianten der heliozentrischen Theorie für Venus und Merkur dargestellt wurden[68], auf deren Grundlage Aristarch von Samos im 3. vorchristlichen Jahrhundert das erste heliozentrische Weltbild entworfen hatte (üblicherweise aber inkorrekt dem Herakleides von Pontos, 4. Jahrhundert v. Chr., zugeschrieben).[69] Diese sogenannte geoheliozentrische Lösung, nach der sich Merkur und Venus um die Sonne bewegten, die Sonne dagegen wie alle anderen Planeten um die Erde, wurde vereinzelt auch im Mittelalter rezipiert (besonders bei Wilhelm von Conches und Daniel von Morley, vgl. Abb. 5), aber erst im 16. Jahrhundert von Tyho Brahe zu einem komplexeren System weiter ausgebaut, in dem sich alle Planeten um die Sonne bewegten, diese sich jedoch um die Erde drehte.[70]

Das sphärische Modell, wie es in Weltallbildern und den einfacheren astronomischen Texten beschrieben wird, stand im Mittelalter als Abkürzung für die Welt, den *mundus*. Deswegen sind viele Weltallbilder nicht nur in astronomisch-komputistischen Sammelhandschriften zu finden, sondern auch in historiographischen und sogar theologischen Werken und Sammlungen, da die Universalhistorie nicht nur den *orbis terrarum*, sondern mit der Genesis ja den gesamten *mundus* umfaßte. Daß das Weltallbild für den mittelalterlichen Gelehrten die Essenz der Welt symbolisierte, zeigt auch die Unterschrift in einem interessanten, aber ohne Wirkung gebliebenen mittelhochdeutschen Text, der anonymen *Mainauer Naturlehre* (aus dem 13. Jahrhundert[71]), welche unter einem kleinen Weltallbild die Legende trägt: *Diese figura betvtet die welt wenne die elementen vnd die himmele die hie getecket sint daz heizzet als die welt.*[72]

In der Erweiterung durch Epizykel und die komplexen Bahnen der kleinen Planeten konnte in der mittelalterlichen astronomischen Literatur aus diesem simplen Bildchen jedoch schnell ein sehr komplexes, nicht immer logisches System von konzentrischen und exzentrischen Bewegungen der Himmelskörper werden, welche sich um die Erde, um die Sonne und außerdem noch um zwangsweise angenommene theoretische Punkte bewegten. Somit ist leicht zu verstehen, daß Robert Grosseteste von einem Weltallbild in seinem astronomischen Werk (in Anlehnung an Lukrez) als Weltmaschine spricht: *Tale autem corpus est tota mundi machina*[73] («Dieser Körper nämlich ist die ganze Weltmaschine»).

Das Kosmos-Ei

Neben der wissenschaftlichen Erklärung des Kosmosbaus mittels zusehends komplizierterer gestalteter Sphären gab es aber auch noch eine populärere und vor allem symbolischere Variante, nämlich den Vergleich der Welt mit einem Ei. (Auf die Vergleiche der Erde mit einem Ball oder einem Apfel soll erst unten in Kapitel 3 eingegangen werden.)

Dieser Vergleich der Welt mit einem Ei beruhte nicht auf dem sphärischen Weltbild des Ptolemäus, sondern auf der mittelalterlichen Elementenlehre (vgl. unten Kap. 8). Der Vergleich ordnete vier Abschnitte des Weltalls den vier Elementen zu, und diese wurde dann mit dem Aufbau eines Eis verglichen. Eine Form dieses Ei-Gleichnisses findet sich bei Honorius Augustodunensis. Er verglich in seiner am Beginn des 12. Jahrhunderts verfaßten *Imago mundi* (Abb. 7b):

den Himmel (*coelum* = Wasser) mit der Schale (*testa*),
den Äther (*purus aether* = Feuer) mit dem Eiweiß (*album*),
die Luft (*aer* = Luft) mit dem Dotter (*vitellum*),
die Erde (*terra* = Erde) mit dem Fett-Tröpfchen (*gutta pinguedinis*).

Nicht alle Fassungen dieses verbreiteten Ei-Gleichnisses folgten jedoch diesem Schema, offenbar schon deshalb nicht, weil die Zuordnung von elementaren Teilen des Kosmos zu Teilen des Hühnereis stark hinkt und die Autoren daher zu Verbesserungen des Vergleichs neigten; auch waren Honorius' Zuordnungen von Kosmosteilen und Elementen selbst für mittelalterliche Verhältnisse etwas zu theoretisch und wurden daher meist durch folgendes einfachere, aber auch logischere Schema ersetzt (Abb. 7a):

Feuer	Schale
Luft	Häutchen
Wasser	Eiweiß
Erde	Dotter

Das Gleichnis von der Erde und dem Kosmos mit dem Dotter im Ei war keine mittelalterliche Erfindung[74], sondern geht letztendlich auf die antike griechische Kosmologie zurück, wo die Idee eines kosmischen Eis oder wenigstens die Auffassung von der Eiförmigkeit des Himmelsgewölbes schon seit Aristoteles (4. Jh. v. Chr.)[75] bekannt war. Der ausführliche Vergleich der Elemente des Kosmos mit den Teilen des Eis geht ebenfalls schon auf vorchristliche Zeit zurück, nämlich auf den großen römischen Gelehrten M. T. V. Varro (116–27 v. Chr.)[76], der die Schale mit dem Himmel und das Eiweiß mit der Erde gleichsetzte. Die Enzyklopädisten der Spätantike und des Frühmittelalters folgten diesem Bild in mehr oder weniger konkreter Weise[77], und ihre Ansichten wurden durch die Kommentatoren des Mittelalters mindestens ebenso verbreitet wie durch die Abschriften der antiken Werke. Zu den ersteren zählten die Martianus-Kommentare des irischen Gelehrten und Lehrers am Hof Karls des Kahlen, Johannes Scotus Eriugena (verfaßt 859/60)[78], und des Grammatikers und Exegeten Remigius von Auxerre im 9. Jahrhundert.[79] Zur Verbreitung des Bildes trug auch Abaelard bei, der es in seiner *Expositio in Hexaemeron*[80] vermutlich von seinem etwas jüngeren Zeitgenossen Wilhelm von Conches übernahm. Für Wilhelm von Conches bestand offenbar kein Widerspruch zwischen dem Gleichnis von Kosmos als Ei und einem auf der Höhe seiner Zeit stehenden sphärischen Weltbild, auf das er, wie oben gezeigt wurde, in seiner populären *Philosophia mundi* ausführlich einging. Der Kosmos als Ei findet sich bei ihm jedoch nicht nur in diesem Werk, sondern auch in seinem (noch

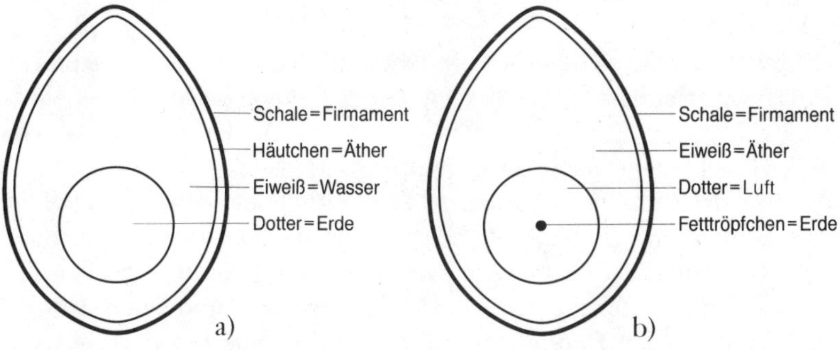

Abb. 7: Schematische Darstellungen von zwei Fassungen des Kosmos-Ei-Gleichnisses.

unedierten) Macrobius-Kommentar.[81] Der so über das ganze Früh- und Hochmittelalter gespannte Bogen reicht bis Hildegard von Bingen. Handschriften ihres *Liber Scivias* enthalten sogar eiförmige Kosmosbildchen, von denen eines (aus Stuttgart) die Legende *Terra autem rotunda in celi medio sicut creata ex nihilo, sic pendet in nihilo, ut vitellum in ovo*[82] («Wie die runde Erde nämlich in der Mitte des Himmels aus dem Nichts geschaffen war, so schwebt sie im Nichts, wie das Dotter im Ei») trägt. Auch in den *Otia imperialia* des Gervasius von Tilbury, verfaßt als Lehrbuch oder Enzyklopädie für den deutschen Kaiser Otto IV., findet sich der Vergleich der Welt mit dem Ei. Abgesehen von Wilhelm von Conches war aber das Bild vom Weltei unter den an philosophischen bzw. theologischen Fragen interessierten Autoren verbreiteter als unter den eigentlichen Kosmographen.[83] Als Beispiel für den Weg der Popularisierung dieses Weltbilds kann ein Satz aus einer Predigt des deutschen Minoriten Berthold von Regensburg (gest. 1272) angeführt werden, der in seiner Predigt *Saelic sint die reines Herzen sint* meint: *daz ist geschaffen als ein ei. Diu ûzer schale das ist der himel den wir dâ sehen. Daz wîze al umbe den tottern daz sint die lüfte. Sô ist der totter enmitten drinne, daz ist diu erde.*[84] Während Predigten im Mittelalter zweifellos das Medium mit der breitesten Öffentlichkeitswirkung waren, sollte aber nicht übersehen werden, daß auch die Prediger selber, wie der Großteil des niederen Klerus überhaupt, kaum jemals persönliche Bekanntschaft mit astronomischen oder kosmographischen Werken machten, selbst wenn sie so verbreitet waren wie das Werk des Wilhelm von Conches. Was ihre Bildung viel stärker beeinflußte, waren einfache didaktische Werke, die zur Praxis des klösterlichen Unterrichts gehörten und übrigens auch außerhalb der Klostermauern oft die einzige Quelle naturwissenschaftlichen Wissens bildeten. Derartige Werke waren häufig in Dialogform abgefaßt, was das in der Unterrichtspraxis übliche Auswendiglernen erleichterte. Eines der wichtigsten war der schon genannte *Elucidarius* des Honorius von Autun (um oder nach 1100 verfaßt), der eine Reihe von volkssprachlichen Nachahmungen provozierte, wobei in erster Linie die Lucidarien zu nennen sind.[85] Der mittelhochdeutsche *Lucidarius* (entstanden um 1190) mag als Beispiel für die Rezeption in derartigen volkssprachlichen didaktischen Werken dienen. Ähnliche Stellen finden sich aber auch in dem in vielen Fassungen über ganz Europa verbreiteten *Buch Sidrach*[86], wo das Gleichnis wie bei Berthold von Regensburg auf drei Elemente reduziert ist (Schale = Firmament, Eiweiß = Wasser, Dotter = Erde)[87], und der schon oben erwähnten mittelhochdeutschen *Mainauer Naturlehre*: *dise welt ist sinewel, unde ist unbeslozen mit dem wendelmer. da inne suebet die erde alse der duter indem eige indem wisem*[88]; das Wendelmeer (= herumlaufendes Meer, vgl. Wendeltreppe) ist mit dem Ozean, welcher die (unvollständige) Wasserhülle der Erde bildet, gleichzusetzen.

Diese simplifizierenden Texte hatten zweifellos mehr Breitenwirkung als die astronomischen Lehrbücher, ihre Intention war aber auch nicht die Vermittlung eines astronomischen, sondern eines symbolischen Weltbilds. Der Effekt war aber nicht so unterschiedlich, wie es auf den ersten Blick scheinen mag, denn in jedem Fall haben wir es mit einer aus Schichten aufgebauten, kugelförmigen Welt zu tun, deren äußerste Lage – im Ei-Vergleich sehr zutreffend als harte Schale wiedergegeben, im Weltallbild als Firmament definiert – den physischen, der Menschheit sichtbaren Kosmos einschließt. Dieses geschlossene, endliche Weltall ruht in seiner Gesamtheit in Gottes Hand und ist in der Schale verschlossen, die die außerhalb sich erstreckende (göttliche) Unendlichkeit fernhält. Die geschützte Endlichkeit des Alls war im Mittelalter so selbstverständlich, daß es ans Visionäre grenzt, wenn im 14. Jahrhundert Konrad von Megenberg mit Berufung auf Beobachtungen meinte, daß es nächtens oft scheine, *als ob ain gruntlôs tiefen gê in den himel oder wenn der himel den wahtern des nahts offen scheint.*[89] Zwar argumentierte er dieses Gefühl der unendlichen Tiefe gleich wieder als perspektivische Sinnestäuschung weg, aber dennoch ist der Eindruck dieser Beobachtung fühlbar – und auch die Furcht, die vor so einem abgrundlosen, offenstehenden Himmel herrschte.

Der Bau der Welt aus den vier Elementen

Der Vergleich zwischen Ei und Kosmos war nicht nur wegen einer gattungsspezifischen Verteilung der beiden Weltmodelle, sondern auch deswegen relativ leicht mit dem sphärischen Modell zu vereinbaren, weil selbst bei einer rein astronomischen Betrachtung des Weltenbaus die Ansicht herrschte, daß der Kosmos aus den vier Elementen bestand, und zwar in konkreter Schichtung nach ihrem spezifischen Gewicht. Die gängigste Auffassung war, daß zwischen der untersten Planetensphäre (also des Mondes) und der unbeweglich im Mittelpunkt des Alls lagernden Erde Schichten von Feuer, Luft und Wasser lagen, die die Erde umgaben. Die Erde liegt, gemäß ihrer Natur als schwerstem Element, am tiefsten, also im Zentrum des Kosmos, von dem aus keine Abwärtsbewegung mehr denkbar ist.

Dabei war die Wasserhülle eine unvollständige, denn obwohl ein Großteil der Erde von Wasser bedeckt ist, ragt doch das trockene Land daraus hervor; wie sich schon im 10. Jahrhundert Notker der Deutsche in seiner Übersetzung des Boethius vorsichtig äußerte, sieht man auf der uns bekannten Seite der Erde die drei Kontinente über dem Wasser; wie es damit auf der Rückseite der Erdkugel bestellt sei, wüßten wir nicht.[90] Die darüberliegende Lufthülle war ebenfalls mehr oder weniger unbeweglich gedacht, aber wie weit sie hinaufreichte, und ob die Bewegung der Sphären auch die Luft in höheren Schichten in Bewegung versetzte, darüber herrschte bei den mittelalterlichen Gelehrten eine allerdings nie in Dispute aufbrechende Uneinigkeit.

Laut der aristotelischen Lehre war es nur der Bereich unter der Mondsphäre, der die Schichtung in die Elemente aufwies, d. h., oberhalb der Lufthülle der Erde befand sich noch eine Feuer- oder besser Ätherhülle, aber auch diese endete entweder an der untersten planetaren Sphäre[91] oder aber am Firmament.

Ab dem 12. Jahrhundert teilte man das Weltallbild anders ein, nämlich mit dem schon komplexeren, durch die Epizykeltheorie beeinflußten sphärischen Kosmosbild: Man ließ die Lufthülle bis ans Firmament reichen, während die dahinter liegenden Himmel das Empyreum (Feuerhimmel) bildeten und mit dem Feuer zu identifizieren waren.[92] Diese Einteilung begegnet uns vor allem in den Weltallbildern des 12. bis 15. Jahrhunderts, aber Klarheit über die genaue Verteilung der Elemente im All bestand weder bei Astronomen noch bei Enzyklopädisten, denn die genannten zwei Erklärungsversuche sowie die etwa im *Elucidarius* anzutreffende Annahme eines Wasserhimmels und dessen Lage zum Feuerhimmel machten allgemeingültige Aussagen unmöglich. Daß die relative Lage der Elemente im Kosmos nicht zu offenen Diskussionen führte, lag wohl auch daran, daß besonders den Astronomen die nur symbolische Rolle der Identifikationsversuche von Welt und Elementen klar war, daß diese bei der Beobachtung der Planetenbahnen und den Versuchen zu deren Erklärung aber keinerlei Rolle spielten. So ist auch bei den großen Umwälzungen des astronomischen Weltbilds im späten Mittelalter und der frühen Neuzeit die Elementenlehre kein Thema.

Kapitel 3

Die Form der Erde

Kolumbus und die Kugelform der Erde

Kolumbus' Idee oder Plan war die *praktische* Durchführung einer Fahrt nach Westen zur Erreichung Ostindiens und Chinas, was nur bei der Annahme einer kugelförmigen Erde möglich war. Die Voraussetzungen dieses Plans, also die Kugelgestalt der Erde und die freie Wasserfläche zwischen Europa und Indien (bzw. China), waren rein *theoretisch* weder zu Ende des 15. Jahrhunderts noch im ganzen Hochmittelalter ein Problem, aber die Absicht der praktischen Umsetzung war das Schockierende und Revolutionäre daran.

Es braucht daher auch kaum zu überraschen, wenn sich die Angriffe gegen Kolumbus nicht mit der Kugelform der Erde befaßten, wobei man ihm auch nur einige wenige Zitate aus der Kirchenväterzeit entgegenhalten konnte, welche selbst Kolumbus' klerikale Zeitgenossen nicht mehr wörtlich nahmen.[93] Die konkreten Gegenargumente gegen seinen Plan beschäftigten sich nicht mit der Form der Erde, sondern mit der Frage nach der Größe dieser Kugel, der Möglichkeit anderer bewohnter Kontinente außer den drei bekannten Asien, Afrika, Europa (zur Antipodenfrage vgl. unten Kapitel 4) und vor allem nach den eingebildeten oder tatsächlichen navigatorischen Problemen bei der Durchseglung eines so großen Meeres wie des Atlantischen Ozeans. Das größte Problem schien für Kolumbus' Gegner überhaupt nicht in den theoretischen Überlegungen zu liegen, sondern in «mangelndem Willen oder Vermögen, den Gedanken von der Kugelgestalt der Erde mit allen seinen Konsequenzen zu Ende zu denken»;[94] das heißt, die Vorstellung der Überquerung der vermeintlich unermeßlichen Wasserfläche zwischen Europa und Asien auf dem Westwege war für die meisten seiner Zeitgenossen einfach nicht nachvollziehbar.

Verständlich wird diese Denkhemmung vielleicht dort, wo man ähnliche zeitgenössische Unternehmungen betrachtet, etwa den portugiesischen Vorstoß um Afrika herum, dessen Probleme anfangs nicht so sehr logistischer, sondern vorwiegend psychologischer Natur waren. Weder die Geographen noch die Seeleute hielten es für denkbar, das berüchtigte Cabo de Não («Kap Nein», etwa auf der Breite der Kanarischen Inseln) mit seinen Untiefen und Nebeln und das sogar noch südlich davon gelegene Kap Bojador (Kap der Angst) zu überwinden[95], welches für die Seefahrt der darauffolgenden Jahrhunderte unter kaum veränderten technischen Bedingungen nur ein unwesentliches Hindernis bildete. Sobald diese psychologischen Schwellen überwunden waren, steigerten sich die erreichten Entfernungen in den darauffolgenden Etappen beträchtlich[96], die Versorgungs- und Kommunikationsprobleme wurden rasch gelöst und auch das Selbstverständnis der Entdecker und ihrer Auftraggeber änderte sich bald, wie die Aufstellung der *Padrãos*, steinernen Säulen mit Kreuz, portugiesischem Wappen und Inschrift, an der afrikanischen Westküste zeigt.[97]

Daß es jedoch auf Grund der Form der Erde überhaupt möglich sein müßte, auf dem Weg nach Westen China zu erreichen, war nicht nur Kolumbus, sondern sicherlich den meisten seiner halbwegs gebildeten Zeitgenossen bewußt. Die Kugelform der Erde, die in der Antike seit Aristoteles als bewiesen galt und die nur in der Kirchenväterzeit einige Gegner gehabt hatte, zählte bereits seit der karolingischen Renaissance des 8. Jahrhunderts zum Wissensgut der Gelehrten. Spätestens ab dem 12. Jahrhundert begannen die astronomischen Handbücher (wie sie im vorigen und in diesem Kapitel beschrieben werden) und der Unterricht an den Universitäten für die Verbreitung des antiken, ptolemäischen Weltbilds zuerst bei den meisten Klerikern, dann bei allen Universitätsabgängern überhaupt zu sorgen.

Schon im 13. Jahrhundert schließlich hatte die Kugelform – und damit die theoretische Umrundbarkeit! – der Erde Eingang nicht nur in die wissenschaftliche, sondern auch die populäre Literatur gefunden, noch dazu in eines der verbreitetsten Reisebücher überhaupt, nämlich in die *Travels* des John of Mandeville, der allerdings persönlich weder eines der geschilderten Länder gesehen hatte, noch dabei gar etwa, wie er behauptete, die Welt umrundet hatte.

Im folgenden sollen daher diese drei wesentlichsten Quellengruppen für den Glauben an die Kugelform der Erde besprochen werden: Erstens die auf den frühmittelalterlichen gelehrten Werken beruhenden Enzyklopädien und Kompendien der kirchlichen Tradition, zweitens die astronomischen Handbücher des Hochmittelalters, und schließlich literarische und auch enzyklopädische Werke des Hoch- und Spätmittelalters, welche aus der Kugelform bereits praktische Schlüsse zu ziehen begannen. Unter anderem soll dann auch darauf eingegangen werden, bei welchen spätantiken Kirchenvätern die Auffassung einer flachen Erde zu finden ist, und wie es zu der irrigen und trotzdem heute noch weitverbreiteten

Ansicht kam, im Mittelalter habe man sich die Erde als Scheibe vorgestellt.

Die gelehrte kirchliche Tradition

Bei dem für das ganze Mittelalter einflußreichsten Sammler wissenschaftlicher Informationen, dem spanischen Bischof Isidor von Sevilla (ca. 570–636), fanden sich noch wenig konkrete Aussagen über die Form unserer Erde; vielleicht war diese Frage für Isidor irrelevant, wahrscheinlicher ist, daß seine Vorstellungen im Spannungsfeld zwischen den ihm bekannten antiken Forschern und den Kirchenvätern nur vage gewesen sind. Jedenfalls spricht er von der Form der Erde nur in unklaren Worten. Zwar scheint er in *De rerum natura* die Welt als kugelförmig zu beschreiben, aber seine Ansicht von den fünf Klimazonen als fünf um das Zentrum der bewohnten Erde angeordnete Kreise läßt so sehr an logischer Durchdringung zu wünschen übrig, daß man ihm verschiedentlich unterstellt hat, sein Weltbild sei das einer flachen Erdscheibe.[98] Dies geht vor allem auf die sein Werk in den Handschriften begleitenden kleinen Weltkärtchen zurück, die nur die drei bekannten Kontinente in einen Kreis eingezeichnet darstellen. Zwei Jahrhunderte später schrieb der Mainzer Erzbischof (ab 847) Hrabanus Maurus (780–856), dessen gelehrte Schriften vorwiegend didaktische Zwecke verfolgten und der deshalb mit dem Ehrennamen «Praeceptor Germaniae», also «Lehrmeister Deutschlands», belegt wurde, in seinem enzyklopädischen Werk *De Universo* Isidors Werk über weite Strecken wörtlich ab, kommentierte es aber auch zusätzlich. Er bezeichnete den bewohnten Erdkreis (*orbis*) ausdrücklich als radförmig, aber die Erde meinte er damit nicht, sondern nur den bewohnten Teil.

Die bei Isidor immer in den Handschriften beigegebenen und bei Hrabanus implizit angesprochenen weit verbreiteten Radkarten stellen tatsächlich eine kreisförmige und flach aussehende Landmasse dar; diese ist aber nicht identisch mit unserer ganzen Welt oder auch nur der Erde, sondern nur mit deren bewohnten Teil, nämlich den bekannten Kontinenten Asien, Afrika und Europa, die in einen Kreis eingetragen wurden, um sie symbolisch darstellbar zu machen. Karten dieser Art können damit sicherlich nicht, wie es bisher häufig geschah[99], als Beleg für ein scheibenförmiges Weltbild gewertet werden, da sie ausschließlich die Größenrelation der Kontinente zueinander verdeutlichen sollten: Asien nimmt die Osthälfte des *Orbis ter-*

rarum ein, Afrika und Europa teilen sich die Westhälfte. Nicht ohne Grund war der Großteil dieser nur die drei bewohnten Kontinente darstellenden Karten (die wegen ihrer kreisrunden Form als Radkarten oder Rotakarten, nach ihrem Inhalt als Ökumenekarten, nach der schematischen Form der Darstellung auch als T-O-Karten bezeichnet werden) in mittelalterlichen astronomischen Handschriften in der Gesellschaft anderer Darstellungsformen der Welt zu finden, und zwar Zonenkarten (Abb. 8) oder Klimakarten (darüber mehr noch unten im Kapitel 4). Diese setzten zwar ein kugelförmiges Weltbild nicht unbedingt voraus, sie waren aber an Texte gebunden, in denen die Kugelform der Erde meist sogar ausführlich erklärt wurde, und das schon seit dem englischen Gelehrten Beda venerabilis im 7./8. Jahrhundert. Alle bildlichen Darstellungen von Zonen- und Klimakarten und die genannten astronomischen Zeichnungen beruhen auf einem sphärischen Weltbild, es wäre also paradox, die in den selben Handschriften überlieferten Radkarten als Belege für ein flaches, kreisförmiges Bild der Erde werten zu wollen. Es darf dabei nicht vergessen werden, daß sich diese mittelalterlichen T-O-Karten bemühten, den relevanten, d. h. bewohnten Teil der Erde in der für die ganze Erdkugel bei zweidimensionaler Darstellung repräsentativen Form, also dem Kreis, wiederzugeben, und damit von der realen Verteilung gar nicht so weit entfernt sind (vgl. Abb. 13–14). Daneben gab es auch noch rechteckige Karten, die sogenannten Noachidenkarten, auf denen die Besiedlung der Erde durch die drei Söhne Noahs, Sem, Cham und Japhet, schematisch dargestellt werden sollte, ohne daß damit eine rechteckige Form der Ökumene intendiert wurde.

Für die Kirchenlehrer und Gelehrten des frühen Mittelalters war die tatsächliche Form der Erde und des Kosmos weniger interessant als deren symbolische Form, wie sich schon oben (Kapitel 2) bei der Auffassung des gesamten Kosmos als Ei gezeigt hat. Wie der runde Dotter im Ei das Zentrum einnimmt, so nimmt auch die Erde das Zentrum des Alls ein, und aus der Analogie zwischen Kosmos und Erde ergab sich für Autoren wie Honorius Augustodunensis auch die kugelige Form der Erde.

Dem schon wiederholt genannten, besonders durch seine beiden enzyklopädisch-didaktischen Werke *Elucidarius* (etwa «Erleuchter») und *Imago mundi* («Bild der Welt») im 12. und 13. Jahrhundert ungeheuer wirksamen Honorius Augustodunensis, einem wohl aus dem süddeutschen Raum stammenden und in Siegburg und Regensburg tätigen Mönch, verdanken wir aber neben der Popularisierung des Eivergleichs auch noch einen weiteren interessanten Beleg für die

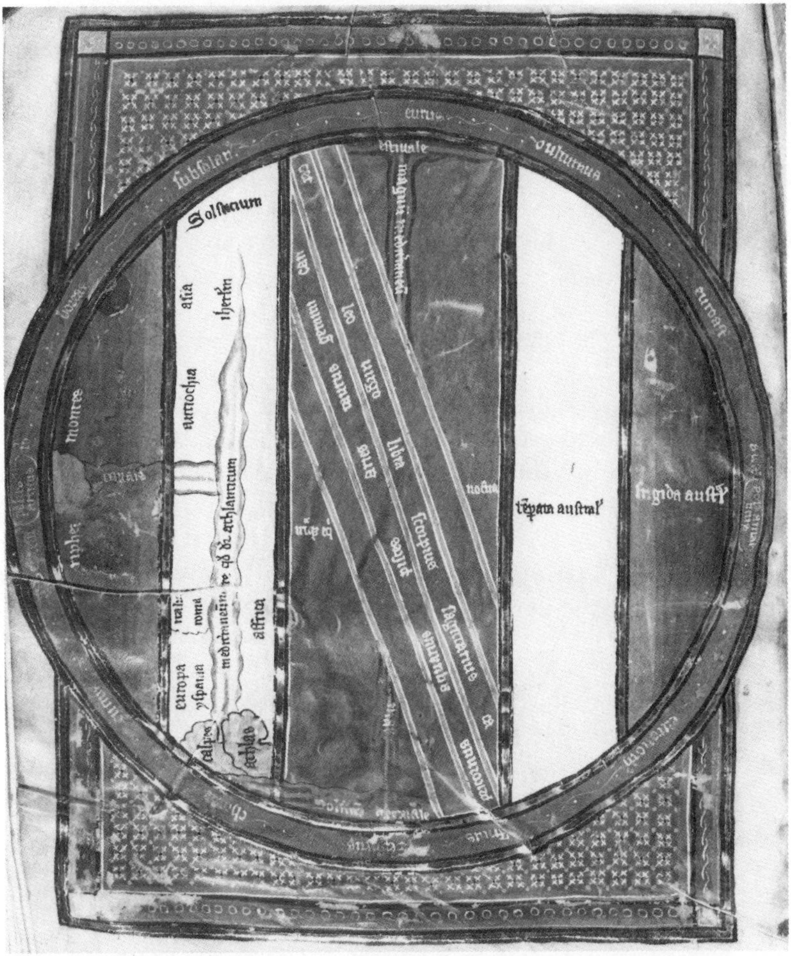

Abb. 8: Zonenkarte aus dem Liber floridus des Lambert von St. Omer (ca. 1120) aus der Handschrift Paris, Bibliothèque Genevive, Ms 2200, f. 34v.

Auffassung von der Welt als Kugel in der Zeit um 1120. In seinem *Elucidarius* (Buch I, Kap. 11) spricht er nämlich von der Erschaffung des Menschen aus den vier Elementen Erde, Wasser, Feuer und Luft und davon, daß der Mensch ein Mikrokosmos sei, der die Teile des Makrokosmos, des eigentlichen Alls, repräsentiere. So sei auch der Kopf des Menschen deswegen eine Kugel, weil die ganze Welt kugelförmig ist. Mit «Welt» (*mundus* = der gesamte Kosmos) meint Honorius hier zwar die ganze Welt und nicht nur die Erde, aber der

Analogieschluß gilt auch hier. Der kurz und bündig abgefaßte *Elucidarius* war als populäres Handbuch auch für den niedrigeren und weniger gebildeten Klerus gedacht und hatte eine entsprechende Breitenwirkung, so daß die darin enthaltenen Vorstellungen recht hohe Bekanntheit genossen.

Nach Vorbild von Honorius' lateinischem *Elucidarius* wurden zwei ähnliche Werke in den Volkssprachen verfaßt, nämlich der mittelhochdeutsche *Lucidarius* aus der Zeit um 1190 – der aber trotz des ähnlichen Titels keine Übersetzung von Honorius' *Elucidarius* ist, sondern eine nach dessen Vorbild enstandene eigenständige Arbeit[100] – und das ursprünglich vielleicht in Südfrankreich entstandene sogenannte *Buch Sidrach*. Der *Lucidarius* übernimmt den Eivergleich aus Honorius' *Imago mundi*, wird aber konkreter und bezeichnet ausdrücklich die vom Ozean umschlossene Erde als *sinewel*, «kugelig».[101]

Das unter dem Namen *Buch Sidrach* in italienischer, französischer, provenzalischer, englischer, niederländischer, dänischer und deutscher Sprache verbreitete, im 13. Jahrhundert entstandene Werk religiös-enzyklopädischen Inhalts enthielt weitere und noch populärere Beispiele für die Form der Erde. Die ältesten niederdeutschen Handschriften, die erst aus dem 15. Jahrhundert stammen, dürften auf einer 1318 verfaßten niederländischen Vorlage beruhen und waren stark gekürzt. Dennoch enthalten sie eine klare Aussage über die Form der Erde: *see is ront also eyn appel.*[102] Dieser populäre und plastische Vergleich der Erde mit dem Apfel war keineswegs auf die Stelle im *Buch Sidrach* beschränkt, sondern fand sich verschiedentlich in mittelalterlichen Texten. Eine mittelenglische Kosmographie aus der 2. Hälfte des 13. Jahrhunderts nannte den Vergleich ebenso wie der norwegische *Königsspiegel* aus der Mitte des 13. Jahrhunderts: Die Erde setzte der Autor hier mit einem Apfel und die Sonne mit einer in dessen Nähe gehaltene Kerzenflamme gleich.[103] Anhand dieser «Versuchsanordnung» erklärte er sowohl die unterschiedlichen Klimazonen der Erde durch den Einstrahlwinkel und die Nähe der Sonne als auch die Form astronomischer Schatten, die wegen ihrer Bedeutung für Sonnen- und Mondfinsternisse in allen mittelalterlichen astronomischen Werken besprochen wurden. Daß man sich die Erde im Hochmittelalter auch sonst gerne als Apfel vorstellte, beweisen aber nicht nur diese verstreuten Textstellen, sondern auch die viel häufigeren Darstellungen von weltlichen Herrschern oder von Christus als Weltherrscher mit dem Reichsapfel in der Rechten, auf dem dann die Kontinente eingetragen waren, um ihn unmißverständlich als «Erd-Apfel» im kosmologischen Sinn zu bezeichnen (Abb. 9).[104]

Der ausdrücklich als «Erdapfel» bezeichnete frühe Globus des Martin Behaim (1459–1507), den er 1492 seiner Heimatstadt Nürnberg zum Geschenk machte[105], bildet also nur einen späten Beleg für eine verbreitete mittelalterliche Tradition, aber er war das erste physisch greifbare Exemplar dieser Tradition, aus der sich die Globuskunst der folgenden Jahrhunderte entwickelte. Behaims Globus, ein mit Pergament überzogener Ball aus Papiermaché und Gips, wies bei seinen 54 cm Durchmesser eine beträchtliche Anzahl von Legenden auf. Behaim stand seit 1484 in den Diensten der portugiesischen Krone und hatte 1485/86 an einer der portugiesischen Expeditionen entlang der afrikanischen Westküste unter Diego Cão teilgenommen, konnte also 1492 schon die Erkenntnisse von der Umrundung des Kaps der guten Hoffnung miteinbringen. Seine Kenntnisse wurden aber zusätzlich durch die Nürnberger gelehrte Kosmographie von Hartmann Schedel, Conrad Celtis und Hieronymus Müntzer ergänzt, wo die im Laufe des 15. Jahrhunderts wiederentdeckte ptolemäische Geographie bestens dokumentiert war.[106] Trotz der schon weit entwickelten Darstellung Afrikas steht Behaims Erdapfel aber insofern noch völlig in der mittelalterlichen Tradition, als er eine Erde mit nur drei Kontinenten zeigt.

Fraglich ist allerdings unter Berücksichtigung der zahlreichen mittelalterlichen Belege für die Erde als Apfel, warum der deutsche Karmeliter Johannes von Hildesheim noch in seiner Mitte des 14. Jahrhunderts enstandenen *Dreikönigslegende* diesen Vergleich als eine Streitfrage präsentiert. In dieser Legende, die er erst auf Latein verfaßte und dann selber ins Deutsche übertrug, spricht er nämlich von den Nestorianern, den seiner Ansicht nach ketzerischen ägyptischen Christen, und scheint ihnen vorzuwerfen, daß sie über die Frage einer apfelförmigen Erde diskutierten.[107] Es ist allerdings nicht ganz klar zu entscheiden, ob Johannes von einer runden Erde wirklich nichts hielt, oder ob ihn etwa der Vergleich mit einem Apfel daran störte, oder ob er den Nestorianern vorwirft, daß sie überhaupt darüber diskutierten. Wie andere Stellen seiner fabelhaften *Dreikönigslegende* zeigen, war Johannes allerdings kosmographisch nicht sonderlich beschlagen; darüber hinaus zeigt er sich außerdem für seine Zeit recht ungebildet, da die ersten europäischen Universitäten schon über 100 Jahre und die deutschen Universitäten spätestens zu seinen Lebzeiten über relativ hohes Wissen auf astronomischem Gebiet verfügten.

Neben dem Vergleich der Erde mit dem Eidotter und mit einem Apfel tritt auch noch der Vergleich mit dem Ball auf. Dieser Vergleich findet sich vor allem in volkssprachlichen Texten, so etwa auch in der Predigt *Saelic sint die reines Herzen sint* des 1272 gestorbenen deutschen Minoriten Berthold von Regensburg (*diu erde ist rehte geschaffen alse ein bal*), direkt neben dem im vorigen Kapitel erwähnten Ei-Gleichnis.[108]

Der Vergleich der Erde mit dem Ball ist alt und hat zahlreiche antike Parallelen. Ob dieses Bild im Mittelalter aus den philosophischen Schriften des jüngeren Seneca[109], Platon[110], Plinius[111] oder aus noch unbekannten Vermittlern bezogen wurde, muß offenbleiben. Der Vergleich führt jedoch wie das Ei/Dotter-Gleichnis vor Augen, daß eine so allgemeinverständliche und sicherlich volkstümliche Ausdeutung der Erdform wie die in Bertholds Predigt keineswegs zu einer Trivialisierung oder gar Verfälschung des damals gültigen wissenschaftlichen Weltbilds führen mußte, sondern daß auch ein Minoritenbruder wie Berthold sich auf dem Wissensstand seiner astronomisch gebildeten Zeitgenossen befinden konnte und dieses Wissensgut – ohne Anstoß zu erregen – an das Predigtpublikum weitervermitteln konnte.

Die astronomischen Handbücher des Hochmittelalters und die Universitäten

Im 13. und 14. Jahrhundert scheint die Tatsache der Kugelgestalt mit Hilfe des Quadrivial-Unterrichts (d. h. in den vier «naturwissenschaftlichen» Fächern Astronomie, Geometrie, Arithmetik und Musik) an den neuentstehenden Universitäten sich wenigstens in gebildeten Kreisen zum durchwegs akzeptierten Faktum entwickelt zu haben. Die Behandlung der Gestalt der Erde in enzyklopädischen Werken, etwa bei den gelehrten Dominikanern Thomas von Cantimpré (*Liber de natura rerum* Lib. XIX, 2), einem Schüler des Albertus Magnus, oder Vinzenz von Beauvais (*Speculum naturale* Lib. VI, Cap. 8–10 u. 13), dem Erzieher der französischen Prinzen um die Mitte des 13. Jahrhunderts, war durchwegs rhetorisch angelegt und wurde immer klar zugunsten der Kugelgestalt beantwortet, ebenso beim englischen Franziskanerbischof Robert Grosseteste. Autoren wie diese drei gehörten ebenso zum sozialen und wissenschaftlichen Establishment wie der Laie Gervasius von Tilbury, der seine *Otia imperialia* um 1200 für Kaiser Otto IV. verfaßte. Auch für Gervasius ist die Erde ein Ball, und das Ei-Gleichnis ist ihm ebenso geläufig wie allen seinen gebildeten Zeitgenossen.

Die Nennung von Autoritäten wie diesen dürfte eigentlich genügen, um das heute verbreitete Fehlurteil zu widerlegen, die Kirche im

Abb. 9: Der Reichsapfel als Erde mit Kontinenten. Norwegische Holzschnitzerei (ca. 1300).

Mittelalter habe die Lehre von der Kugelgestalt der Erde als häretisch abgelehnt oder gar systematisch unterdrückt. Es braucht daher auch nicht zu überraschen, daß das verbreitetste astronomische Handbuch an mittelalterlichen Universitäten, der im vorigen Kapitel besprochene *Liber de sphaera* des Johannes Sacrobosco, nicht nur von der Kugelgestalt der Erde in allen astronomischen Fragen ausgeht, sondern diese Kugelgestalt auch eingehend beweist. Er führt alle zu seiner Zeit bekannten Beweise astronomischer Art an, so etwa die Form des Erdschattens bei der Mondfinsternis, die schon seit den Zeiten des englischen Gelehrten Beda venerabilis um 800 zum europäischen Wissensschatz gehörte und etwa im *Liber floridus* des Lambert von St. Omer (um 1120) durch zahlreiche Abbildungen illustriert wird. Ebenfalls auf die Tradition berufen konnte er sich bei der Besprechung der unterschiedlichen Aufgangszeiten der Gestirne und Planeten in Ost-West-Richtung, oder der unterschiedlichen Höhe am Sternenhimmel von Sternbildern in Nord-Süd-Richtung. Derartige Beweise waren leicht nachzuprüfen, und nordeuropäische Jerusalempilger vermerken auch wiederholt, daß auf dem Weg nach Süden bestimmte nördliche Sternbilder immer näher zum Horizont hinunterrückten. Noch simpler und einleuchtender ist jedoch ein weiterer von Sacrobosco vorgebrachter Beweis für die Kugelgestalt der Erde – und damit auch ihrer Meere –, der in fast allen Handschriften durch eine Zeichnung begleitet wird: Wenn nämlich ein Schiff ein Meeresufer verläßt, so ist das Schiff bald verschwunden, der Mast aber noch länger zu sehen; das Verschwinden des Schiffes ist also nicht nur durch die größer werdende Entfernung, sondern vor allem durch die Krümmung der Meeresoberfläche zu erklären.

Beide Beweise stammen schon von Plinius[112] aus dem 1. Jh. n. Chr., Sacrobosco konnte also auf eine allgemein anerkannte Autorität zurückgreifen. Diese wird aber nun in einen empirischen Kontext gestellt.

Die bei Johannes von Sacrobosco vorgebrachten Beweise für die Kugelgestalt finden sich aber auch in anderen zeitgenössischen Werken astronomischen Inhalts, auch in volkssprachlichen. Zu diesen zählt eine französische Versbearbeitung von Honorius Augustodunensis' *Imago mundi*, die *Image du Monde* des Walter von Metz (um 1245), oder etwa ein nur mehr in einer Handschrift erhaltenes Kompendium über Astronomie und Zeitrechnung, die schon erwähnte *Mainauer Naturlehre* (13. Jahrhundert). Sie bringt nicht nur das alte Eigleichnis, sondern sagt auch zu den vier Elementen, aus denen der Kosmos aufgebaut ist, ausdrücklich: *Das erste ist diu Erde, diu ist kugeleht.*[113]

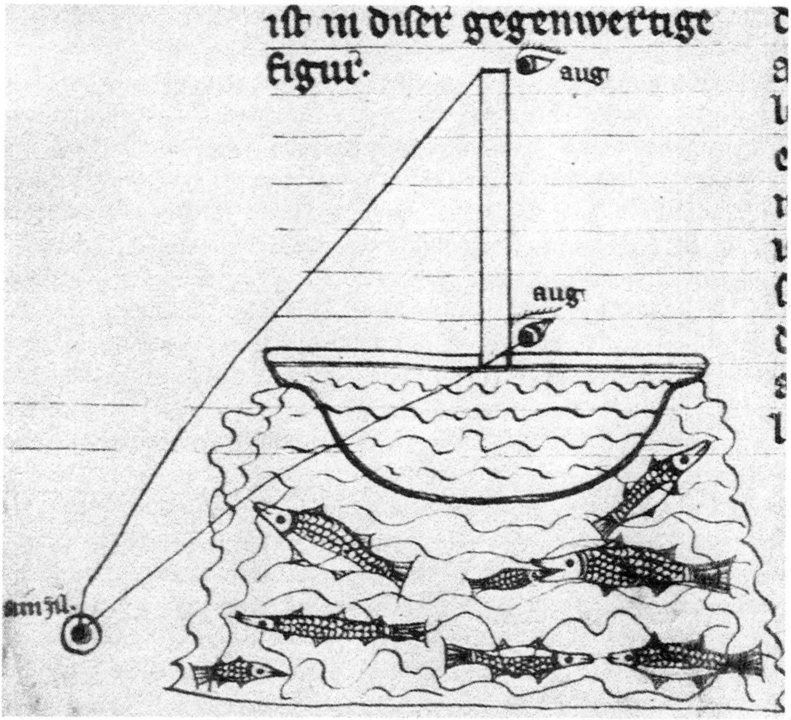

Abb. 10: Beweis der Erdkrümmung durch die Sichtbarkeit eines Schiffes in der Deutschen Sphaera des Konrad von Megenberg. Graz, Universitätsbibliothek, Ms 470, f. 137r (Mitte des 14. Jahrhunderts).

Das Interesse, das für astronomische Fragen auch außerhalb eines engen Kreises gelehrter Astronomen bestand, zeigt am besten die Tatsache, daß die genannten astronomischen Kompendien entweder bald aus dem Lateinischen in die Landessprachen übersetzt wurden oder aber überhaupt gleich volkssprachlich verfaßt wurden. Dennoch finden sich in der Literatur des Mittelalters Stellen über die Form der Erde außer in der astronomischen Fachliteratur fast ausschließlich in der enzyklopädischen Literatur. In der Epik fehlen Hinweise auf die Vorstellungen von der Form der Erde weitgehend, in der religiösen Literatur sind sie selten. Dennoch gibt es eine ganze Reihe von Werken, die belegen, wie sich aus dem Wissen um die Kugelgestalt der Erde schon im 13. Jahrhundert, also lange vor Kolumbus, die Frage nach der möglichen Umrundung des Erdballs entwickelte.

Die Umrundbarkeit der Erde

Als der süddeutsche Dominikaner Albertus Magnus (der «doctor universalis», dem man auf Grund seiner naturwissenschaftlichen Experimente magische Praktiken nachsagte; 1193–1280) Mitte des 13. Jahrhunderts in seinem Werk *De caelo et mundo* («Vom Himmel und der Welt»[114]) Angaben zum Erdumfang vorlegte, führte seine Fehleinschätzung der Höhe der Sternbilder zu einer falschen Kalkulation. Er meinte nun, den Erdumfang viel geringer ansetzen zu müssen, als von den antiken Autoritäten angenommen. Es ist aber durchaus denkbar, daß Albertus' Überlegungen mit zu Kolumbus' Glauben an eine relativ kurze Strecke nach Ostindien beigetragen hat, da der kleinere Erdumfang nach Abzug der ja ungefähr bekannten Ost-West-Ausdehnung von Europa und Asien nur Raum für einen relativ kleinen Atlantischen Ozean gelassen hätte.

Albert war aber nicht der erste, der den Erdumfang drastisch unterschätzte, und das falsche Ergebnis seiner Berechnungen hing vielleicht auch mit den in der Antike gemachten Fehlern zusammen. Der griechische Geograph Strabo war nämlich schon im 1. Jahrhundert v. Chr. auf einen Erdumfang von nur ca. 27 000 km gekommen, wobei er davon ausging, daß die bewohnte Erdoberfläche (also die Strecke von Indien bis zur europäischen Atlantikküste) die Hälfte davon ausmachte. Bekanntlich beträgt der Erdumfang am Äquator jedoch tatsächlich 40 000 km, und die Ost-West-Ausdehnung Asiens und Europas macht nur 140 von 360 Längengraden aus. Auch Ptolemäus kam 250 Jahre später nur auf ca. 28 350 km für den Erdumfang, und seine Werte blieben für das Mittelalter und die frühe Neuzeit relevant, auch wenn der Alexandriner Erathostenes, Leiter der damals weltgrößten Bibliothek, schon im 3. Jahrhundert v. Chr. einen den Tatsachen recht nahekommenden Wert von 39 690 km errechnet hatte, indem er den Sonnenwinkel zu Mittsommer in Assuan mit dem in Alexandrien verglich.

Für den französischen Theologen und späteren Kardinal Pierre d'Ailly (Petrus de Alliacus, 1350–1420) war die Welt ebenfalls eine Kugel, deren Umfang er im Anschluß an Erathostenes, den er wohl aus Johannes' von Sacrobosco *Liber de sphaera* kannte[115], ziemlich richtig wiedergab. In seinem Werk *Ymago mundi*, das Kolumbus verwendete und mit eigenen Notizen versah (dieses zwischen 1480 und 1483 in Löwen gedruckte Exemplar[116] ist bis heute erhalten), zitiert er auch verschiedene Überlegungen zum Verhältnis vom Wasser zum Land auf der Erde[117], schließt sich aber selbst der

Ansicht an, daß mehr als ein Viertel der Erdoberfläche bewohnt sei.

Für Kolumbus war diese Aussage des Pierre d'Ailly neben den fabelhaften Erzählungen des John of Mandeville die Hauptquelle, außerdem dürfte er auf dem Umweg über englische Fischer und Händler von den isländischen Reisen nach Grönland und «Vinland» (= Neufundland?) erfahren haben, was ihn ebenfalls bestärkte, die Größe des Atlantischen Ozeans vergleichsweise gering anzusetzen.[118]

Von der faktischen Umrundbarkeit der ganzen Erde aber sagte Albertus Magnus selbst noch gar nichts, und Pierre d'Ailly spricht von der Fahrt nach Westen auch nur im Zusammenhang mit der Größe der Meere und der bewohnten Erde. Ausdrücklich wird eine Umrundbarkeit der Erde dagegen erstmals in den Handschriften der (um 1245 entstandenen) *Image du monde* seines Zeitgenossen, des oben schon erwähnten Walter von Metz erwähnt. Walter spricht davon, daß zwei Männer, die sich in entgegengesetzter Richtung auf den Weg machen, auf der anderen Seite der Erdkugel zusammentreffen müssen. Diese logische Folgerung aus der Kugelgestalt der Erde wird in Walters *Image du monde* durch eine bildliche Darstellung ergänzt. Die Darstellung (Abb. 11 und 12) dürfte ihren Eindruck auf Zeitgenossen und Nachfahren nicht verfehlt haben.

Diesen Text hat der angebliche Reisende John of Mandeville – 100 Jahre nach Walter – wohl vor Augen gehabt, als er seine großteils fiktiven *Travels* schrieb. Mandeville, vielleicht ein nach Belgien geflüchteter Engländer, der selbst sicherlich nie über Ägypten hinausgekommen war, falls er überhaupt so weit kam[119], schrieb auf Grund mangelnder eigener Erfahrungen ausführlich aus älteren Reisebeschreibungen und den geographischen Abschnitten der Enzyklopädien ab. Trotz – oder vielleicht wegen? – seiner völlig konformen und fest in der mittelalterlichen Tradition stehenden Schilderung fremder Gegenden, in der er besonders das Wunderbare und Außergewöhnliche betonte, aber natürlich nichts selbst Erfahrenes einbringen konnte, war seinem Werk ein enormer Erfolg beschieden, und es wurde in zahlreiche europäische Volkssprachen übersetzt (vgl. dazu mehr unten im Kap. 6).[120]

Für ihn war die Kugelförmigkeit der Erde solch eine Selbstverständlichkeit, daß er zu Anfang seines Buches eindrucksvoll beschrieb, daß man von England nach Jerusalem *bergauf* reise, da ja Jerusalem als der Mittelpunkt der bewohnten Erde oben auf dem Erdball gelegen sei. Von Jerusalem nach Indien dagegen gehe es

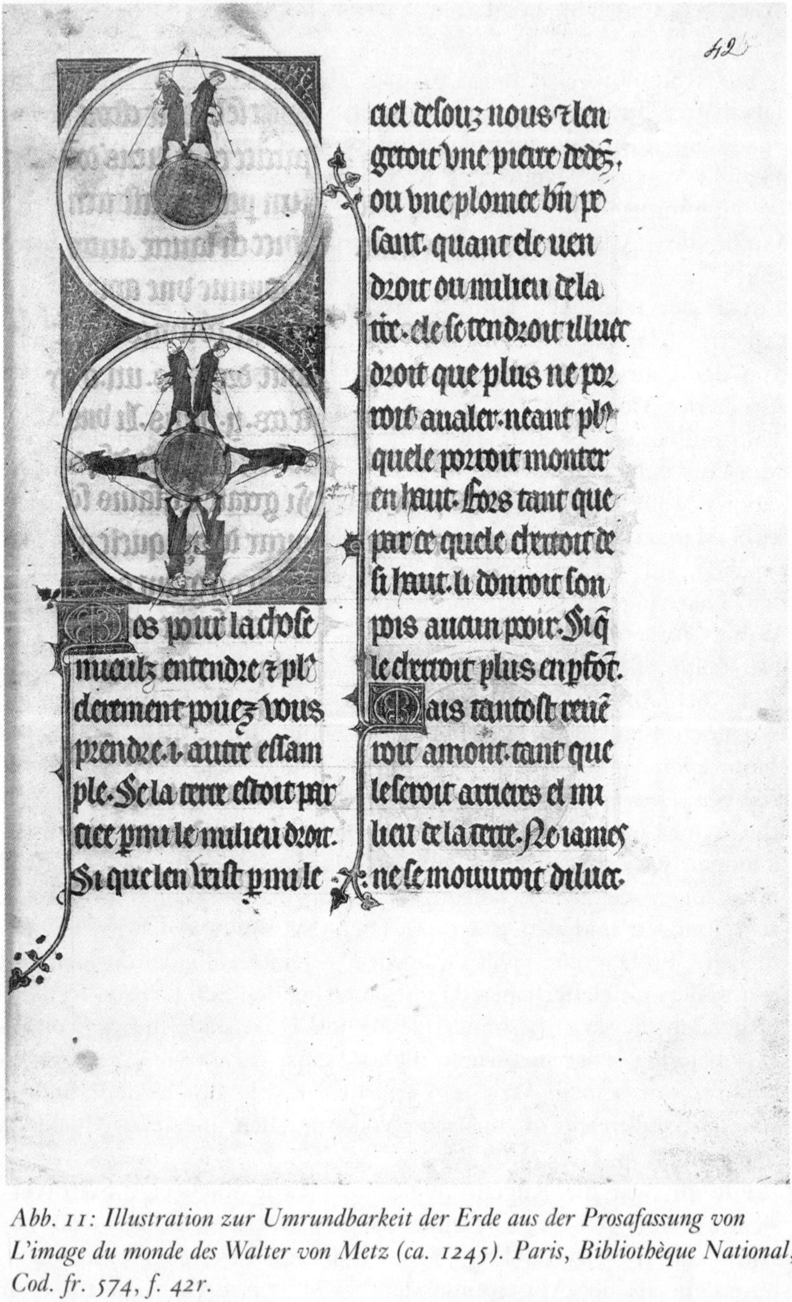

42

Mes pour la chose
mieulz entendre z pl'
clerement pouez vous
prendre .i. autre essam
ple. Se la terre estoit par
tiee parmi le milieu droit.
Si que len veist parmi le

ciel desouz nous z len
getoit une pierre dedēs.
ou une plomee bien pe
sant. quant ele uen
droit ou milieu de la
tere. ele se tendroit illuec
droit que plus ne por
roit avaler. ne ant pl'
que ele porroit monter
en haut. fors tant que
par ce que ele cherroit de
si haut. li conuroit son
pis auant poir. Si q
le cherroit plus en pfōt.
Mais tantost reue
roit amont. tant que
le seroit arriers el mi
lieu de la terre. Ne iames
ne se mouuroit diluec.

Abb. 11: Illustration zur Umrundbarkeit der Erde aus der Prosafassung von L'image du monde des Walter von Metz (ca. 1245). Paris, Bibliothèque National, Cod. fr. 574, f. 42r.

Abb. 12: Illustration zur Umrundbarkeit der Erde aus der Prosafassung von L'image du monde des Walter von Metz (um 1245). London, British Library, Cod. Royal 19. A. IX., f. 42.

wieder *bergab*, also die andere Seite des Erdballs hinunter. Diese Vorstellung von Jerusalem als konkretem physischen Mittelpunkt der Kugeloberfläche wurde auch vom deutschen Übersetzer des Reiseberichts des Marco Polo geteilt[121], der davon spricht, daß Japan von China aus noch 1000 Meilen entfernt in der *Tiefe des Meeres* liege.[122] Wenn aber England einerseits, Japan andererseits weit von dem oben auf dem Erdball gelegenen Mittelpunkt der Erde, Jerusalem, gedacht wurden, mußte die Überquerung des Atlantiks über die *Unterseite* der Erdkugel führen, kein sehr angenehmer Gedanke, der durch die auf dem Kopf stehenden Menschen in Walters Illustration noch verstärkt wurde (Abb. 11).

John of Mandeville meint in seinem fiktiven Reisebericht gegen Ende, daß er von den ostasiatischen Inseln auf schnellerem Weg zurückkehren hätte können, wenn er weitergereist wäre, dies aber nicht getan habe. Manche Fassungen enthalten hier eine Anekdote von einem Mann, der versehentlich um die Erde herum wieder nach Hause gekommen sei, aber die Sprache seiner Heimat nicht gleich verstanden habe und deswegen umgekehrt und um die ganze Erde herum auf dem ersten Weg wieder heimgekehrt sei.[123] Uns scheinen derartige Fabuliererereien wie das ganze Buch der Phantasie des Verfassers entsprungen zu sein, aber im 14. Jahrhundert nahm man dies wohl wie den Rest des Werkes weitgehend für bare Münze. Das aber bedeutet, daß auch Kolumbus dadurch auf seine Idee gekommen sein könnte, da zu dessen meistbenutzten Büchern neben Pierres d'Ailly *Ymago mundi* und dem Reisebericht des Marco Polo nach China und Indien auch der des John of Mandeville gehörte.

Scheibe oder Kugel? Hintergründe der Auffassung von einem scheibenförmigen Weltbild im Mittelalter

Nach all dem Gesagten und all den Belegen für die Kugelgestalt der Erde aus dem ganzen Mittelalter stellt sich natürlich die Frage, wie man in der Neuzeit überhaupt auf die heute noch immer verbreitete Idee kommen konnte, daß man sich die Erde im Mittelalter als Scheibe dachte. Dafür dürften drei Gründe verantwortlich sein:

1) die Aussagen einiger weniger spätantiker Kirchenväter, die sich aus religiösen Gründen gegen die heidnisch-antike Auffassung von der Kugelgestalt wandten;

2) das neuzeitliche Mißverständnis bei der Betrachtung der mittelalterlichen Antipodenfrage;

3) die irreführende Scheiben- oder Rad-Form der mittelalterlichen Weltkarten, welche wohl der Hauptgrund für die Scheibentheorie war und ist.

1) In der wissenschaftlichen Literatur wird das mittelalterliche Weltbild heute immer noch auf den christlichen ägyptischen Kaufmann Kosmas (genannt Indikopleustes) zurückgeführt, der bald nach 500

Indien und Ostafrika bereiste und später Mönch in Alexandrien geworden sein soll. Er lehnte auf Grund der Aussagen der Bibel das antike Weltbild ab und stellte ihm in seiner Weltbeschreibung ein eigenes Bild gegenüber, das im wesentlichen aus einer scheiben- oder trapezförmigen Erde und dem Himmel als kastenartigem Überbau bestand. Entgegen der älteren Forschung ist aber festzuhalten, daß Kosmas keineswegs typisch für das mittelalterliche Weltbild war oder dieses nachhaltig beeinflußte; seine griechisch abgefaßte *Christliche Topographie* wurde nicht einmal ins Lateinische übersetzt und blieb daher in Europa vor dem 17./18. Jahrhundert praktisch ohne Wirkung (vgl. oben Kap. 1). Ähnliches gilt auch für den gleichfalls oben behandelten Firmianus Lactantius (um 300 n. Chr.), der ebenfalls die scheibenförmige Gestalt der Erde vertrat.

2) Von Augustinus im Frühmittelalter bis zu Kolumbus' Zeit gab es eine immer wieder aufgegriffene Diskussion darüber, ob auf der anderen Seite der Erdkugel sich ein weiterer Kontinent befände und ob er bewohnt sei; auf diese Diskussion soll noch unten in Kapitel 4 b (über die Antipodenfrage) näher eingegangen werden, hier sei nur vermerkt, daß man in der Neuzeit häufig die Augustinus folgende kirchliche Ablehnung menschlicher Antipoden mit der Frage nach der Existenz eines Antipodenkontinents oder überhaupt der Kugelgestalt verwechselt hat; den beiden letzteren Fragen gegenüber verhielt sich die kirchliche Lehrmeinung fast immer neutral.

3) Die mittelalterlichen Weltkarten (über die im folgenden Kapitel 4a und im Appendix noch näher zu sprechen sein wird) zeigen die bewohnte Erde in einen Kreis eingezeichnet, der durch ein eingeschriebenes T die drei Kontinente zeigt: Die obere Hälfte nimmt Asien ein, Europa und Afrika machen jeweils ein Viertel aus. Solche Mappae mundi oder Radkarten sind seit Isidor in mittelalterlichen Handschriften weit verbreitet und können als *die* symbolische Darstellung der bewohnten Erde im Mittelalter schlechthin gelten – aber eben nur der bewohnten (vgl. Abb. 16). Diese auf einen Kreis konzentrierte Darstellung der Ökumene – des bekannten und bewohnten Teils der Erde – führte und führt noch immer dazu, daß man dem Mittelalter den Glauben an eine Scheibengestalt der Erde unterstellt, weil man vergißt, das es sich hier um eine Projektionsform handelte, die den wesentlichen Teil der Erde kurz faßlich darstellen sollte und daher keine Ansprüche an das «tatsächliche» Aussehen der Kontinente stellte.

Dieser bewohnte Teil der Erde war aber vergleichsweise klein, da man die Wasserfläche im Vergleich zur Erdoberfläche als sehr groß annahm, im Verhältnis etwa 4:1, teilweise auch bis 10:1.[124] Die im Mittelalter so weit verbreiteten T-O-Karten zeigen also nur die Erdoberfläche und einen Teil der Wasserfläche, nicht aber die ganze Erdkugel, und können damit nicht als Beleg für eine Auffassung von einer scheibenförmigen Welt interpretiert werden (Abb. 17).

Kapitel 4

Die Faszination der unbekannten Rückseite: Der vierte Kontinent und die Antipoden

Die drei Kontinente und die mittelalterlichen Weltkarten

Als die kleine Flotte des Kolumbus fünf Wochen nach ihrer Zwischenlandung auf den kanarischen Inseln schließlich in der Nacht des 12. Oktober 1492 das erste Mal auf ihrer Fahrt nach Westen wieder auf Land stieß, mußte sich Kolumbus am Ziel seiner Reise nach Ostasien wähnen.

Noch während der ersten Wochen und Monate, als er von der kleinen Insel San Salvador aus die Nordküsten von Kuba und Hispaniola erkundete, dürfte er allerdings erkannt haben, daß diese Inseln nicht die goldgedeckten Paläste und reichen Städte des sagenhaften Cipangu (Japan) trugen, die John of Mandeville und Marco Polo beschrieben hatten. Der wachsenden Enttäuschung ist es wohl zuzuschreiben, daß Kolumbus seine Matrosen und Offiziere in dem Glauben beließ, Indien (im weiteren Sinn) entdeckt zu haben, obwohl er sicher war, auf dem Weg nach Indien zuerst auf Japan und China stoßen zu müssen. Kolumbus hielt die entdeckten karibischen Inseln also für irgendeine bislang unbekannte Inselgruppe Ostasiens, aber spätestens auf der dritten und vierten Reise, als er sich mit seinen Schiffen unter widrigen Witterungsbedingungen an der mittelamerikanischen Küste entlangkämpfte, muß ihm klar geworden sein, daß seine Entdeckung mehr umfaßte als den direkten Weg nach Asien und einige von Wilden bewohnte Inseln auf dem Weg dorthin.

Was er wirklich entdeckt hatte, das konnte Kolumbus zu seinen Lebzeiten noch nicht erkennen, und erst im Laufe der ersten Jahrzehnte des 16. Jahrhunderts begann es den Europäern zu dämmern, daß die Entdeckungen des Kolumbus in der Karibik zwischen 1492 und 1504, die Niederlassungen der Portugiesen in Brasilien (seit 1500)[125] und der Landfall John Cabots (Labrador, 1497)[126] und seines Sohnes Sebastian (1526–30)[127] in Nordamerika sich allesamt auf Teile eines riesigen neuen Kontinents bezogen.

Es ist nicht überraschend, daß sowohl Kolumbus als auch seine Zeitgenossen lange brauchten, um zu erkennen, daß es sich bei den entdeckten Küsten nicht um unbekannte Gegenden Asiens handelte. In der Geographie vor dem 16. Jahrhundert gab es nämlich auf der ganzen Nordhalbkugel nur drei Kontinente, und ob es auf der Südhalbkugel überhaupt Land gab, war Gegenstand gelehrter Überlegungen.

In der klassischen Antike war der Horizont der (Süd-)Europäer auf den das Mittelmeer umgebenden Lebensraum beschränkt. Schon in den Jahrhunderten vor Christi Geburt kamen allerdings langsam auch Nachrichten über entferntere Gegenden nach Südeuropa: Kaufleute und andere Reisende brachten Nachrichten über Arabien und Indien[128], aus jenen Gebieten Arabiens und Ostafrikas, die schon im Alten Testament erwähnt werden[129] und schließlich auch von den atlantischen Küsten West- und Nordeuropas.[130] Asien, Afrika und Europa waren damit die einzigen Kontinente, die in der europäischen Kulturgeschichte bis zum Beginn der Neuzeit vorkamen. Dieser Dreiteilung der bekannten und bewohnten Erde wurde durch ihr Vorkommen im Alten Testament für das ganze Christentum zusätzlich Gewicht verliehen. Die Besiedlung der genannten drei Kontinente durch Noahs Söhne Sem, Cham und Japhet nach der Sintflut wurde von vielen Wissenschaftlern im Mittelalter so mißverstanden, als seien damit alle denkbaren Kontinente genannt.[131]

Von den drei Kontinenten war Asien der bedeutendste, nicht nur wegen seiner Größe – laut mittelalterlicher Kosmographie nahm Asien die ganze Osthälfte der bewohnten Erde ein –, sondern vor allem wegen der Orte der christlichen Heilsgeschichte: Sowohl das Paradies als auch der Berg Sinai und das Hl. Land mit den Stationen der Leidensgeschichte Christi lagen in Asien, und Asien war für alle Christen schon aus diesem Grund der wichtigste Erdteil. Aber der religiöse Aspekt wurde durch den materiellen noch verstärkt, denn alles, was man in Europa seit Beginn der Pilgerfahrten nach Palästina und dann in verstärktem Ausmaß durch die Kreuzzüge (ab dem späten 11. Jahrhundert) an Luxusgütern kennenlernte, stammte aus dem Osten: Gewürze[132], Öle und Farbstoffe, exotische Früchte ebenso wie Baumwolle, Seide oder Weihrauch. Als dritter Aspekt kam der sagengeschichtliche dazu; fast alles, was auf dieser Erde als wunderbar galt, kam aus Asien: Von den vier Paradiesesflüssen, die aus dem mit einem Flammenwall umschlossenen Paradies strömten, bis zu den fabelartigen Tieren, die man aus den Bestiarien kannte[133], und den Wundermenschen, von denen seit den Indienzügen Alexanders des Großen in den Alexanderepen berichtet wurde.[134] Von den Arabern weitergegeben und wohl auf diese Weise in die europäische Tradition eingeflossen sind die Geschichten von sagenhaften Inseln im indischen Ozean, wie die durch Isidor vermittelte von der Insel Taprobana (wohl

Ceylon oder Sumatra), wo alle Pflanzen zweimal im Jahr Früchte tragen, oder dem von Ptolemäus erwähnten Magnetberg, der im Meeressund zwischen Indien und dem sagenhaften Südkontinent liegt und der Schiffe, deren Rümpfe eiserne Nägel enthalten, anzieht, so daß sie Schiffbruch erleiden.[135]

Während Informationen dieser Art vor allem in den in Prosa oder Versen abgefaßten Kosmographien zu finden waren[136] und nur auf den allergrößten Weltkarten Platz hatten[137], konzentrierten sich die kleineren Weltkarten oder Mappae mundi vor allem auf die Umrisse der Kontinente und die auf ihnen liegenden Länder. Auch hier spielte die Heilsgeschichte keine unwesentliche Rolle. Die wichtigsten Orte der biblischen Geschichte fanden nämlich fast immer Aufnahme, ebenso aber auch Plätze, die für den oder die wichtigsten Regionalheiligen des Herstellungsortes einer Karte Relevanz hatten.

Mittelalterliche Weltkarten[138] hatten andere Intentionen als moderne Karten und können deshalb nicht von unserem heutigen Alltagsverständnis von Kartographie her beurteilt werden, sie haben mit dem, was wir üblicherweise als «Landkarten» oder «Weltkarten» bezeichnen, sehr wenig oder gar nichts zu tun. Diese Unterschiede zur Kartographie im heutigen Sinn bestehen sowohl in der Art der Abbildung als auch im dargestellten Inhalt und schließlich in der Funktion der Karte. Die mittelalterliche und die moderne Kartographie haben jedoch ein Anliegen gemeinsam; beide wollen die Welt so darstellen, *wie sie ist*, also wahrheitsgetreu. Die Mittel zu diesem Zweck und auch die Auffassung von dieser Wahrheit sind jedoch damals und heute ganz unterschiedliche.

Eine moderne Weltkarte geht von der Fiktion aus, daß gewisse Projektionen des Bilds der Erdoberfläche uns die physische Ansicht dieser Oberfläche «richtig» sichtbar machen können. Satellitenphotographie und Gradprojektionen können Verzerrungen bis zu einem gewissen Grad so weit aufheben, daß in einem länglichen ellipsoiden Bildstreifen die ganze Erdoberfläche darstellbar ist, wobei natürlich der Gesamteindruck einer kugelförmigen Erde wieder verlorengeht. Andererseits können uns Weltraumaufnahmen der gesamten Erdkugel einen guten Gesamteindruck bieten, sie können jedoch jeweils nur die halbe Erdkugel unter beträchtlicher Verzerrung der Details wiedergeben, die sonst durch die kartographischen Projektionen ausgeglichen werden.

Die mittelalterlichen Weltkarten gehen von einer anderen Prämisse aus; sie wollen die bekannte Erdoberfläche schematisch darstellen und gleichzeitig mit dem Kreis, in den diese schematische Darstellung eingetragen wird, die Rundung der Erdkugel in zweidimensionaler Form auf dem Pergamentblatt wiedergeben. Dabei wird durch die Reduktion der Landmasse auf die im Kreis sichtbare Fläche selbst bei der Darstellung der gesamten Landmasse (eventuell also auch des vierten Südkontinents) der Eindruck der Rundung der Erdkugel beibehalten. Es ist ein historisches Mißverständnis der neuzeitlichen Forschung, daß die kreisförmigen Ökumenekarten mit ihren drei oder vier Kontinenten ein scheibenförmiges Weltbild voraussetzten. Daß es ein Mißverständnis ist, wird durch das ständige Nebeneinander von sogenannten Ökumenekarten, die tatsächlich nur die drei Kontinente der Nordhalbkugel wiedergeben wollten, und den Hemisphärenkarten, welche wie die astronomischen Handbücher eine ganze Halbkugel unter Berücksichtung der wesentlichen klimatischen Zonen und der Kugelform der Erde zeigen (vgl. Abb. 19), bewiesen. Es ist auch geradezu absurd, diese Karten, von denen viele in astronomischen Handschriften zu finden sind, die sogar ausdrücklich von der Kugelgestalt der Erde handeln, als Beleg für einen Glauben an die Scheibengestalt der Erde im Mittelalter ansehen zu wollen.

Die Verzerrungen tatsächlicher Größen- oder Entfernungsverhältnisse, die auf den Mappae mundi bei der Integration von drei oder vier Kontinenten in die Kreisform entstanden, waren dabei irrelevant, ebenso die relativen Entfernungen von Orten auf der Karte. Eines der Hauptanliegen moderner Karten ist es dagegen, die relative Lage von geographischen Punkten zueinander zu bestimmen und diese Entfernungen maßstabgetreu wiederzugeben, aber dies war der mittelalterlichen Universalkartographie überhaupt kein Anliegen. Die wichtigen Eintragungen auf mittelalterlichen Weltkarten sind nicht auf die im heutigen Sinn geographischen oder etwa gar topographischen beschränkt, sondern können alle Bereiche des Lebens und der Geschichte umfassen: Auf größeren Karten wurden die wichtigsten Punkte nicht nur der Topographie, der Ethnographie und der Naturkunde, sondern auch der Historiographie im Sinne von Heilsgeschichte und selbst der Literatur- oder wenigstens Sagengeschichte eingezeichnet.

Der Karteninhalt zeigt, wie wenig auf mittelalterlichen Weltkarten praktische Überlegungen im heutigen Sinn eine Rolle spielten. Im Gegensatz zu den mittelalterlichen Gebrauchskarten, den sogenannten Portulanen (auch Portolan-Karten), die zur Navigation an Europas Küsten verwendet wurden und in Südeuropa schon im 13. und 14. Jahrhundert eine Blüte erlebten[139], war empirische Konstruktion und praktische Verwendbarkeit für die Mappae mundi, also die

Weltkarten, völlig irrelevant. Während die Seefahrer ihre Portulane ähnlich heutigen Seekarten verwendeten und Distanzen und Küstenverlauf daher möglichst akkurat waren, hätte man es für verrückt erachtet, auf einer Weltkarte den Abstand zwischen Rom und Jerusalem mittels Maßstab ermitteln zu wollen.[140] Mittelalterliche Weltkarten waren daher auch kein Hilfsmittel für den Reisenden; weder Pilger noch Kreuzfahrer reisten mit Karten, sondern allenfalls mit Strecken- oder Stationsverzeichnissen (Itineraren).

Dennoch waren Weltkarten ein geographisches Instrument mit besonderer Anschaulichkeit; dies geht aus ihrer Verbreitung als erhellende Illustrationen zur Sachliteratur, besonders der historiographischen und astronomischen, hervor. Dabei ist die Karte in erster Linie ein «normatives Ideenbild, sie präsentiert ein ‹Weltbild im Kopf›, das Strukturmodell eines mittelalterlichen Bildungskanons».[141] Natürlich gilt das nur in eingeschränktem Maß für die vielen kleinen Weltkarten in mittelalterlichen Handschriften, aber auch hier steht das visuelle Element in der Funktion dieser Karten im Vordergrund, das sie zu unersetzbaren Ergänzungen der Prosatexte werden ließ, indem sie die Welt mit all ihren Erscheinungen greifbar machten; und zwar auf einen Blick, und nicht erst beim Durcharbeiten, Lesen oder Hören wie bei einer in Prosa abgefaßten Kosmographie. Damit sind auch diese Kärtchen eine physische Abbreviatur der ganzen Wirklichkeit, unter Einbeziehung der materiellen wie der geistigen Welt. Mappae mundi sind Darstellungen des Weltbilds auf dem Pergament und nicht praktische Hilfsmittel des Reisenden. (Eine systematische Erklärung einer mittelalterlichen Mappa mundi findet sich im Appendix.)

Mittelalterliche Karten waren fast durchwegs geostet, d. h. im Gegensatz zu den modernen Karten liegt nicht Norden, sondern der Osten auf Grund seiner heilsgeschichtlichen Bedeutung oben (daher auch der Ausdruck Orientierung). Der äußerste Osten Asiens beherbergte das Paradies, das auch die äußerste Erstreckung der bewohnten Welt markierte, obwohl natürlich der Eintritt ins Paradies allen Lebenden durch den Flammenwall verwehrt war.[142] Die geographische Festlegung des Paradieses war mit seiner mirakulösen Schwebelage in sicherer Entfernung über dem Erdboden (es war ja von der Sintflut nicht erreicht worden) nicht unvereinbar. Jenseits des Paradieses lag nur mehr der große Ozean, selbst Inseln waren in dieser Richtung außer Cipangu (Japan) keine mehr bekannt, wogegen die südöstliche Küste Asiens von einer ganzen Reihe von vorgelagerten Inseln umkränzt war; die schon genannte sagenhafte Insel Taprobana und der Magnetberg gehörten ebenso dazu wie die Insel Tile (die

häufig mit der im Nordatlantik liegenden und wohl mit Island zu identifizierenden Insel Thule verwechselt wurde[143]) und die angeblich an Gold und Silber überaus reichen Inseln Crysen und Agiren.[144] Im Südwesten endete Asien am Roten Meer. Der Nil, die Grenze zwischen Afrika und Asien, verlief von dort zum Osten des Mittelmeeres, wo sich an der Schnittstelle der drei Kontinente das Zentrum der bewohnten Welt befand, die Stadt Jerusalem.[145] Von Palästina ging die Grenze zwischen Asien und Europa über die Dardanellen und das Schwarze Meer den Fluss Tanais (= Don) entlang nach Norden, wo dieser im äußersten Norden der bekannten Erde in den Ripheischen Bergen am nördlichen Ozean entsprang; östlich davon liegen die Hyrcanischen Wälder und das Kaspische Meer, welches auf den Weltkarten meist als Bucht des Weltmeeres dargestellt wird. Auch nördlich von Asien lagen Inseln, diese noch fabelhafter als die im Indischen Ozean, da sie – wie die geheimnisvollen Inseln Bizes und

Abb. 14: Kreisförmiger Ausschnitt aus dem Satellitenphoto mit dem Zentrum in Jerusalem, nun geostet; die Verteilung der Landmassen entspricht damit etwa der auf mittelalterlichen T-O-Karten: oben Asien, links unten Europa, rechts unten Afrika.

Abb. 13: Die Landhalbkugel der Erde (nach einem Satellitenphoto; Mittelpunkt ca. in Rom; genordet); eingezeichnet ein Kreis mit dem Mittelpunkt in Jerusalem zur Verdeutlichung des schematischen Horizonts der Ökumene im Mittelalter.

Crisolida – dem Alexanderroman entnommen waren und meist auch mit Fabelmenschen besiedelt wurden.[146] Auch am Festland ist der Norden Asiens wenigstens so sehr von Wundermenschen und Fabeltieren bevölkert wie der Südosten. Vor allem die menschenfressenden Völker Gog und Magog, die von Alexander dem Großen noch jenseits des bewaldeten Hyrcanien am Kaspischen Meer in einem Tal eingemauert wurden, haben die Phantasie der mittelalterlichen Kosmographen angeregt; dies vielleicht auch deshalb, weil sie die einzigen Wundervölker waren, die schon im Alten Testament vorkamen[147], dort allerdings nicht als Menschenfresser bezeichnet.

Die Einteilung Asiens in Länder und Provinzen sowie die vereinzelten topographischen Hinweise, etwa auf die Paradiesesflüsse Nil (auch Geon genannt), Euphrat, Tigris und Ganges oder die Berge Sinai, Horeb und Ararat unterscheiden sich in den mittelalterlichen Karten und Weltbeschreibungen nur unwesentlich von den spätanti-

Abb. 15: Schematische T-O-Karte aus Isidor: Etymologiae. Wien, Österreichische Nationalbibliothek, Cod. 67, f. 117r (12. Jahrhundert).

ken Vorlagen und beruhen im wesentlichen auf den Informationen des Alten Testaments, griechischer und römischer Historiographen und den aus der älteren Literatur extrahierten Sammlungen früher Enzyklopädisten, besonders Plinius und Solinus.

Die Auswahl der Ländernamen auf Weltkarten war zwar nicht völlig willkürlich, aber jeweils von der Größe der Karte, dem sachlichen Interesse des Kartenzeichners und vor allem von den mittelalterlichen Prinzipien der Universalkartographie geprägt. Die mittelalterliche Kartographie war, wie gesagt, nicht an Distanzen und der Wiedergabe topographischer Details interessiert, sondern sah in den Karten vor allem ein Hilfsmittel der Geschichtsschreibung: Aufgezeichnet wurden also Orte, an denen etwas historisch Bedeutsames oder Interessantes geschehen war und deswegen, und nur deswegen, der Aufzeichnung für wert befunden wurden.[148]

Während Asien die ganze Osthälfte der bewohnten Erde einnahm, teilten sich Afrika und Europa den Westen der Ökumene, wobei Europa im nordwestlichen Viertel, Afrika im südwestlichen lag.

Abb. 16: Weltkarte der Kathedrale von Hereford, England (Ende 13. Jahrhundert) mit erweitertem T-O-Schema.

Afrika, in den älteren Quellen auch als Libyen bezeichnet[149], war der am schlechtesten bekannte Erdteil der alten Welt. Zwar waren die in der Spätantike christianisierten Provinzen an der nordafrikanischen Mittelmeerküste den antiken und noch den frühmittelalterlichen Schriftstellern gut vertraut, das Vordringen des Islam ab dem 7./8. Jahrhundert schob jedoch der europäischen Erkundung Afrikas auf Jahrhunderte einen Riegel vor, und dementsprechend mager und veraltet waren auch die hochmittelalterlichen Kenntnisse des Schwarzen Erdteils. Abgesehen von den nördlichsten Landstrichen dachte man sich den Süden Libyens und Äthiopiens von fabelhaften Völkern und Tieren besiedelt, noch weiter südlich hielt man den Kontinent wegen der großen Sonnenhitze überhaupt für unbewohnt und unbewohnbar. Ob sich Afrika südlich des Äquators noch fortsetzte oder ob sich dort ein heißer Äquatorialozean erstreckte, und was jenseits dieses Ozeans lag, darüber waren sich die mittelalterlichen Gelehrten recht uneinig (vgl. im nächsten Abschnitt).

Europa war den mittelalterlichen abendländischen Geographen naturgemäß am vertrautesten, aber trotz detaillierter Informationen über Süd-, West-[150] und Mitteleuropa sind auch in Deutschland oder England entstandene Kosmographien überaus wortkarg und verworren, wenn es um Nord- oder Osteuropa geht.[151]

Nördlich von Germania und den Inseln Anglia, Scotia und Hibernia waren auf Karten üblicherweise nur sehr schematisch Inseln mit den Legenden Dacia, Norwegia, Suecia und Thule eingetragen, bevor im Norden wieder die Ripheischen Berge an der Grenze zu Asien erreicht waren.[152] Der Bereich des Festlands zwischen Deutschland und dem Don wird im nördlichen Teil meist als Skythien, südlich davon als Russia bezeichnet.

Während etwa die Kenntnisse über Asien im 13. und 14. Jahrhundert durch die Berichte der Asienreisenden beständig ergänzt wurden, blieb es auch weiterhin bei dem mangelhaften Wissen der europäischen Kosmographen über ihren eigenen Kontinent. Eine Ausnahme bildeten dabei nur die Skandinavier, die auch nach dem Abflauen ihrer weitgespannten Entdeckungsfahrten des 9.–11. Jahrhunderts ihr geographisches Interesse beibehielten. Die Kenntnisse von der Entdekkung und Besiedlung Grönlands und Vinlands (= Neufundland) hatten sich zuerst mündlich, spätestens seit dem frühen 12. Jahrhundert dann schriftlich erhalten. Als schließlich im Zuge fortschreitender Christianisierung die Mönche nicht nur das Lesen und Schreiben, sondern auch die wesentlichsten Werke abendländischer Gelehrsamkeit nach Norwegen und Island mitbrachten, machte man sich dort geradezu mit Begeisterung daran, die Informationen der lateinischen Weltbeschreibungen in den Handschriften und die einheimischen Entdeckungsberichte in eigenen, altnordischen Weltbeschreibungen zusammenzuführen, die den kontinentaleuropäischen beträchtlich überlegen waren. Darin konnte man nicht nur die üblichen Beschreibungen Asiens, Afrikas und Europas finden, sondern auch Anzahl, Lage, Bevölkerung und kirchliche Organisation der nordatlantischen Inselgruppen Orkneys, Shetlands und Färöer, von deren Existenz man vermutlich in mitteleuropäischen Klöstern und Universitäten noch nie etwas gehört hatte[153], sowie wesentlich realistischere geographische Einordnungen von Dänemark, Norwegen, Schweden und Island, als irgendwo in der lateinischen Kosmographie zu finden waren. Noch bedeutsamer waren Beschreibungen der Lage Grönlands, das man sich über eine arktische Landbrücke mit Sibirien verbunden dachte, Informationen über die Distanzen zu den Inseln Helluland (= Baffinland), Markland (= Labrador) und Vinland (= Neufundland) wie nicht zuletzt die Vermutung, daß Vinland weit im Süden mit Afrika verbunden war.[154]

Zwar hatten die Portugiesen schon zwei Jahrzehnte vor der ersten Reise des Kolumbus den Nachweis erbracht (der Äquator wurde ca. 1473 überschritten[155]), daß sich Afrika wesentlich weiter nach Süden erstreckte, als man jemals vermutet hatte. Auch die (in Südeuropa allerdings weitgehend unbekannte) skandinavische Theorie von einer Landbrücke zwischen Afrika und einem Land im Westen (Nordamerika) war damit widerlegt, aber die skandinavische Ansicht vom Nordatlantik als einer Art überschaubarem westeuropäisch-skandinavischen Binnenozean zwischen Westeuropa und den «Inseln» südlich von Grönland dürfte dennoch dem Plan des Kolumbus zusätzlichen Auftrieb verschafft haben. Kolumbus war selbst wohl nicht in Island gewesen, auch wenn in der Vergangenheit viel darüber spekuliert wurde.[156] Aber auch die Berichte skandinavischer Seefahrer, die er bei den relativ regen Handelsbeziehungen zwischen Skandinavien und England in den englischen Hafenstädten (wahrscheinlich Bristol) kennengelernt haben dürfte[157], müssen gereicht haben, ihn in seinen Ansichten über eine relativ geringe Ost-West-Erstreckung des Atlantiks zu bestärken – auch wenn diese falsch waren.

Der vierte Kontinent: Terra australis incognita und die Antipoden

Seit Krates von Mallos, eigentlich ein Grammatiker, im 2. Jahrhundert vor Christus eine Theorie über die bewohnten Gebiete der Erde entwickelt hatte, nach der die Meere das bewohnbare Land in vier Viertel teilten und ein Teil dieser Landmassen südlich des Äquatorialozeans lag, war in der Antike die Vorstellung gängig, daß außer den drei uns bekannten Erdteilen auf der uns abgelegenen Seite der Erdkugel noch ein vierter, unbekannter Kontinent existierte. Die Erklärung für diese Annahme ging dahin, daß die Erdkugel sonst gewichtsmäßig unbalanciert wäre – auch wenn diese Argumentation bei der Annahme einer unbeweglich im Zentrum der Welt liegenden Erde kaum der näheren Betrachtung standhält. Es wäre durchaus denkbar, daß die Spekulationen über den Südkontinent einem alten Wissen über die Inseln Ozeaniens oder über Australien – vielleicht Südamerika ? – entstammten, das schon lange vor unserer Zeitrechnung durch Händler in Vorderasien und damit auch im antiken Griechenland verbreitet wurde. Dieses Wissen über Lage und Art des Kontinents war dann jedoch schon in den letzten Jahrhunderten vor Christi Geburt verschwunden und manifestierte sich nur mehr in den theoretischen Überlegungen über die Größe des bewohnbaren Landes auf der Erdkugel und den immer wiederkehrenden Spekulationen über einen vierten Kontinent.

Das Größenverhältnis zwischen festem Land und Wasser auf der Erde war offenbar schon seit dem Altertum Gegenstand der Überlegungen der alten Kulturvölker. Das apokryphe *4. Buch Esdras* (oder *Esra*, eine apokalyptische Vision, verfaßt nach der Zerstörung Jerusalems Ende des 1. Jahrhunderts n. Chr.) gab an, nach der Schöpfung habe sich das Wasser auf einem Siebtel der Erde gesammelt, der Rest sei trockenes Land; damit stand diese apokalyptische Vision jedoch ziemlich allein, denn die Erfahrung zeigte deutlich, daß ein wesentlich größerer Teil der Erdkugel von Wasser bedeckt ist.[158] Nur der völlig gegen die Tradition argumentierende englische Franziskaner Roger Bacon (ca. 1210/14 – ca. 1292), ein Genie von notorischem Widerspruchsgeist, nahm auf Grund dieser Stelle die Relation ebenfalls 6:1 an, so daß also die Meere nur einen ganz kleinen Teil der Erdoberfläche bedeckten. Dies war aber vielleicht für die Überlegungen des Kolumbus von Bedeutung und bestärkte ihn in seinen Irrtümern; tatsächlich machen ja die Meere über 70 % der Erdoberfläche aus, und Kolumbus unterschätzte die Entfernung zwischen Spanien und China ganz beträchtlich.

Ptolemäus sprach ein Jahrhundert nach der *Esdras*-Apokalypse teils von 5:1, teils von 3:1, dabei Aristoteles zitierend, der ebenfalls 3:1 annahm (vgl. dazu oben Abb. 13). Die arabischen Kosmographen der darauffolgenden Jahrhunderte, die ab dem 12. Jahrhundert auch in Westeuropa wirksam wurden, vermuteten, vielleicht wegen ihrer Kenntnis des indischen Ozeans, noch wesentlich extremere Verhältnisse von Wasser zu Land, nämlich ein Verhältnis von 4:1 (Abulfeda) oder sogar 11:1 (Al Battani).[159] Der gelehrte französische Kardinal Pierre d'Ailly, der am Ende des 14. Jahrhunderts die kosmographische Enzyklopädie *Ymago mundi* verfaßte (ob nun zur Verwendung an der Pariser Universität oder am französischen Hof, denn an beiden hatte er einflußreiche Positionen inne[160]), zitierte alle die genannten Lehrmeinungen des Altertums und des Mittelalters[161] und schloß sich selbst der Meinung an, daß mehr als nur ein Viertel der Erdoberfläche

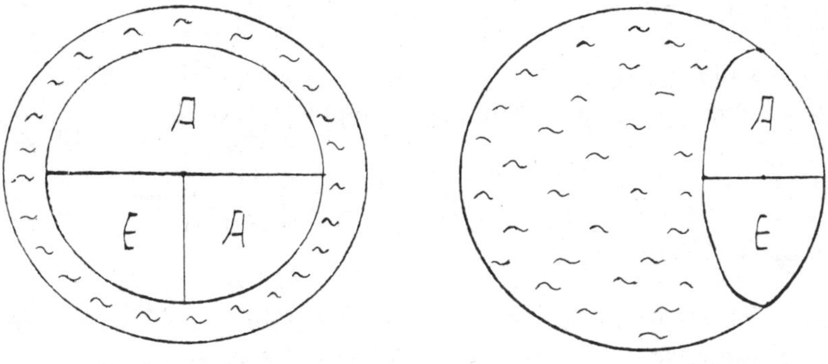

Abb. 17: Schematische Darstellung des Verhältnisses von Ökumene und Hydrosphäre bei einem Verhältnis von 4:1.

bewohnt sei. Dies implizierte für ihn nach Aristoteles (der wiederum den Erdumfang weit überschätzt hatte), daß der Abstand zwischen Gibraltar und Ostindien in der Westrichtung nicht sehr groß sein konnte, und er nennt dieses kleine dazwischenliegende Meer leicht befahrbar. Christoph Kolumbus, der die *Ymago mundi* in einer 1480 oder 1483 in Louvain gedruckten Ausgabe benutzte (das Exemplar mit seinen Randbemerkungen ist uns, wie schon erwähnt, erhalten[162]), kannte also diese Ansichten. Da eine seiner eigenen Randbemerkungen sich auf das im 4. Buch *Esdras* postulierte Verhältnis von 1:6 bezieht, hat man gemeint, Kolumbus sei von einer Aufteilung von 1:6 zwischen Wasser und Land ausgegangen[163] und habe deswegen die Größe des Abstands zwischen Portugal und China mit nur 130

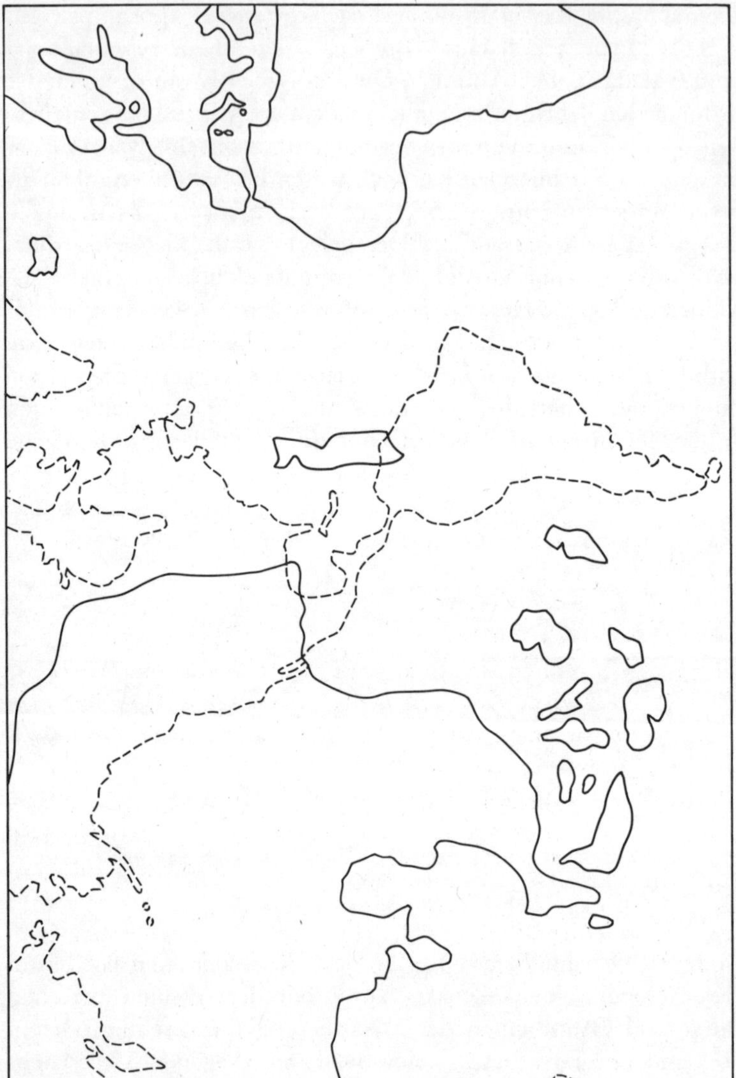

Abb. 18: Die Auffassung von der Verteilung der Landmassen auf der Erde (nach Behaims Erdapfel 1492; durchgezogene Linie) und die tatsächlichen Landmassen auf der Erde (punktierte Linie).

Längengraden so sehr unterschätzt. Wahrscheinlicher scheint jedoch, daß er sich der im späten Mittelalter gängigsten Meinung von einem Verhältnis von 3:1 auf der Erdoberfläche angeschlossen hat und die Ansichten des 4. Buches *Esdras* und bei Pierre d'Ailly nur als Modifikationen berücksichtigte. Da aber die Nordhalbkugel nach mittelalterlicher Ansicht wesentlich mehr Land enthielt als die südliche Hemisphäre und diese Landmasse laut Toscanelli (der sich auf Marinus von Tyrus berief) 225 Längengrade überspannte, dürfte Kolumbus zum Schluß gekommen sein, daß der Atlantik von ermeßbarer Größe war.

Die Südhalbkugel dagegen war nach allgemeiner Ansicht vorwiegend vom Wasser bedeckt, allerdings nahm man, wie gesagt, seit Krates und Ptolemäus, der für Afrika eine nach Süden riesige Ausdehnung postuliert hatte, einen südlich von Asien oder Afrika gelegenen vierten Kontinent an. Frühmittelalterliche Autoren sprechen sich noch vorsichtig darüber aus[164], aber schon Isidor nennt den vierten Kontinent[165], und im 12. Jahrhundert ist auf den meisten ausführlicheren Weltkarten ein Sektor im Süden Asiens (teilweise auch Afrikas) durch einen symbolischen Äquatorialozean von der übrigen Landmasse abgetrennt und als *Terra australis incognita* bezeichnet.[166]

Interessanterweise lehnte gerade der schon erwähnte Pierre d'Ailly, der sonst in geographischen Fragen durchaus Toleranz und Weitblick zeigte, die Existenz des Australkontinents und besonders der Antipoden ab.[167] Vielleicht spielte dabei seine kirchliche Position eine Rolle. Denn während der erst 300 Jahre nach Kolumbus entdeckte Kontinent Australien im Mittelalter keine ideologische Kontroverse auslöste, war die Frage nach seinen Bewohnern, den Antipoden, eine äußerst heikle, die noch im 14. Jahrhundert Geographen auf den Scheiterhaufen brachte.

Der wichtigste Grund für die innerkirchlichen Widerstände gegen Vertreter der Lehre von der Existenz von Antipoden war das schon oben angeschnittene Argument, das von Augustinus erstmals verwendet wurde und kraft seiner im Mittelalter immensen Autorität in theologischen Fragen bis in die frühe Neuzeit ausschlaggebend blieb, nämlich die vermeintliche Beschränkung der Nachkommen Noahs auf drei Kontinente im Alten Testament. Augustinus faßte nämlich die bei der Besiedlung der Erde nach der Sintflut in der Genesis[168] zu findende Aufzählung von Völkern und Ländern als vollständiges Verzeichnis auf, das keine Erweiterungen zuließ. Damit war aber ausgesagt, daß die Nachkommen Noahs, und somit auch Adams, nur auf den drei an dieser Stelle genannten Kontinenten lebten, und Menschen auf einem vierten Kontinent, selbst wenn dieser wirklich

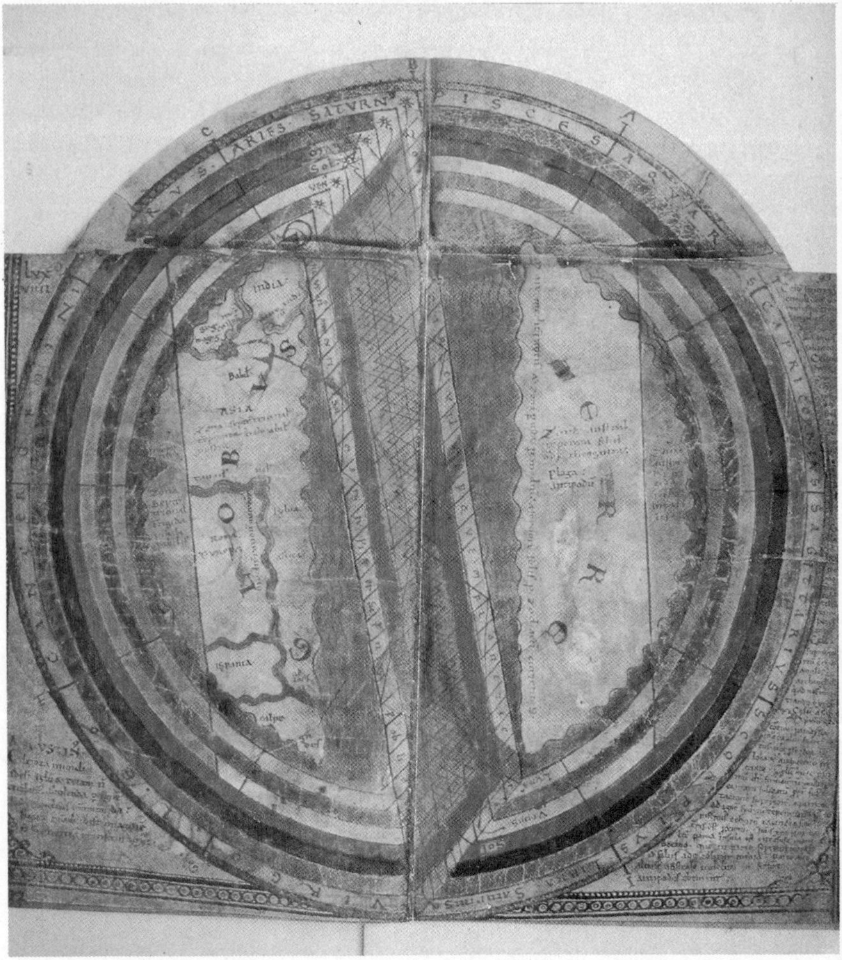

Abb. 19: Große Weltkarte aus Lambert von St. Omer: Liber floridus (ca. 1120). St. Omer, Bibliothèque municipale, Cod. 776, f. 92 v-93 r.

existieren sollte, nicht denkbar waren.[169] Dazu kam, daß laut ptolemäischer Ansicht die Südhemisphäre der Erde wegen der sengenden Hitze am Äquator nicht erreichbar war (den Gegenbeweis lieferten erst die portugiesischen Vorstöße 1472[170]) und somit die Nachkommen Noahs den Australkontinent gar nicht erreichen hätten können. Dieses geographische Postulat von der Unüberwindbarkeit der heißen Äquatorialzone zog aber noch eine weitere theologische Konsequenz nach sich: Selbst wenn aus irgendeinem Grund auf dem Südkontinent Menschen gelebt hätten, dieser Kontinent aber jetzt nicht erreichbar war, dann wäre Christi Missionsauftrag: «Gehet hin und lehret *allen* Völkern» undurchführbar und stellte außerdem das Erlösungswerk überhaupt in Frage. Da Christus zweifellos keinen unsinnigen Auftrag erteilt hatte, und man die Unüberwindbarkeit des Äquators nicht in Frage stellte, ergab sich daraus die kirchliche Ablehnung der Existenz von Antipoden.

Trotz dieser gewichtigen Argumente verstummte die «Legende» von den Antipoden nie völlig. Zwar hatten sich in der Kirchenväterzeit die beiden Gegner der Kugelgestalt der Erde, nämlich der schon oben erwähnte Kosmas Indikopleustes und bereits vor ihm, um 300 n. Chr., Lactantius, dagegen ausgesprochen: Während Kosmas im christlichen Westen bis zu seiner Drucklegung im 17./18. Jahrhundert ohne jegliche Wirkung blieb, wurde Lactantius von Gegnern der Antipodentheorie noch lange als Autorität zitiert, angeblich sogar am Konzil von Salamanca von den Gegnern des Kolumbus[170], und noch Kopernikus sah Anlaß, die Ansichten des Lactantius ausdrücklich zu verurteilen.[171] Lactantius lehnte wie Kosmas die Kugelgestalt der Erde ab und betrachtete die Annahme von Antipoden als unsinnig; ebensowenig glaubte er an die Lehre von der Schwerkraft, die ja die Voraussetzung für die Ansicht von Antipoden bildet.[172]

Eine interessante Kontroverse zum Thema der Antipoden ist uns aus dem 8. Jahrhundert bekannt, und zwar durch einen Brief des Papstes Zacharius I. (741–752). In diesem Brief aus dem Jahr 748 beantwortete Zacharius eine Frage oder Beschwerde des später von den heidnischen Friesen erschlagenen angelsächsischen Missionars Bonifatius (672/5–754), damals schon Bischof von Mainz, über den irischen Mönch Virgil (gest. 784). Zacharius verwirft ausdrücklich die Ansicht Virgils über die Kugelgestalt der Erde und die Existenz von Menschen auf der anderen Seite der Erde als eine «verdrehte und unbillige Lehre».[173]

Ob Zacharius sich später eines Besseren belehren ließ, oder ob er mit seiner Ablehnung von Antipoden vielleicht doch schon im Widerspruch gegen die herrschende wissenschaftliche Ansicht seiner Zeit stand, wissen wir nicht; sicher ist, daß Virgil keineswegs verurteilt wurde, sondern 767 sogar zum Bischof von Salzburg geweiht wurde.[174] Als häretisch kann also der Glaube an die Antipoden zu dieser Zeit nicht empfunden worden sein.

Eine weitere wissenschaftlich-theologische Kontroverse zum Thema Antipoden kennen wir vom Ende des 11. Jahrhunderts. Der Wanderprediger und spätere Augustinerchorherr Manegold von Lautenbach greift nämlich einen gewissen Wolfhelm von Köln wegen dessen Verteidigung des heidnischen Autors Macrobius und seines Weltbilds an. Obwohl Manegold Macrobius ablehnt, weiß er ihn aber sehr wohl zu zitieren, kannte also das kosmographische Werk dieses «heidnischen» Verfassers selbst gut genug.[175] Vielleicht war es also nicht eine Frage mangelnden Wissens über die Antipodentheorien der Antike, die manche mittelalterlichen Autoren zur Ablehnung von Antipoden veranlaßte, sondern die Tatsache, daß es sich bei den antiken Vertretern um Heiden handelte; allerdings hätte diese Überlegung auch auf den Großteil des kosmologischen Wissens überhaupt zugetroffen, und so dürften sowohl bei dem wissenschaftsfeindlichen Eiferer Manegold als auch bei Zacharius und Bonifatius andere Gründe zur Anklage ihrer Gegner geführt haben und der Vorwurf heidnischen Gedankenguts bei der Antipodentheorie nur zusätzliche Argumente geliefert haben. Der heidnische Autor Macrobius galt nämlich trotz des genannten Beispiels selbst bei gut katholischen Autoren des Mittelalters als kosmographische Autorität, und dazu zählten gelehrte Kleriker von Honorius von Autun bis Albertus Magnus und Thomas von Aquin.[176] Daß sich die Antipodentheorie mit ihren von Augustinus exemplifizierten Folgen für die biblische Schöpfungs- und Erlösungslehre allerdings dennoch nur zu gut zur Verketzerung etwaiger Gegner eignete, beweisen die Verbrennungen des Paduanischen Medizinprofessors Petrus von Abano (gest. 1316) und des Bologneser Astronomen Cecco da Ascoli (gest. 1327), die beide wegen der Antipodenlehre von der Inquisition angegriffen wurden.[177] Ein heftiger Verfechter der Antipodentheorie war übrigens auch der Zeitgenosse und Landsmann der beiden, Dante Alighieri (1265–1321) (auch wenn es höchst unsicher ist, ob das Traktat *De aqua et terra* tatsächlich von ihm stammt). Er sprach sich in der *Divina comedia* und im *Convito* wiederholt für einen besiedelten Südkontinent aus[178], ohne daß er dafür Repressalien erduldet haben dürfte.

Die Verhärtung der kirchlichen Lehrmeinung im 14. Jahrhundert ist allerdings insofern überraschend, als sich im 12. und 13. Jahrhundert fast alle bekannteren Enzyklopädisten und Astronomen für die Existenz der Antipoden ausgesprochen hatten. Der gelehrte und kritische Brite Alexander Neckham, Abt von Cirencester, der sich in seiner enzyklopädischen Hauptschrift *De naturis rerum* kaum mit Kosmographie im engeren Sinn beschäftigt, behandelt die Antipoden, indem er korrekt ihre Stellung unter unseren Füßen (und umgekehrt) beschreibt, äußerte sich aber nicht klar für oder gegen ihre tatsächliche Existenz.[179]

Viel deutlicher sprach sich Albertus Magnus für die Existenz von Antipoden aus, indem er systematisch abhandelte, wo auf der Erdkugel Menschen wohnen können und wie im Verhältnis zu uns bei ihnen die Gestirne auf- und untergehen[180], und ebenso klar ist die Stellungnahme des schon wiederholt genannten Wilhelm von Conches, der die Unterschiede zwischen Tages- und Jahreszeiten bei den Bewohnern der Ökumene, den Antipoden und den Antöken (den Bewohnern des selben Längengrads auf der Südhalbkugel) ausführlich behandelt[181]. An der Existenz von Antipoden zweifelt er ebensowenig wie sein Zeitgenosse, der flandrische Enzyklopädist Lambert von St. Omer, der auf den in seinem *Liber floridus* enthaltenen Zonenkarten die Antipoden in der südlichen temperierten Zone ansiedelte und diese Gegend ausdrücklich als «Gegend der Antipoden» bezeichnete[182] (vgl. oben Abb. 18). Lambert übernahm Zonenkarten und Antipoden aus Macrobius, und auch dieser Kleriker – Lambert war Kanonikus in St. Omer – hatte offenbar keine Bedenken gegen den heidnischen Autor. In Westeuropa muß jedenfalls das wissenschaftliche Klima im 12. und 13. Jahrhundert wesentlich liberaler gewesen sein als im Italien des 14. Jahrhunderts, denn wir haben keinen Beleg dafür, daß jemand in England oder Frankreich Anstoß an der Antipodentheorie genommen hätte.

Auffällig ist aber in der Diskussion über die Antipoden im Mittelalter die Selbstverständlichkeit, mit der die Kugelgestalt der Erde und die Schwerkraft akzeptiert werden; denn nirgends ist seit der Kirchenväterzeit auch bei den Gegnern der Antipoden das Argument zu finden, daß sich diese auf der «Unterseite» unserer Erdkugel wohl nicht halten könnten. Derartige Argumente blieben der Neuzeit bei ihrer falschen Beurteilung des Mittelalters vorbehalten.

Kapitel 5

Bekannt, aber unerreichbar: Das Ende der bewohnten Welt

Der ferne Osten

Der Plan des Kolumbus und noch mehr die Reise nach Westen selbst müssen auf seine Zeitgenossen und besonders seine Reisegefährten eine mit Schrecken gemischte Faszination ausgeübt haben. Ein Grund dafür war natürlich auch, daß westlich von Spanien und Portugal eine Seereise unbekannter Länge wartete, aber nicht weniger faszinierend war das Land, das am Ende dieser Reise lag. Zwar wußten alle Betroffenen, daß man westwärts nach Indien steuerte, und Kolumbus hatte diesen vagen Terminus Indien, der geläufigerweise für einen Großteil des Kontinents Asien verwendet wurde, mit dem Ziel Cathay (China) oder Cipangu (Japan) wesentlich verdeutlicht. Man wußte also, welche Länder und Inseln man erreichen wollte. Aber diese Länder und Inseln waren selbst noch so unbekannt, und das über sie Gehörte so unerhört, daß es der Glaubwürdigkeit anerkannter Autoren bedurfte, derartiges realistisch erwarten zu können.

Von solchen glaubwürdigen und akzeptierten Autoren stammten die Bücher, die Kolumbus verwendet hatte und wohl auch auf seiner Reise mit sich führte. Wir wissen, daß er die enzyklopädische lateinische Kosmographie des Kardinals Pierre d'Ailly besaß und mit seinen Randnotizen versah[183] und daß die Ansichten dieses Gelehrten ihn sehr beeinflußten. Die beiden anderen wichtigsten Werke in der Handbibliothek des Christoph Kolumbus waren der Reisebericht des Marco Polo und das Reisebuch des John of Mandeville.

Marco Polo (1254 – 1323) hatte den Bericht über seinen Aufenthalt in China, der von 1271 bis 1295 dauerte, nicht selbst abgefaßt. Als der Venezianer aber nach seiner Rückkehr aus China in genuesische Gefangenschaft geriet, diktierte er seine Erlebnisse 1298 seinem Mithäftling Rustichello, der sie in einer Mischung aus Italienisch und Französisch niederschrieb.[184] Innerhalb weniger Jahre war dieser Bericht in die verschiedensten Landessprachen übersetzt und in ganz Europa bekannt, so daß noch heute ca. 140 Handschriften seines Werkes existieren.[185] Das Buch wurde im Französischen als *Le Devisement du Monde* bezeichnet, bekannt aber wurde es unter dem Titel *Il milione*, was sich auf die nach Meinung der Zeitgenossen so maßlos übertriebenen Zahlenangaben bezieht; heute spricht man von diesem Werk meist einfach als von den *Reisen* des Marco Polo. Er schilderte darin als recht unvoreingenommener Beobachter die Sitten Chinas, das er als sonderbevollmächtigter Beamter des Großkhans Kublai so kennenlernte wie kaum ein anderer Ausländer. Die (wie wir heute wissen) fast durchweg wahren Geschichten des Marco Polo, den man wegen seiner riesigen Bevölkerungszahlen für chinesische Städte als «Messer Millione» bezeichnete und noch am Sterbebett anflehte, doch von seiner Aufschneiderei abzugehen[186], muteten aber die Europäer des 13. und 14. Jahrhunderts zu phantastisch an, als daß man ihnen allzuviel vertraut hätte; der davon abgeleitete populäre Titel des Buches spricht von dieser ironischen Skepsis.

Um so mehr Glauben schenkte man im Spätmittelalter, als Fernreisen wie die des Marco Polo durch die Destabilisierung des Mongolenreiches schwieriger geworden waren, dem lügenhaftesten, aber populärsten Reisebericht des Mittelalters, den *Travels* oder *Travails* eines gewissen John of Mandeville (oder Jean de Mandeville), dessen Identität bis heute nicht gelüftet ist. Wir wissen kaum mehr, als daß das Buch zuerst wohl auf französisch oder anglo-normannisch um 1360 verfaßt wurde und daß sein Verfasser – ob nun geflohener englischer Ritter oder sich unter angenommenem Namen versteckender flämischer Wundarzt[187] – kaum über Ägypten hinausgekommen war, falls er überhaupt so weit gereist war. Gestorben ist er höchstwahrscheinlich in Lüttich, wo bis zur Französischen Revolution sein Grabstein zu sehen war, aber sonst wissen wir fast nichts über ihn. Dieser mittelalterliche Karl May beschrieb trotz seiner beschränkten eigenen Erfahrungen mit großer Pseudo-Autorität alle Länder der Welt, als hätte er sie bereist. Dabei bediente er sich der im Mittelalter noch ungewohnten, im Prinzip aber zeitlosen Methode aller Lehnstuhl-Reiseschriftsteller: Er schrieb alle Reiseberichte und Nachschlagewerke aus[188], derer er habhaft werden konnte, deklarierte die Lesefrüchte aber dezidiert als eigene Erlebnisse. Gerade deshalb schenkte man ihm viel mehr Glauben, als man Marco Polo entgegenbrachte, denn die meisten seiner Angaben, und wenn sie noch so wundersam klingen mochten, konnte man in den Büchern der antiken und mittelalterlichen «Autoritäten» nachprüfen und bestätigt finden. Davon abgesehen war John of Mandeville ein begnadeter Reiseschriftsteller, der das Selbstverständliche geschickt mit dem Exotischen zu verbinden wußte, und sein Werk, das ebenfalls in zahlreiche Volkssprachen übersetzt wurde, war der Bestseller der mittelalterlichen Reiseliteratur, was sich in über 200 erhaltenen Handschriften[189] und zahlreichen sehr frühen Drucken[190] manifestiert. Sah man früher Mandeville vor allem als Lügner und Verzerrer des Faktischen, so versucht man heute eher der Rezeption seines Werkes gerecht zu werden: Sein Buch wurde von seinen Zeitgenossen und den Reisenden der folgenden Jahrhunderte weniger als Roman geschätzt, sondern vielmehr als geographische Enzyklopädie, die als Basis für geographische Erkundungen genutzt wurde, und zwar nicht nur von Kolumbus 1492, sondern noch von Sir Martin Frobisher (auf der Suche nach der Nordwestpassage 1576) und Sir Walter Ralegh (oder Raleigh, auf seiner Amerikareise 1595).[191]

John of Mandeville verwendete in erster Linie die mittelalterlichen Enzyklopädien, von Isidors von Sevilla *Etymologien* aus dem 7. Jahrhundert bis zur mächtigsten Sammlung des Mittelalters, dem *Speculum majus* des französischen Dominikaners Vinzenz von Beauvais, das ein Jahrhundert älter war als Mandevilles Werk. Daneben zog er aber vor allem alle älteren Reiseberichte zu Rate, derer er habhaft werden konnte, die von Jerusalempilgern unterschiedlichster Zeiten (Wilhelm von Boldensele, 1334, oder Johannes von Würzburg, 1165, ebenso wie die von Asienreisenden, gleichgültig ob sie Erfahrungsberichte waren wie das Buch des Marco Polo oder des Franziskaners Odorico von Pordenone oder fabelhafte Erzählungen wie der Roman von der Indienfahrt Alexanders des Großen oder gar der Brief des Priesterkönigs Johannes.[192] Diese Informationen verbrämte er mit Geschichten aus Legendensammlungen[193] und auch mit durchaus wissenschaftlichen Zitaten aus der astronomischen Literatur.[194] John of Mandeville konnte vor allem deshalb so überzeugend über Asien und Afrika fabulieren, weil zu seiner Zeit schon eine ganze Menge auch über die entferntesten Gegenden dieser Kontinente bekannt war. Die Kreuzzüge hatten bereits im 11. Jahrhundert zu einem erhöhten Informationsstand der Europäer über Asien und Afrika geführt, und nach der Eroberung von Jerusalem und der Gründung des Kreuzfahrerstaates im Jahre 1099 begann eine Zeit intensiven kulturellen Austausches zwischen Europa und dem nahen Orient. Nach weniger als zwei Jahrhunderten eroberte jedoch Sultan Saladin 1187 die Hl. Stadt dem Islam zurück, und ab diesem Zeitpunkt war auch der Machteinfluß der Europäer im nahen Osten drastisch vermindert. Politisch-militärisch befanden sich die Christen auf dem Rückzug, und im Pilgerverkehr ins Hl. Land war man von der Toleranz der Mohammedaner abhängig, die gering genug war: Nicht nur hohe Gebühren, sondern oft auch direkte feindselige Schikanen wie Scheinangriffe oder Attacken mit Steinen[195] machten die Pilgerfahrten zu einem relativ gefährlichen Abenteuer. Es ist daher nicht überraschend, daß sich die europäischen Potentaten, besonders aber die Päpste, des 13. und 14. Jahrhunderts nach einem Verbündeten gegen den Islam umsahen, und den glaubte man in den Tartaren und ihrem mächtigen Khan gefunden zu haben, der am Anfang des 13. Jahrhunderts durch einige Vorstöße bis Mitteleuropa Christen und Moslems gleichermaßen in Entsetzen versetzt hatte.[196] Papst Innozenz IV. war an diesen Kontakten besonders interessiert und schickte ab 1243 wiederholt Kleriker als Abgesandte zu den Mongolen los. Der bedeutendste von ihnen war der italienische Franziskaner Johannes de Plano Carpini, der ab 1245, schon in seinen Sechzigern, in einer zweijährigen Reise über Kiew schließlich den gerade neugewählten Großkhan Kuyuk, einen Enkel Dschingis Khans, erreichte. Carpinis Gesandtschaft brachte einen Brief des Khans mit, der ob seiner scheinbaren Überheblichkeit in Europa Aufsehen erregte, und Carpini verfaßte schon auf der entbehrungsreichen winterlichen Rückreise eine *Historia Mongalorum*.[197] Nicht als Gesandter, sondern mehr als Missionar, wenn auch im Auftrag Ludwigs IX. (des Heiligen), brach 1253 der flämische Franziskaner Wilhelm von Rubruk von Konstantinopel aus nach Asien auf und erreichte 1254 den Großkhan Möngke (bei ihm Mangu genannt), über dessen religiöse Toleranz er wie alle Europäer erstaunt war. Der Khan veranstaltete im Mai 1254 sogar eine theologische Diskussion zwischen dem Franziskaner, Nestorianern, Buddhisten und Moslems.[198] Nach seiner Rückkehr berichtete Wilhelm in Paris dem König, aber auch dem englischen Gelehrten Roger Bacon von seinen Erfahrungen[199] und verfaßte einen der anschaulichsten mittelalterlichen Reiseberichte, in dem die erblickten Wunder ausnahmsweise nicht die durch lästige Einheimische, ausländische Küche und schlechte Reitpferde erlittenen persönlichen Beschwernisse überlagern.[200] Der dritte Ostasienreisende, dessen Bericht Bekanntheit erlangte, war der friaulische Franziskaner Odorico de Pordenone[201], der um oder nach 1314 nach Asien reiste, vier Jahre (1324–1328) in China verbrachte und wohl auch die Inselwelt der Nikobaren bereiste, wo er einen Stamm von Menschenfressern kennenlernte.[202]

Schon sein etwas älterer Zeitgenosse Marco Polo hatte von Menschenfressern auf einer weit südlich gelegenen indischen Insel erzählt[203], und wenn sich auch der Franziskaner mit den Inselbewohnern in eine Diskussion über die Sinnhaftigkeit ihres Tuns einläßt, so waren die europäischen Reisenden doch keineswegs erstaunt über diese Sitte. Aus der Literatur wußten sie nämlich alle von der Existenz solcher Anthropophagi (griech. für Menschenfresser), die seit den

Naturgeschichten des Plinius und Solinus zum festen Inventar der europäischen Enzyklopädien gehörten, wenn es um Wundervölker ging.[204] Zwar ist es natürlich möglich, daß Odorico tatsächlich mit den Eingeborenen diskutierte, aber deren Argument, welches er wiedergibt, nämlich daß es schändlich für ihre Freunde und Verwandten sei, nach dem Tode von Würmern gefressen zu werden, anstatt von Freunden verzehrt zu werden, klingt mehr nach der in der europäischen Literatur des Mittelalters verbreiteten Erklärung der Patrophagi (Elternfresser), die ihre Eltern vor dem Tod mästeten, um sie dann mit Freunden in einem Fest zu verzehren.[205] Als Kolumbus in Kuba auf Menschenfresser stieß, mußte ihn auch diese Tatsache in der Ansicht bestärken, auf einer südostasiatischen Insel gelandet zu sein, denn Marco Polo und John of Mandeville, der seine Informationen über die Insel Dondin aus Odoricos Bericht kopiert hatte[206], siedelten diese Menschenfresser genau dort an.

Auf die Menschenfresser und andere «wunderbare», d. h. für die Europäer erstaunliche Völker, welche die Reisenden in diesen entfernten Gegenden antrafen oder anzutreffen behaupteten, soll im nächsten Kapitel noch näher eingegangen werden. Die Wundervölker sind aber keineswegs das einzige, was es von den Weiten des asiatischen Kontinents zu berichten gab. Aus allen Reiseberichten der Fernreisenden des Mittelalters ist herauszuspüren, daß es zwar Grenzen für den eigenen Erfahrungshorizont gab, daß sie aber im Zug ihrer Reisen immer deutlicher merkten, wie grenzenlos die bewohnte Welt im Osten war. Es gab keine Kante einer Erdscheibe (an die ohnehin niemand glaubte), keinen Zaun am Ende der Welt[207], ja nicht einmal die aus den Weltkarten und alten Handbüchern erwartete Mauer oder den Flammenwall um das irdische Paradies, wie sie noch in den hochmittelalterlichen Alexanderromanen gezeichnet wurden.[208] Der einzige Reisebericht, in dem das Paradies überhaupt vorkommt, ist der erfundene des John of Mandeville, aber ironischerweise bestätigte gerade er, daß der bewohnte Erdkreis keine Grenzen hat, indem er ausdrücklich die Möglichkeit einer Rückreise von Ostasien nach Europa auf direktem Weg anspricht; er selbst sei nur deshalb auf dem Landweg zurückgereist, da er auf dem geraden Weg zwar wieder die Heimat erreicht habe, aber (offenbar weil von der falschen Seite anreisend) diese nicht erkannt habe und deswegen umgekehrt sei.[209]

Die nach und nach erworbene Erkenntnis von der Größe Asiens, die vor allem für die Reisenden zu den Mongolen auf ihrem Weg durch Nordasien bedrückend war, wurde ergänzt von der Einsicht, daß weiter und immer weiter im Osten noch immer Menschen wohnten, in Gegenden, wo man auf Grund der Mappae mundi und der antiken Informationen nur Fabelmenschen und Einöden erwartet hatte. Der bleibendste Eindruck nicht nur der Reisenden in die Mongolei, sondern besonders jener nach China war aber die hohe Bevölkerungsdichte Ostasiens, die Größe seiner Städte, die Mannschaftsstärke seiner Heere, die Vielzahl der Provinzen. Wenn man Marco Polo als Messer Millione verspottete, dann vor allem deswegen, weil für die europäischen Menschen des Spätmittelalters Größenverhältnisse wie die der chinesischen Städte undenkbar waren. Zwar wurde in der enzyklopädischen Literatur die ehemalige Ausdehnung der nun zerstörten Stadt Babylon als mit drei Tagereisen in jeder Richtung angegeben, aber dies lag eben in der biblischen Vergangenheit, wo man solche Ausmaße ebenso hinnahm wie das hohe Alter Noahs und Methusalems. In der zeitgenössischen Gegenwart an solche riesigen Ausmaße auch nur zu denken, rief im 13. und 14. Jahrhundert nur Gelächter hervor, das verständlich ist, wenn man die Größe der damaligen Großstädte betrachtet: Rom hatte im Jahre 1367 nur 17000 Einwohner, London 1377 35000 und selbst Paris mit seinem Königshof und seiner Universität 1383 nur 280000 Einwohner; Venedig hatte als drittgrößte Stadt Europas nach Paris und Neapel Ende des 13. Jahrhunderts ca. 100000 Einwohner.[210] Demgegenüber schilderte Marco Polo die Stadt Quinsai (heute Hang-tschou) mit 1,6 Millionen Häusern. Für diese Stadt erwähnte er einen Umfang von 100 Meilen und 12000 vorwiegend steinerne Brücken, und selbst für Syngui (Sutschou, Wuhsien) führte er 6000 Brücken an;[211] auch Khanbalik (Peking) dürfte 1270 schon 1,2 Millionen Einwohner gezählt haben.[212] Daneben wußte dieser Reisende natürlich immer wieder von dem zu erzählen, was alle Europäer, aber besonders die Kaufleute interessierte: Von Perlen, Gold und Edelsteinen, Gewürzen und Kräutern[213], ebenso aber von eigentümlichen Sitten, wie der Verwendung von gedrucktem Papiergeld, welches in China schon seit dem 10. Jahrhundert in Gebrauch war. Der Reichtum eines Landes an Gold wurde offenbar desto größer, je weiter es entfernt war. Marco Polo hatte Ci(m)pangu (d. i. Japan) selbst nicht betreten, da die mongolisch-chinesischen Unterwerfungsversuche von 1274 und 1281 kläglich gescheitert waren.[214] Nach Gewährsleuten beschrieb er aber dieses Inselreich, das nach seiner Schilderung 5000 Meilen von China entfernt lag, als so «ohne Maßen» reich an Gold, daß der königliche Palast zwei Finger dicke goldene Dächer hätte und selbst die Fußböden vergoldet wären, abgesehen vom sonstigen Reichtum an Edelsteinen sowie roten und weißen Perlen. Kein Wunder also, daß Kolumbus mit dieser Beschreibung vor sich an einer Landung in Cimpangu ebenso oder mehr interessiert war als an Indien selbst.

Indien war im Mittelalter überhaupt ein wesentlich weiter zu fassender geographischer Begriff als in der Neuzeit. Auf manchen kleinen Weltkarten stand Indien überhaupt für Asien, so wie Libyen als *pars pro toto*–Bezeichnung für Afrika insgesamt verwendet werden konnte. Aus der Diskrepanz der Informationen darüber, wo Indien lag, nämlich einerseits im fernen Osten, andererseits in Südasien, und drittens zwischen Afrika und Asien, entwickelte sich die Vorstellung, daß es entweder zwei oder gar drei Indien gäbe.[215] Zwei Indien, nämlich ein Oberindien (*India superior*), das durch den Apostel Bartholomäus christianisiert worden sei, und ein Unterindien (*India inferior*), in dem der Apostel Thomas missionierte, finden sich in der Enzyklopädik, etwa bei Gervasius von Tilbury und Vinzenz von Beauvais.[216] Die von Pseudo-Abdias im 6. Jahrhundert aufgestellte Dreiteilung in ein äthiopisches, ein medisches und ein fernöstliches Indien gibt es dagegen besonders auf den Mappae mundi häufig, ebenso im Brief des indischen Priesterkönigs Johannes (von dem noch ausführlicher zu sprechen sein wird), und außerdem in jenen hagiographischen Quellen, die sich mit dem Apostel Bartholomäus befassen.[217] Wo immer Indien auch liegen mochte, es war in der abendländischen Vorstellung seit den antiken Beschreibungen, die im Hinblick auf Größe und physische Geographie seit den Alexanderzügen ein realistisches Bild von Indien gaben[218], ein Reich mit stark fabelhaften Zügen, das in den Schilderungen wie kein anderes Land durch eine Mischung aus Fakten und Legenden charakterisiert wurde. Es galt als außerordentlich groß und dicht besiedelt, sehr fruchtbar, und außerdem reich an Gold und Edelsteinen.[219] Diese attraktive Schilderung wurde in vielen Quellentexten allerdings dadurch relativiert, indem auf die großen Gefahren bei der Reise nach Indien (etwa die giftigen Schlangen in Mesopotamien) und nicht zuletzt auf die indischen Wundervölker hingewiesen wurde. Dennoch war Indien das «Traumziel» der Europäer, wie die drei Stoßrichtungen der europäischen Expansion beweisen, nämlich entweder direkt auf dem Landweg nach Osten, zweitens um Afrika herum und schließlich – der Versuch des Kolumbus – auf dem westlichen Weg; letztes Ziel der Reisen war in allen Fällen Indien.

Wenigstens John of Mandeville bestätigte die Existenz des irdischen Paradieses für den Osten Indiens, das nach Auskunft der älteren Kosmographien und Mappae mundi im äußersten Osten Asiens lag, also ebenfalls in der Gegend Chinas und Japans. Selbst John of

Mandeville meinte aber[220], er kenne es nur vom Hörensagen und könne daher nichts Näheres dazu sagen, da er selbst nicht dort gewesen sei und außerdem die Paradiesesmauer sowie Wüsten voller wilder Tiere verhinderten, daß irgendein Sterblicher hineingelange. Auch die Paradiesesflüsse könne man nicht mit Schiffen befahren, meinte der durchaus praktisch veranlagte Mandeville, da sie zu reißend seien, was schon manchem übermütigen Fürsten zum Verhängnis geworden sei. Immerhin wußte auch er, daß das Paradies höher liege als das umgebende Land und daß im Paradiesesbrunnen in seiner Mitte die vier Paradiesesflüsse Nil, Ganges, Euphrat und Tigris entsprangen, die mit ihrem Wasser Gold und Edelsteine führten.

Von China wußte John of Mandeville ebenfalls einiges zu berichten, und obwohl er Marco Polo bezüglich Macht und Reichtum des Tartarenkhans als Quelle benutzte, fügte er noch einiges hinzu, was bei einem echten Augenzeugen wie Marco Polo nicht zu finden war. Dazu gehören vor allem die Erzählungen von Wundertieren wie dem Vogel Greif, der so groß war, daß er in seinen Krallen sowohl Roß und Reiter als auch ein ganzes Ochsengespann davontragen konnte[221] und von Wunderpflanzen wie dem Baum, aus dessen Früchten lebendige Vögel wurden.[222] Ganz andere Geschichten als bei Marco Polo, Odorico und Carpini, die freiwillig in die Mongolei oder China reisten, dort einen Auftrag auszuführen hatten und sich daher auf Politik und Religion, Hofsitten und Wirtschaft konzentrierten, oder bei Mandeville, der die alten Enzyklopädien und Romane nach Wunderbarem und Fabelhaftem durchsucht hatte, um seinen fiktiven Bericht damit zu würzen, liest man in der Erzählung eines unfreiwilligen Ostasienreisenden, des bayerischen Soldaten Johannes Schiltberger.[223] Dieser befand sich 1394 im Heer König Sigismunds, als es vor Nikopolis unterhalb des Eisernen Tors an der Donau von den Türken vernichtend geschlagen wurde. Nur wegen seiner Jugend – Schiltberger war damals vermutlich erst 14 Jahre alt – wurde er nicht erschlagen, sondern als Sklave verschleppt. Zuerst diente er bei den Türken, dann fiel er nach einem Sieg der Tartaren über die Türken in mongolische Hände. Auf diese Weise kam er von Kleinasien, Ägypten und Mesopotamien bis in die südwestliche Mongolei, seine unkomplizierten Erzählungen beinhalten aber auch Nachrichten über Indien und das Paradies, obwohl er selbst dort nie war und dies auch offen zugibt. Erst nach 33 Jahren der unfreiwilligen Reisen als Kriegssklave gelang es Schiltberger zu fliehen und 1427 in seine Heimat zurückzukehren. So frisch und einfach sein Bericht auch klingen mag, so gern hat er doch nach seiner Heimkehr auch andere Quellen ausgeschrieben. Deshalb mischen sich seine Abenteuer auf eigentümliche Art mit traditionellem abendländischen Wissen, verbreitetem Legendengut und gehörten Fabeln. Er berichtet auf gleich sachliche Weise von den Eßgewohnheiten seiner mongolischen Herren, die gesalzenes Fleisch verzehrten und Stutenmilch tranken, wie von seinen keineswegs ungefährlichen Fluchtversuchen, aber auch von Prinzessinnen in unzugänglichen Burgen oder von der Kreuzfahrerfabel über die roten Stadtmauern von Antiochia, die mit Christenblut angestrichen seien.

Alle die genannten Asienreisenden, nicht zuletzt aber auch die Pilger, die nur bis ins Hl. Land oder vielleicht nach Ägypten oder auf die Halbinsel Sinai gelangt waren[224], versorgten zwar einerseits Europa mit Informationen über Asien und dessen Bewohner – so sind Schiltbergers Beschreibungen mohammedanischer Sitten[225] und Marco Polos Notizen über die Religionsverhältnisse in Ostasien mit Rinder- und anderen Tiergottheiten[226] durchaus sachlich und informativ –, andererseits perpetuierten sie fast alle die abendländischen Vorurteile über die exotischen Weltgegenden, da die Verfasser der Reiseberichte üblicherweise ältere Reiseberichte ebenso wie die gängigen Enzyklopädien heranzogen, wenn sie ihre Erlebnisse zu Pergament brachten. Dafür gab es mehrere Gründe.

Erstens bildeten die mehr oder weniger populären Handbücher auch für die weniger gebildeten Reisenden schon seit ihrer Jugend und Erziehung einen Referenzrahmen, der durch die Reise selbst zu einem gewissen Grad sogar dann bestätigt wurde, wenn die gesehenen Tatsachen ihm eigentlich hätten widersprechen müssen. Denn wie selbst heutige Reisende, deren Einstellung durch den neuzeitlichen Individualismus und eine andere Art von Bildung auf das Ausgefallene mehr gerichtet ist als auf das Geläufige, eher die im Baedeker oder anderen Handbüchern genannten «Sehenswürdigkeiten» sehen als andere, mindestens ebenso offensichtliche Attraktionen, und daher auch später zu Hause wieder nur das im Buch Gelesene weitergeben, so reisten auch die Menschen des Mittelalters mit einem Weltbild im Kopf, das durch das Bücherwissen vorgeprägt war und seinerseits die während der Reise gemachten Erfahrungen mitprägte oder wenigstens einordnete. So ist denn auch nicht überraschend, daß fast alle Asienreisenden anführten, sie hätten das Einhorn tatsächlich gesehen, und Illustrationen der spätmittelalterlichen und frühneuzeitlichen Reiseberichte das fabelhafte Einhorn auch so darstellen, wie man es sich im Mittelalter als Symbolwesen vorgestellt hatte. Nur ein einziger Reisender, der auch hier am wenigsten voreingenommene Marco Polo, vermerkte etwas enttäuscht, daß das Einhorn eigentlich gar nicht so aussehe, wie man es sich vorstellte, sondern im Gegenteil ein häßliches, plumpes und dickbeiniges Tier mit einem kurzen Horn auf der Nase statt eines langen auf der Stirn sei – wie ein Nashorn eben tatsächlich aussieht: *do sint ouch vil eynhorn, dy luczil cleyner sint wen die elephant, das houbt sam eyn swyn krum czu der erdin; sy wonen gerne in dem wazzir und in den pfülin und han eyn horn mittin an der stirnen unde das ist grob unde swarcz.*[227] Doch selbst sein Augenzeugenbericht diente nicht in erster Linie der «Entmythologisierung» des Einhorns, denn gerade der kritische Bericht bestätigte dem europäischen Leser einmal mehr: Es gibt also doch Einhörner.[228]

Zweitens konnten die schreibenden Reisenden beim Abfassen ihres Berichtes ihrem eigenen Gedächtnis mit schriftlichen Quellen nachhelfen, und während Rompilger oder Jerusalemfahrer dabei die recht detailreichen Pilgerhandbücher heranzogen[229], so mußten sich die Fernreisenden mehr auf die fabelhaften Angaben der mittelalterlichen Enzyklopädien verlassen, die antikes, arabisches und europäisches Erfahrungswissen in oft recht ungleichgewichtiger Weise mit Erdichtetem verbanden. Dabei konnten diese Angaben selbstverständlich durch zusätzliche Informationen bestätigt worden sein, was auch dem Rest zu mehr Gewicht verhalf, auch wenn der Reisende die Angaben vielleicht nicht aus eigener Anschauung überprüfen konnte, aber sie dem Leser dennoch nicht vorenthalten wollte.

Drittens schließlich verlieh die Übereinstimmung des Erfahrungsberichts mit dem traditionellen Buchwissen dem Erzählten und dem Erzähler mehr Glaubwürdigkeit. Darin unterschied sich ja der mittelalterliche Wissenschaftsbegriff in erster Linie vom neuzeitlichen, daß man Erfahrung an der Autorität der Bücher maß und nicht umgekehrt.[230] Nicht umsonst war das ausschließlich auf älteren Texten basierende Werk des John of Mandeville für das mittelalterliche Publikum das glaubwürdigste seiner Gattung, da es so gut wie gar nichts Neues brachte und somit auch nicht von der Tradition älterer, autoritativer Werke abweichen konnte.

Der heiße Süden

Weltkarten und geographische Texte des Mittelalters waren sich darüber einig, daß Afrika – abgesehen von einem schmalen Streifen am Mittelmeer – höchst unwirtlich und in der Nähe des Äquators überhaupt völlig unbewohnbar sei, weil dort wegen der großen Hitze auf Grund der senkrechten Sonneneinstrahlung menschliches Leben unmöglich wäre.[231] Dementsprechend waren in Europa auch keine Reiseberichte über Afrika bekannt. Das heißt nicht, daß es keine gegeben hat, denn Informationen über Afrika hätte man im faszinierenden Reisebericht des mohammedanischen Marokkaners Ibn Battuta finden können, aber dieser gelangte erst im 19. Jahrhundert nach Europa. Ibn Battuta war nicht nur, wie viele seiner Landsleute auch, seiner religiösen Pflicht nachgekommen und hatte Mekka besucht, sondern verbrachte in der Folge zahlreiche Jahre (1325 – 1354) auf Reisen, auf denen er über Indien, die Malediven, Ceylon und Java bis nach China vordrang und später auch Spanien und Zentralafrika bis Timbuktu bereiste[232]; sein lebendiger Bericht bestätigt mit vielen Details auch den hohen Stand arabischer Kultur, der in Europa weitgehend unbekannt war. Ein weiterer Afrikabericht war der des spanischen Juden Benjamin von Tudela, der von Spanien über Kleinasien bis Bagdad und Indien und auf der Rückreise über Äthiopien und Ägypten die jüdischen Gemeinden aufsuchte[233], aber wie der arabische Bericht des Ibn Battuta erlangte auch dieser in Europa keine Verbreitung in gelehrten Kreisen.

Was man jedoch in Mittel- und Westeuropa über Ägypten, Tunesien und Nordwestafrika wußte, war nicht viel mehr, als das aus der Spätantike Überlieferte und das, was man im Alten Testament darüber nachlesen konnte. Zwar machten zahlreiche der begüteteren Pilger ins Hl. Land einen Umweg über Ägypten[234], um den Nil und Alexandrien zu sehen (und nicht zuletzt wohl auch deswegen, weil die Kapitäne aus Gründen des Handels die Nilmündung ohnehin angelaufen hätten), und Ägypten war auch das bekannteste aller afrikanischen Länder. Weiter aber gelangte kaum jemals ein Europäer, und auch die antiken Autoren schweigen mangels Informationen weitgehend über das Innere Afrikas, und dementsprechend karg sind auch die Legenden der Karten und die Beschreibungen der Kosmographien.

Den Westen Afrikas jenseits der Säulen des Herkules (Gibraltar – Ceuta) wußte man an den Atlantik grenzend, den Süden ahnte man in mehr oder weniger großer Entfernung an den Ozean reichend. Dabei war es unklar, ob Afrika sich bis an und über den Äquator erstreckte oder ob unter dem Äquator ein heißer Ozean mögliche Landmassen auf der Südhalbkugel von Afrika trennte.[235]

Die Aufzählung der römischen Provinzen Ägypten, Libyen, Tripolis, Pentapolis, Byzacena, Numidia und der Mauretanien wurde im Bereich der Länderkunde nur mehr durch die Erwähnung des sagenhaften Äthiopien ergänzt, das (ebenso wie Libyen) für Afrika überhaupt stehen konnte. Konnte man in diesen nordafrikanischen Provinzen noch auf Städte wie Babylon (= Kairo, eigentlich P'i-Hapinon, eine Ortschaft bei Kairo, deren Name mit Babylon verwechselt wurde, was schließlich zu diesem zweiten Babylon führte), Alexandrien, Karthago oder Hippo als Geburtsort des Hl. Augustinus hinweisen, so war bei Äthiopien die Beschreibung ausschließlich auf die Phantasie angewiesen. So wie Indien im äußersten Osten und Skythien im unwirtlichen Norden der bewohnten Welt, wurde somit Äthiopien im Süden als Wohnort von Wundermenschen und Heimat von Fabeltieren betrachtet. Daß es auch in Afrika Elefanten gab, wußte man aus der Geschichte der Punischen und Jughurtinischen Kriege.[236] Die Kenntnis anderer Tiere aber bezog man nicht aus römischen Geschichtsschreibern, sondern aus der Naturgeschichte des Plinius, der Kuriositätensammlung des Solinus, und der in naturgeschichtlichen Fragen nur allzu wundergläubigen Enzyklopädie des Isidor von Sevilla[237], etwa die Herden wilder Onager, den Vogel Strauß, das Rhinozeros, Schlangen mit zwei Köpfen, das Chamäleon, aber auch Basilisken und Drachen.

Wie die Kundschaft von den fabelhaften Völkern, auf die im nächsten Kapitel gesondert eingegangen werden soll, so waren Informationen über wundertätige Mineralien und Gewässer, besonders aber auch die Beschreibungen phantastischer Tiere ein wesentlicher Bestandteil jeder mittelalterlichen Weltbeschreibung, und selbst die Reiseberichte von Fernreisenden als Augenzeugen machen hier keine Ausnahme. Man ist daher gerne geneigt, diese Vorliebe für sagenhafte, aber auch nur exotische Tiere als typisch mittelalterlichen Wesenszug zu betrachten, aber ein Blick auf die Fernsehdokumentationen des ausgehenden 20. Jahrhunderts zeigt, daß die Faszination, welche die Tierwelt, und dabei besonders die exotische (d. h. für den jeweiligen Betrachter nicht alltägliche), auf die Menschheit ausübt, noch immer ungebrochen ist.

Abgesehen von der schon genannten Naturkunde des Plinius im 1. Jahrhundert und den auf Ausgefallenes ausgerichteten Exzerpten des Solinus daraus[238] entwickelte sich zwischen dem 2. und 4. Jahrhundert der sogenannte *Physiologus*, der sich ausschließlich mit Tieren beschäftigte. Der ursprünglich griechische, dann auf Latein und in zahlreichen Landessprachen weitverbreitete *Physiologus*[239] (der Titel bezog sich ursprünglich nicht auf das Werk, sondern seinen Autor, einen «Naturgelehrten») ist ein spezifisch christliches Werk, das nach der Beschreibung jedes Tieres die theologische Auslegung folgen läßt und vielleicht gerade deshalb im Mittelalter so große Popularität erlangen konnte. Aus dem *Physiologus*, den Tierkapiteln von Isidors von Sevilla *Etymologiae* und anderen Enzyklopädien gingen dann ab dem 10. Jahrhundert die sogenannten Bestiarien hervor, die inhaltlich weniger eng konzipiert waren als der *Physiologus*, aber auf die geistliche Auslegung dennoch selten verzichteten.[240] Sie waren wesentlich umfangreicher, in Säugetiere, Vögel, Reptilien und Fische unterteilt und gingen zum Teil auch auf Pflanzen und Mineralien ein. In den meisten von ihnen ist die ursprünglich knappe Auslegung zu moralisierenden Fabeln über Tiere und die Natur überhaupt erweitert.

Die Bestiarien erwähnen selbstverständlich auch wohlbekannte Tiere, über die dennoch Erbauliches berichtet werden konnte, aber das Schwergewicht liegt eindeutig auf den exotischeren Wesen, wobei auch echte Fabelwesen und Wundertiere ihren Platz hatten. Das beliebteste von den tatsächlich existierenden Tieren war zweifellos der Elefant, der ja sowohl in Indien wie Afrika vorkommt und damit gleich in zwei Randgebieten der Ökumene beheimatet war. Größere Mappae mundi weisen als Bildlegende für Indien immer wieder den Elefanten auf, und daß auf der Ebstorfer Weltkarte von den insgesamt 30 Pergamentblättern ausgerechnet das eine Blatt mit Indien herausgeschnitten wurde[241], ist wohl auf die Anziehungskraft des dort abgebildeten Elefanten zurückzuführen. Die Karte trägt dennoch einen Elefanten, und zwar einen kleinen in Westafrika.[242] Dagegen zeigt die zweite der großen mittelalterlichen Mappae mundi, die britische Karte aus der Kathedrale von Hereford, in Indien einen Elefanten komplett mit Gefechtsturm[243], was die mittelalterlichen Autoren nach der Größe an den Elefanten am meisten beeindruckt haben dürfte.[244] Daneben war die zwei Jahre lange Schwangerschaft des Elefanten erwähnenswert, ebenso, daß sich die keuschen Tiere beim Geschlechtsverkehr voneinander abwandten, und daß nur der Drache die mit 300 Jahren recht langlebigen Elefanten besiegen konnte. Auch daß sie trotz ihrer Größe vor Mäusen die Flucht ergriffen, ist eine Fabel, die beinahe 2000 Jahre alt ist.[245]

Neben dem Elefanten übte von den tatsächlich lebenden Tieren das schon besprochene Einhorn (das die Reisenden mit dem Nashorn identifizierten) eine große Faszination auf europäische Enzyklopädisten aus, aber auch Camaeloparden (= Giraffen), die afrikanischen Onager (Wildesel), Antilopen, Panther, Tiger und selbst Krokodile verliehen den aus den Bestiarien entlehnten Beschreibungen der entfernten Gebiete der Erde sowohl exotischen Reiz als auch Anlaß zu geistlicher Erbauung. Neben der beispielgebenden Keuschheit des Elefanten, der Demut des Einhorns und dem Eifer des Panthers konnten nämlich die Schmutzigkeit und Niedrigkeit des Krokodils auch als abschreckendes Beispiel dienen.[246]

Viele der zur Ausgestaltung exotischer Gegenden angeführten Tiere waren allerdings schon als solche vom trockenen Boden unseres neuzeitlichen Realitätsbegriffes weiter entfernt als die genannten geistlichen Auslegungen. Greife und Basilisken, Drachen und Riesenameisen, die Mantikora und der Phönix waren aber ebensosehr Teil der mittelalterlichen Wirklichkeit entfernter Länder, wie die Geschichten von der Selbstentmannung des Bibers auf der Flucht und der Selbstzerfleischung des Pelikans zur Fütterung seiner Jungen es für weniger abgelegene Gebiete waren. Die räumliche Einordnung zeigt dennoch, daß die fabelhafteren Tiere auch an den Rändern des bekannten Erdkreises lokalisiert wurden: Die Menschen bekämpfenden Greife in Skythien im Norden, die durch Blicke tötenden Basilisken und schrecklichen Drachen im südlichen Afrika, die Mantikora mit dem Menschenhaupt und den drei Zahnreihen in Indien, der sich selbst verbrennende und wiedergebärende Phönix in Arabien.[247]

Die Schilderung von Fabeltieren war fast durchweg von einer Dichotomie geprägt, die uns auf den Weltkarten und Reisebeschreibungen weniger auffällt als in den Miniaturen der Stundenbücher und den steinernen Plastiken mittelalterlicher Kathedralen. Zwar sind alle Tiere, auch monströse, Teil von Gottes Schöpfung und haben als solche ihren Platz im göttlichen Schöpfungsplan; dies gilt nicht nur für ihr natürliches Habitat, wo sie (der Gedanke wirkt sehr darwinistisch) in einer komplexen Hierarchie anderen Tieren teils über-, teils untergeordnet sind, sondern auch für ihre Beispielfunktion für den Menschen, der in der geistlichen Auslegung in den Bestiarien ebensoviel Raum gegeben wird wie den naturkundlichen Beschreibungen. Andererseits symbolisierten gerade die Fabeltiere einen Aspekt der mittelalterlichen Welt, den der Mensch als Fremdes, Anderes, immanent Schreckliches erfuhr und den er sich zwar durch die Klassifizierung unter das «Wunderbare» begrifflich gefügig machen konnte, der aber gerade innerhalb der Schilderung der Ränder der bewohnten Erde die räumlichen und existentiellen Grenzen seines Daseins immer wieder ins Bewußtsein rief.[248]

Der öde Norden

Nicht nur der äußerste Osten und Süden der Ökumene waren in der Regel unerreichbar, sondern auch der hohe Norden, und dieser blieb es auch noch, als Weltumseglungen und Expeditionen ins Innere

Afrikas längst an der Tagesordnung waren, nämlich bis zum Ende des 19. Jahrhunderts.

An die Erstürmung des Nordpols wagte sich zwar nicht einmal die mittelalterliche Phantasie heran, aber die Frage nach den nördlichsten Ländern Europas und Asiens beschäftigte schon antike und mittelalterliche Autoren. Nach Anfängen bei Herodot im 5. Jahrhundert war es im 4. Jahrhundert v. Chr. Pytheas, ein aus Marseille stammender griechischer Reisender, der uns Augenzeugenberichte von West- und Nordeuropa bringt. Er hatte die Atlantikküste bis zu den britischen Inseln und weiter befahren und dabei wohl eine der Inselgruppen im Nordatlantik (Orkneys, Shetlands, Färöer), vielleicht sogar Island erreicht.[249] Sein Werk «Über den Ozean» ist uns zwar nicht erhalten, aber Hipparch benutzte seine Daten und seit Pytheas übte die Suche nach der Insel Thule eine kontinuierliche Faszination auf die antiken und späteren Geographen aus. Dabei war es mager genug, was nicht nur bei den antiken Autoren von Aristoteles und Plato bis selbst zu Tacitus[250], sondern noch auf mittelalterlichen Weltkarten (Mappae mundi) über Nordeuropa zu finden war: Im äußersten Norden entspringt aus den Ripheischen Bergen der Fluß Tanais (= Don), der bis zum Schwarzen Meer die Grenze zwischen Europa und Asien bildet. Er floß durch Skythien, das die Skandinavier nach der Ostexpansion der Wikingerzeit auch als Groß-Schweden übersetzten;[251]; östlich davon lag das dichtbewaldete Hyrkanien. Weiter westlich lagen Germania und die Insel Britannia, die üblicherweise recht ausführlich beschrieben werden[252], nördlich davon aber dominieren vage Informationen über die «Inseln» Dacia (Dänemark), Suecia (Schweden) und Norvegia (Norwegen), während die oben genannten atlantischen Inselgruppen nur mehr selten aufscheinen.[253] Thule identifizierte man zwar normalerweise mit Island, aber dieser einheimische Name führte dazu, daß zum Teil auch zwei Inseln, nämlich Thule und Island, oder gar drei, nämlich Island, Thule und die auf Grund der Namensähnlichkeit oft damit verwechselte indische Insel Thile verzeichnet sind.[254] Mit diesen Inseln war für die meisten Europäer die bewohnte Erde auf dieser Seite endgültig zu Ende, denn der Nordatlantik hatte seine Schrecken seit der Antike nicht verloren.

Schon einer der ältesten volkssprachlichen kosmographischen Texte, das althochdeutsche Gedicht *Merigarto* aus dem 11. Jahrhundert, berichtete allerdings von einem Händler, der nach Island gelangt war.[255] Daneben wurde auch von einem sagenhaften Lebermeer gesprochen, «ein fabelhaftes, gefährliches, geronnenes Meer, in welchem die Schiffe nicht von der Stelle können»[256], das man sich offenbar im Nordwesten vorstellte; vermutlich meinte man das Eismeer.[257] Im Lebermeer (*mare coagulatum*) eine frühe Anspielung auf die Saragossosee sehen zu wollen[258], ist nicht angebracht, selbst wenn die *Image du Monde* des Walter von Metz dieses geronnene Meer westlich von Afrika ansiedelt; auch sind die Verbindungen mit der Sage vom Magnetberg, wie sie sich sowohl im mittelhochdeutschen *Herzog Ernst* als auch in der Brandanslegende finden, zwar alt, aber nicht ursprünglich. Ähnliche Aussagen über das Nordmeer finden sich schon früher beim Iren Dicuil[259] sowie bei Isidor von Sevilla[260], und sie gehörten in der Folge zum enzyklopädischen Standardwissen. Allerdings dürfte hierbei gerade in Westeuropa die volkssprachliche Tradition eine große Rolle gespielt haben, da auch im lateinischen Text des Kirchenhistorikers Adam von Bremen (entstanden zwischen 1073 und 1080) das Wort *Libersee* auf deutsch zu finden ist, wohl mangels eines genau entsprechenden lateinischen Ausdrucks.[261] Sonst allerdings weiß man in Mittel- und Westeuropa nichts über Skandinavien, wenn man von einigen Angaben über Wundervölker[262] absieht. Nur die Skandinavier selbst erweiterten den Horizont nach Norden und nach Nordwesten zu, wie schon oben ausgeführt wurde.[263]

Ein Grund, der für die geringe Kenntnis Nordeuropas im Mittelalter mitverantwortlich war, lag in der antiken Meinung, der Norden sei überhaupt unbewohnt und auch unbewohnbar. Dies geht hervor aus der Klimatentheorie, die den Himmelsklimaten Streifen der bekannten Erde, und hier besonders Europas entlang bestimmten Breitengraden zuordnete, wobei die Bewohner einer Klimazone annähernd dieselben Sternenkonstellationen beobachten konnten, ihre Orte die gleichen Taglängen und zu einem gewissen Grad ähnliche meteorologische Verhältnisse aufwiesen. Letzteres war aber von sekundärer Bedeutung und wird erst in der modernen Bedeutung des Begriffs Klima greifbar. Da es sich dabei weniger um eine exakte theoretisch-astronomische Einteilung der Ökumene handelte als um eine Liste zu praktischen Vergleichszwecken, spielte es kaum eine Rolle, daß nur ein relativ eng begrenztes Gebiet der Ökumene davon erfaßt wurde, wie die folgende Aufstellung zeigt:

Diameroes	Indien – Rotes Meer – Westafrika
Diasyenes	Indien – Persien – Arabien – Westafrika
Dialexandrios	Indien – Thaurus – Alexandria – Karthago
Diarhodos	Filipones – Griechenland – Sizilien – Gibraltar
Diaromes	Kasp. See – Mazedonien – Rom – Spanien
Diahellespontum	Hellespont – südlich von Germanien
Diaboristenes	Miotische Sümpfe – Germanien – Britannien

Schon Martianus Capella hatte diesen Mangel erkannt[264] und ein achtes Klima bei den Ripheischen Bergen eingeführt (*Diaripheos*), aber während weder der Mangel noch die Klimatentheorie die skandinavischen Autoren viel beschäftigten, fühlte sich der Astronom Robertus Anglicus als Engländer eindeutig benachteiligt, wie aus seinem 1271 verfaßten Kommentar zu Johannes' von Sacrobosco *Liber de sphaera* zu ersehen ist:

»Zu jenem, was gegen die Autorität von Alfraganus und Ptolemäus vorgebracht wird, die annehmen, daß das erste Klima diesseits des Äquators beginne, sage ich, daß dieser Beweis nicht schlüssig ist, da das letzte, siebte Klima nur wenig von England enthält – nicht einmal zwei Tagreisen –, woraus aber dennoch nicht folgt, daß England unbewohnbar sei, weil die Philosophen dieser Zeit nur berühmte bewohnbare Gegenden einteilten, während es zu dieser Zeit noch nicht bewohnt war und uns kein Gerücht davon erreicht hatte. Um es kurz zu sagen, sie teilten nicht allein bewohnbares, sondern allgemein bekanntes bewohntes Land ein, zu welchem Zugang und Abgang leicht möglich war.»[265]

Trotz derartiger Korrekturen britischer Kleriker und dem weit überlegenen geographischen Wissen der Skandinavier blieb Nordeuropa für die meisten Europäer eine unbekannte Randzone der Ökumene.

Exkurs. Das Bekannte in der Ferne: Das indische Reich des Presbyter Johannes

Im Jahre 1165 tauchte in Europa ein lateinisches Schreiben auf, das vom byzantinischen Kaiser Manuel Comnenus (1143–1180) an den Kaiser des Hl. Römischen Reiches Friedrich Barbarossa (1152–1190) weitergeleitet wurde und etwa folgendermaßen begann:

Der Presbyter Johannes, durch die Allmacht und Tugend Gottes und unseres Herrn Jesus Christus König der Könige, grüßt Manuel, Führer der Römer, und wünscht ihm die bleibende Gnade Gottes.[266]

Der Brief ging zwar tatsächlich an Friedrich Barbarossa, aber woher er stammte, der laut eigenen Angaben erst ins Griechische und von da ins Lateinische übersetzt wurde, war und ist noch immer ungewiß.

Nach der Begrüßungsformel und einer Anspielung auf einen angeblichen Geschenkaustausch zwischen den beiden Herrschern ging der Brief auf die Macht und die Reichtümer des Presbyter Johannes ein, der 70 Könige beherrsche und unerhörte Mengen an Edelsteinen besitze. Daraufhin wandte sich der Brief der Beschreibung der drei Indien zu, die Johannes unter sich hatte, und dieser längste Abschnitt des Schreibens ist eine Aufzählung all dessen, was man in der abendländischen Literatur an Wunderbarem über Indien wußte. Der Text nennt Edelsteine und Kräuter mit wunderbaren Eigenschaften, exotische und fabelhafte Tiere (Phönix, Einhorn, Salamander), den Pfefferwald, Wundervölker wie Amazonen, Pygmäen, Kentauren und Cynocephalen[267], die riesigen indischen Flüsse und ein sandiges Meer.[268] Der letzte Teil des Briefes schließt an den ersten an und beschreibt eine ideale theokratische Herrschaft, die der Presbyter Johannes in der Nachfolge des Hl. Thomas ausübe: Es gäbe keine Armen, keine Schmeichler, keine Diebe, keine Ehebrecher und keine Häretiker. Schließlich wird noch der Palast und das Gefolge des Priesterkönigs Johannes beschrieben, der nach dieser überheblichen Beschreibung seines Reiches nun noch mit seiner Demut prahlt: Sein Titel sei nur deswegen nicht der eines Königs, weil es keinen höheren Rang als den eines Priesters (Presbyters) Gottes gäbe.[269]

Dieser hochtrabende Brief war selbstverständlich eine Fälschung, und daß man ihn im Mittelalter für echt halten konnte, ist vorwiegend darauf zurückzuführen, daß die Beschreibung Indiens all das bestätigte, was man aus der Reiseliteratur, besonders aber den Enzyklopädien über Indien wußte. Wie bei der Reisebeschreibung des John of Mandeville lagen diese Übereinstimmungen des neuen Textes mit den lateinischen Autoritäten nicht in identischen Erfahrungen begründet, sondern ganz einfach darin, daß die jeweiligen Autoren eine Sammlung von Stellen aus älteren Werken zu einem neuen Text kompilierten. Obwohl der Brief eine griechische Quelle vortäuscht, ist eine derartige Vorstufe recht unwahrscheinlich.[270] Der Verfasser des Briefes war höchstwahrscheinlich ein westeuropäischer Kleriker, der in erster Linie die Zustände in Europa anprangern wollte, wo der Konflikt zwischen Kaiser und Papst (Alexander III.) einen neuen Höhepunkt erreicht hatte, wo während des Schismas Gegenpäpste gewählt wurden (Viktor IV. 1159–1164, Paschalis III. 1164–1168) und außerdem die äußere Bedrohung durch den Islam (Fall von Edessa 1144, Scheitern des 2. Kreuzugs 1147–49) von den Europäern zusehends realisiert wurde. In dieser Situation war es das Ziel des Verfassers, dem Römisch-Deutschen Kaiser ebenso wie dem Papst und der Kirche überhaupt das Idealbild einer theokratischen Herrschaft vorzuhalten, eine Utopie gegen das Europa seiner Zeit.[271] Außerdem, und dies war wohl die zweite Absicht des Autors, wollte er durch das Erfinden eines mächtigen christlichen Verbündeten im

Rücken der islamischen Feinde die Hoffnungen der Europäer im Kampf gegen den Islam wecken und damit die Moral für einen weiteren Kreuzzug stärken.[272]

Mit beiden Absichten ist der Autor zweifellos gescheitert; Papsttum und Kaisertum waren genug damit beschäftigt, sich zu befeinden, und wenn auch die Hoffnung auf einen Verbündeten im Osten Anlaß zu Spekulationen gewesen sein mag, so blieben konkrete Nachrichten aus, und der nächste (3.) Kreuzzug kam erst 1189 zustande.

Als literarisches Werk dagegen war der fiktive Brief des Priesterkönigs Johannes ein voller Erfolg. Er wurde aus dem Lateinischen ins Deutsche, Englische, Russische, Serbische, Französische, Okzitanische, Italienische und sogar Hebräische übersetzt[273], wobei allein von der altfranzösischen Übertragung mehr als 20 Manuskripte erhalten sind[274], und von verschiedenen lateinischen Fassungen kannte Zarncke[275] schon 1879 fast 100 Handschriften. Noch in der Zeit der Wiegendrucke erfreute sich der Text beträchtlicher Beliebtheit.[276] Der Grund für die schnelle und weite Verbreitung des an sich kurzen und durch seine Konzentration auf Beschreibungen relativ eintönigen Textes lag sicher nicht in den oben genannten Intentionen seines anonym gebliebenen Autors, soweit wir diese rekonstruieren können[277], sondern in erster Linie an der Tatsache, daß hier viele der in Europa in gelehrten Quellen enthaltenen Informationen über Indien zusammengetragen und in konziser und prägnanter, aber auch recht populärer Form dargestellt wurden. Die Verbundenheit des Textes mit der lateinischen Tradition bedingte, daß das Vorwissen der Gelehrten bestätigt wurde, für andere die vagen Bruchstücke an Informationen über Indien durch zusätzliches Material ergänzt wurden. Damit wurde dieser kompilierte Brief selbst zu einer Quelle für spätere Werke, etwa für die Reisebeschreibung des Jerusalempilgers Johannes de Hese[278] (1389), die Dreikönigslegende des Johannes von Hildesheim[279] (entstanden ca. 1351–1370) und nicht zuletzt den schon behandelten Reiseroman des John of Mandeville.[280]

Bei dem beachtlichen «literarischen» Erfolg des Briefs des Presbyters Johannes stellt sich aber die Frage nach der Identität seines fiktiven Verfassers, oder, anders ausgedrückt: Was waren die historischen Vorlagen, nach denen der anonyme Verfasser des eigentlichen Textes seinen Presbyter Johannes erfunden hatte? In der jüngeren Forschung zum Priesterkönig Johannes zeichnet sich nun die Tendenz ab, die diversen älteren Erklärungsversuche zu einem komplexen Gebäude zu harmonisieren.[281] Die literarische Grundlage des anonymen Verfassers dürfte in erster Linie in zwei Briefen über den historisch weitgehend gesicherten Besuch eines Patriarchen Johannes bei Papst Calixtus II. in Rom im Jahre 1122 oder 1123 zu suchen sein.[282] Dieser Patriarch Johannes soll tatsächlich ein indischer Kleriker gewesen sein, und die beiden Briefe über seinen Besuch berichten ausführlich über die Thomas-Christen in Indien. Diese Thomas-Christen könnten zwar auf eine östliche Missionstätigkeit des Apostels Thomas zurückgehen, wahrscheinlicher aber handelt es sich um die Nachfahren der nach der Verurteilung des Nestor (am Konzil von Ephesus im Sommer 431) nach Asien verstreuten nestorianischen Christen. Das indische Priesteramt des Priesters Johannes ist wohl mit diesem Besuch des Patriarchen Johannes erklärbar, zum mächtigen Herrscher und Feind der Mohammedaner wurde er aber durch ein anderes historisches Ereignis, nämlich die Schlacht von Katvan bei Samarkand im Jahre 1141, in welcher der mongolische Heerführer Ye-lüh Ta-schih den seldschukischen Sultan Sanjar vernichtend schlug. Die Kunde von dieser schweren Niederlage der Mohammedaner erreichte bald Europa, wo man sie mit Freude zur Kenntnis nahm und in dem mongolischen Heerführer einen potentiellen Verbündeten erblickte.[283] Die erste schriftliche Erwähnung dieses Heerführers stammt aus der Chronik des Bischofs Otto von Freising zum Jahr 1145, der von der Schlacht von einem syrischen Bischof aus Gabula bei dessen Besuch in Rom im Jahre 1144 gehört hatte. Otto nun nennt diesen Heerführer erstmals Presbyter Johannes[284], und unter diesem Namen ging der ferne Feldherr in die mittelalterliche Geschichte ein. Möglicherweise steckt aber hinter Ottos Presbyter Johannes noch ein weiterer ferner Christenkönig, und dieser dürfte den Grund für die Namensgebung geliefert haben. Die christlichen (nestorianischen) äthiopischen Könige übten nämlich seit der Christianisierung des Landes im 4. Jahrhundert die Doppelfunktion eines Priesters und Königs aus. Diese christlichen Herrscher trugen den Titel Z-an, in der Aussprache nicht unähnlich italienisch Gian, französisch Jean.[285] Die vagen und verzerrten Nachrichten über diese Priesterkönige in Äthiopien, das, wie schon oben in diesem Kapitel erwähnt, auch als eines der drei Indien apostrophiert wurde, haben zusammen mit dem Bericht über die schwere Niederlage der Mohammedaner gegen einen östlichen Potentaten und den Briefen über den indischen Patriarchen Johannes wohl gemeinsam die Entstehung des Priesterkönigs Johannes bedingt.

Die unklare und wechselnde Bezeichnung «Indien» für Äthiopien hat übrigens noch lange nach dem Brief des Priesterkönigs Johannes im 12. Jahrhundert für Spekulationen gesorgt. Denn während Asienreisende des 13. und 14. Jahrhunderts mit großer Selbstverständlichkeit vom Reich des Priesterkönigs Johannes berichteten[286], das allerdings weit hinter den durch die hochmittelalterlichen Texte geweckten Erfahrungen zurückblieb, so suchten noch im späten 15. und 16. Jahrhundert die Portugiesen bei ihren Vorstößen rund um Afrika mit wiederholten Expeditionen flußaufwärts ins Innere Afrikas[287] das sagenhafte Reich des Presbyters Johannes, des fernen Verbündeten der christlichen Majestäten Europas – freilich ohne ihn zu finden.

Kapitel 6

Die Reise zum Mittelpunkt der Erde: Jerusalem oder der Nabel der Welt

Als der Plan des Kolumbus von der Talavera-Kommission abschlägig beschieden wurde, versuchte er 1490 nochmals, seine Ideen den spanischen Herrschern schmackhaft zu machen, indem er den Kampf um Granada gegen die Mauren, seine Fahrt nach Westen und die islamische Bedrohung gegen die Pilger ins Hl. Land zu einem gedanklichen Komplex verband: Die Einnahmen aus dem asiatischen Gold, das er über die Westroute in großen Mengen zu besorgen versprach, sollten verwendet werden, um die Rückeroberung Jerusalems zu betreiben.[288] Jerusalem war zu dieser Zeit schon fast 150 Jahre wieder in islamischer Hand, und der sechste (1248–54) und siebte (1270) Kreuzzug zu seiner Rückgewinnung waren mehr oder weniger kläglich gescheitert. Da nun der ägyptische Sultan versuchte, die Möglichkeiten, die er im östlichen Mittelmeer zur Behinderung des Pilgerverkehrs hatte, gegen das Vordringen des Christentums auf der Pyrenäenhalbinsel auszuspielen, mußte auch das spanische Königspaar die Interessen der Christenheit im Hl. Land und in Spanien gegeneinander abwägen. Kolumbus hatte 1489 bei der Belagerung Granadas zwei Franziskanermönche kennengelernt[289], welche die Botschaft des Sultans nach Spanien gebracht hatten, und von da an war die Befreiung Jerusalems aus islamischer Hand eine der fixen Ideen des Kolumbus.[290] Kolumbus erblickte darin nun seine Chance, den Majestäten durch die Reichtümer Indiens Hoffnung auf einen erfolgreichen Kampf an beiden Fronten zu machen, eine Idee, die sich allerdings nicht realisieren hat lassen.

Dennoch war der Verlust Jerusalems an die Mohammedaner eine Angelegenheit, die weder die katholischen Monarchen Spaniens noch sonst jemand im christlichen Abendland auf die leichte Schulter nahm. Jerusalem war nämlich nicht nur als wichtigstes Ziel der Pilgerfahrten zu den Schauplätzen der Heilsgeschichte von zentraler Bedeutung oder als Prestigeobjekt im kontinuierlichen Kampf gegen den Islam, sondern es war all dies und noch mehr: Jerusalem war das Zentrum der Welt. Die Stadt Jerusalem, Ort des Erlösungswerkes, wurde im christlichen Abendland spätestens seit dem siebten Jahrhundert nicht nur als religiöses, sondern in zunehmendem Maße auch als geographisches Zentrum der bewohnten Erde verstanden[291], war also der Mittelpunkt zwar nicht der Erde, aber doch der Erdoberfläche. Nach der Eroberung Jerusalems im Jahre 1099 gewann diese Auffassung zusehends größere Verbreitung, und die Weltkarten (Mappae mundi) des 12. und 13. Jahrhunderts zeigen Jerusalem fast durchwegs im Zentrum des Kartenbildes an der Schnittstelle der drei bekannten Kontinente.[292] Während die enzyklopädische Literatur diese zentrale Lage Jerusalems nicht ausdrücklich erwähnt[293], spielt sie in den Schriften der Kreuzfahrer und Pilger[294] eine um so größere Rolle. Das durch beide Gruppen von Reisenden erweckte Interesse für die Stadt im Zentrum der Erde wird auch in zahlreichen detaillierten Schilderungen der Stadt[295] und in einer Reihe von Stadtplänen Jerusalems[296] reflektiert, die allerdings ein schematisiertes und idealisiertes Bild der Stadt gaben, und nicht etwa einen Stadtplan im heutigen Sinn (Abb. 20). Dazu kamen noch ausgesprochene Pilgerführer für Jerusalem, die den Pilgern als Baedeker dienten oder als «Checkliste», um keine wichtige Pilgerstation zu missen (so etwa das schon um 550 entstandene Jerusalem-Brevier[297] oder der 1173 entstandene *Libellus de locis sanctis* eines gewissen Theoderich[298]). Diese Pilgerführer dienten dann wieder als Vorlage oder Gerüst für persönliche Pilgerberichte[299], auch wenn man heute die früher angenommenen großen Zahlen für handschriftliche und frühe gedruckte Pilgerführer wieder relativiert und man wohl kaum davon ausgehen kann, daß jeder Pilger einen derartigen Führer besaß oder gar benötigte.[300] Wie auch immer man die Rolle der käuflichen «Baedeker» für die einzelnen Reiseberichte einschätzen mag – wobei auch die mündlich durch Reiseführer vermittelten Informationen nicht vergessen werden sollten –, die Zahl der in Jerusalem zu besichtigenden Heiligen Stätten war jedenfalls beträchtlich. Dazu gehörten vor allem die beiden mächtigsten Gebäude der Stadt, nämlich der Felsendom (*Templum Domini* genannt, obwohl er 1141 als Marienkirche geweiht wurde[301]) als Nachfolger des 70 n. Chr. von den Römern zerstörten Salomonstempels, der 661 als Omarsmoschee erbaut worden war und nun von den Christen durch geringfüge Umbauten zum zweitwichtigsten Kirchengebäude Jerusalems umgestaltet wurde, und die 1009 zerstörte, 1042–48 wieder aufgebaute Grabeskirche (*Sepulcrum Domini*) sowie die Kreuzfahrerkirche (*Templum sancte crucis*), wobei die beiden letzteren zu einem Gebäudekomplex über dem Hl. Grab und Golgotha vereint wurden, der am 15. Juli 1149 endlich fertiggestellt war.[302] Neben diesen Monumentalbauten konnte man aber noch zahlreiche andere aus dem Alten und vor allem dem Neuen Testament bekannte Stätten besuchen: Das Grab Adams, das Grab Marias, das Grab des Hl. Stephanus, den Abendmahlsraum, den Raum des Pfingstwunders, das Gefängnis des Petrus, die Kirche im Garten Gethsemane, den Turm Davids, den Palast des Pilatus, und natürlich die *via dolorosa*.

Etwas außerhalb Jerusalems gab es weitere echte oder vermeintliche heilige Stätten zu besichtigen, den Ölberg, den Teich Siloa mit einer Quelle, die am Sabbath nicht fließt[303], und das Tal Josaphat, aber auch die Palme, von der bei Christi Einzug in Jerusalem die Palmwedel abgerissen worden waren, den Hügel der Verklärung des Herrn und das Grab des Lazarus in Bethanien.[304] Das palästinische Umland wurde von den Pilgern zwar weniger häufig und auch weniger aufmerksam besucht als die Heilige Stadt selbst, aber Jericho, der Jordan mit der Taufstelle des Herrn, das Tote Meer und der Berg Hebron sahen sich die meisten ebenfalls an, selbst wenn sie Bethlehem und Nazareth nicht aufsuchten. Allerdings verzeichneten manche Pilgerberichte auch in Palästina derartig viele Stätten des Alten Testaments, daß sich die Beschreibungen wie ein geographisches Register zur biblischen Geschichte lesen (so etwa *De situ terrae sanctae* eines gewissen Erzdiakons Theodosius aus dem frühen 6. Jahrhundert[305]).

Die europäischen Pilgerreisenden, besonders aus Deutschland, Britannien, Irland und Skandinavien, nahmen im Frühmittelalter noch meist den Landweg. Dieser führte sie entlang der Donau und ab Belgrad über den Balkan zwar auch nach Konstantinopel, zwang sie aber (ebenso wie die zweite Route über Italien, Albanien und Mazedonien nach Konstantinopel), von dort an die beschwerliche und gefährliche Strecke über das türkische Hochland von Nicea über Cäsarea nach Antiochien zu nehmen, die auch die Kreuzfahrerheere benützten.[306] Ab dem Hochmittelalter wurde es dann üblich, sich in Venedig einzuschiffen und auf dem Seeweg nach Tyrus oder Akkon zu reisen, von wo es nur mehr «fünf lange Tagereisen» bis nach Jerusalem waren. Ab dem 13. Jahrhundert führten die Pilgermassen zur Entstehung einer regelrechten Pilgerindustrie, die mit der Verproviantierung und Buchung von Schiffsplätzen in Venedig begann und bis zur organisierten Einreise und Unterbringung in Akkon führte, die allerdings häufig zu wünschen übrig ließ.

Für die Unterkünfte der zahlreichen Pilger war auch in Jerusalem selbst gesorgt. Schon seit dem 5./6. Jahrhundert unterhielt jede bischöfliche Kirche eine Herberge, und zahlreiche Orden führten von Mönchen betriebene Fremdenherbergen.[307] Mit den Kreuzzügen gewannen die verschiedenen Ritterorden auch bei der Pilgerbetreuung

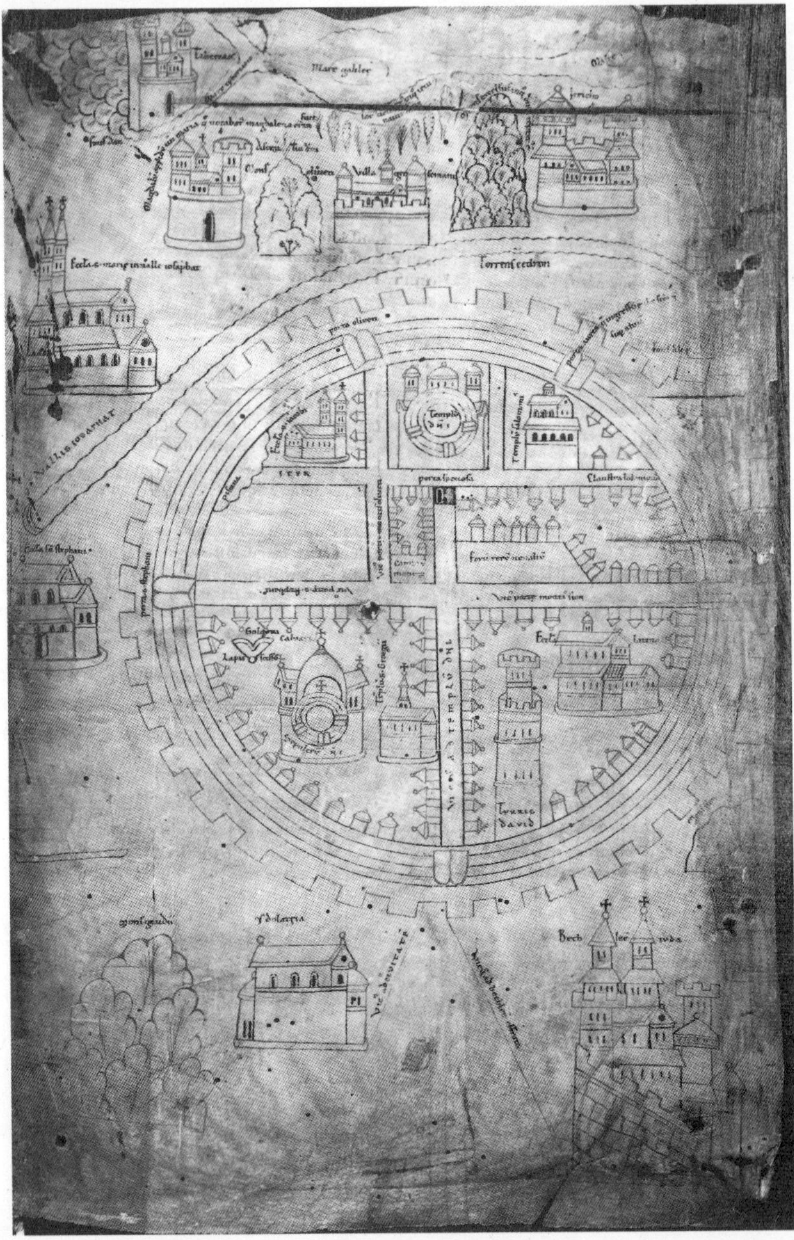

Abb. 20: Plan von Jerusalem (12. Jahrhundert). Stuttgart, Württembergische Landesbibliothek, Cod. bibl. 2 56, f. 135r.

zusehends an Bedeutung. Der von Balduin II. 1119 den ersten Tempelrittern unter Hugo de Payns zugesprochene Teil der Al-Aksa-Moschee, der in der Folge zum Sitz der Tempelritter wurde, konnte in den 70er Jahren des 12. Jahrhunderts um die 300 Tempelritter beherbergen, wobei die darunter liegenden Gewölbe der Herodianischen Tempelplattform die Ställe enthielten.[308] Besonders die Tempelritter und die Hospitaliter unterhielten nicht nur in Jerusalem, sondern auch in den Häfen und an den Zufahrtsstraßen Hospitale für die Pilger. Daneben wurden Herbergen auch aus privaten Stiftungen errichtet und unterhalten, und die von Orden geführten Hospitale partizipierten ebenso an der Gebefreudigkeit der Pilger, die glücklich waren, daß sie nun endlich die Heilige Stadt erreicht hatten.

Die Anfänge der Pilgerreisen ins Hl. Land reichen bis ins 3. Jahrhundert n. Chr. zurück, als christliche Gemeinden zusammen mit ihren Bischöfen loszogen, um die Hl. Stätten in Jerusalem mit eigenen Augen zu sehen.[309] Als das Christentum 313 unter dem römischen Konstantin endlich die Freiheit der Religionsausübung erlangte, reiste auch Helena, die Mutter des römischen Kaisers Konstantin, 327 ins Heilige Land, und ihre Reise war von der Wirkung her die wohl bedeutsamste Pilgerreise der Frühzeit. Helena fand nicht nur das wahre Kreuz Christi samt Nägeln und Gewand, sondern auch den Abendmahlstisch und zahlreiche andere Reliquien und brachte alles nach Rom mit.[310] Außerdem betätigte sie sich im Hl. Land selbst als eifrige Restaurateurin heiliger Stätten. Damit hatte sie Beispiel, Möglichkeiten und Zweck späterer Pilgerfahrten vorweggenommen und ebenso dem Reliquienmarkt den wesentlichsten Anstoß gegeben. Seit Helena ist Jerusalem des wichtigste Ziel christlicher Pilger, welche die Stätten des christlichen Glaubens mit eigenen Augen erblicken oder physisch berühren wollen.

Im Mittelalter kamen zum rein religiösen noch eine Reihe anderer Motive hinzu, die aber nur schwer vom Glauben zu trennen sind, da in der ganzheitlichen mittelalterlichen Weltschau die heutige Trennung in einen säkularen und einen religiösen Denkbereich einfach nicht vollzogen wurde. Demnach kann auch nicht leicht zwischen den einzelnen Komponenten des Reisewunsches unterschieden werden, als da waren Abenteuerdrang und Schaulust, der Wunsch nach Besuch der Heiligen Stätten oder die Sehnsucht, in ihrer Nähe zu sterben (um am Jüngsten Tag zu den ersten Auferstandenen zu gehören), das Verlangen nach ihrer Wiedergewinnung für die Christenheit durch kriegerische Mittel, der Erwerb von Reliquien aus materiellen oder religiösen Gründen, und schließlich die Pilgerfahrt als Buße oder gar als bezahlter Ersatz für jemanden Betuchteren.[311]

Pilgerberichte gibt es beinahe so lange wie Jerusalempilger selbst; der Bericht eines Pilgers aus Bordeaux, der im Jahre 333 Konstantinopel und Jerusalem besuchte, dürfte der älteste noch erhaltene Bericht sein[312], aber auch aus den folgenden Jahrhunderten sind uns immer wieder Reisebeschreibungen von Jerusalempilgern erhalten. Die in der Frühzeit durchwegs lateinisch abgefaßten Pilgerberichte zeigen die unterschiedlichen Interessen der Pilger ebenso wie die oft abenteuerlichen Umstände, unter denen man ins Heilige Land und wieder nach Hause kam.

Ein sehr früher und ausführlicher Reisebericht, dessen Verbreitung durch mehr als 20 erhaltene Handschriften belegt wird, ist der des Arkulf. In der Zeit vor 687 war der gallische Bischof Arkulf nach Palästina gereist und hatte neun Monate in Jerusalem verbracht; auf der Rückreise von einem Sturm zu den Hebriden verschlagen, berichtete er dem irischen Mönch Adamnan, seit 679 Abt des 628 durch den Hl. Columba auf der Insel Iona gegründeten Klosters, von seinen Reisen. Er fertigte auch vier Pläne von Kirchen der Hl. Stadt, darunter der Grabeskirche, auf einer Wachstafel an, welche Adamnan in die Handschriften übernahm. Die «Drei Bücher über die Hl. Stätten» des Adamnan widmete dieser dem König Aldfrith von Northumbria, die Handschriften des Werks wurden jedoch durch die iroschottische Mission auf dem ganzen europäischen Kontinent verbreitet, und durch die darin erhaltenen Abbildungen war der Grundriß der Grabeskirche (allerdings auf dem Stand vor Ende des 7. Jahrhunderts) in den Klöstern besonders des süddeutschen und österreichischen Raumes bekannt.[313] Ein weiterer früher Jerusalempilger war der spätere Salzburger Bischof Willibald, der mit sieben Gefährten zwischen 721 und 727 ins Hl. Land reiste. Sein Reisebericht wurde durch eine Nonne in Hildesheim aufgezeichnet[314] und später wiederholt bearbeitet.

Unter Karl dem Großen verstärkte sich auf Grund der gefestigten politischen Verhältnisse die Pilgertätigkeit, aber später wandten sich die Zustände wieder zum Schlimmeren, so daß um das Jahr 1000 die Pilgerfahrten fast völlig eingestellt werden mußten. Die unsicheren Verhältnisse für Pilger nicht nur im nahen Osten, sondern selbst in Mitteleuropa zeigt das Beispiel des Hl. Koloman, eines irischen Pilgers, der auf dem Landweg nach Palästina unterwegs war. Wegen seiner fremdartigen Kleidung wurde er 1002 in der Nähe von Wien für einen böhmischen Spion gehalten, gemartert und gehenkt. Erst durch posthume Wunder wurde er rehabilitiert, schließlich als Heiliger nach Melk überführt und seither dort verehrt.[315] Die sich verschlechternden politischen Bedingungen im nahen Osten waren auch der Grund, warum in Europa die Rufe nach einer gewaltsamen Befreiung Jerusalems lauter wurden, die 1096 zum ersten Kreuzzug führten. Im Jahre 1099 fiel Jerusalem an die Kreuzritter, und für zwei Jahrhunderte setzte nun eine rege Reisetätigkeit zwischen Europa und Palästina ein, wobei zwischen Pilgerfahrt und bewaffnetem Kreuzzug kaum mehr unterschieden wurde.[316] Der angelsächsische Pilgerreisende Saewulf hatte 1102 von Überfällen islamischer Banditen auf Pilger zu berichten, die von Jaffa nach Jerusalem reisten.[317] Andere Reisende des 12. Jahrhunderts waren dagegen von vornherein auf kriegerische Abenteuer eingestellt, so der norwegische König Sigurd Magnusson, genannt Jórsalafari («der Jerusalemreisende»), der von 1107 bis 1111 zu Schiff von Norwegen durch die Straße von Gibraltar bis Palästina reiste und auf dem Landweg über Deutschland zurückkehrte. Zwar wurde er außer bei der Belagerung von Sidon und Tyrus in keine gröberen Kämpfe verwickelt, aber die moralische Unterstützung eines norwegischen Königs war für Balduin, König von Jerusalem, sicherlich nicht zu verachten.[318] Skandinavier nahmen in der Folge noch häufig an Kreuzzügen teil, besonders der 5. Kreuzzug (1217) wurde von den norwegischen Königen unterstützt.[319]

Ganz andere Interessen hatte ein anderer skandinavischer Reisender, der isländische Benediktinerabt Nikulás, der zwischen 1149 und 1154 ins Hl. Land kam und diese Reise in einem ausführlichen Itinerar in altnordischer Sprache beschrieb, das er nach seiner Rückkehr nach Island diktierte. Er vermerkt nicht nur, daß in der Grabeskirche die Mitte der Erde liege, sondern (fälschlich) auch, daß dort zu Mittsommer die Sonne genau im Zenit stünde. Seine astronomischen Beobachtungen sind aber dort korrekt, wo er seine eigenen Sinne verwendet, etwa bei der Angabe der Höhe des Polarsterns vom Jordan aus: Er erklärt, daß ein am Rücken liegender Mann, der das Knie anzieht und darauf die Faust mit ausgestrecktem Daumen setzt, den Polarstern in dieser Höhe erblicke.[320]

Nur wenige Jahre nach Nikulás bereiste ein anderer klerikaler Pilger das östliche Mittelmeer, das Hl. Land und Asien weiter bis fast nach China und hinterließ ein Itinerar. Dieser Benjamin von Tudela war allerdings ein jüdischer Rabbi aus Spanien, der nicht nur religiöse und geschäftliche Interessen verfolgte, sondern der auch der Situation seiner Glaubensbrüder in der Diaspora in Europa und Asien nachging; sein Reisebericht gibt daher ein Bild der jüdischen Gemeinden im 12. Jahrhundert bis nach Zentralasien.[321]

Im 13. Jahrhundert geriet das christliche Königreich Jerusalem zusehends in Bedrängnis, und mit dem Fall Akkons 1291 war der letzte Brückenkopf der Kreuzritter in Palästina gefallen. Damit wurden auch die Pilgerfahrten wesentlich erschwert, so daß der Heilige Stuhl sogar kurzfristig sämtliche Pilgerfahrten östlich von Zypern verbot.[322] Dennoch ist gerade im 14. Jahrhundert ein deutliches Anwachsen des Pilgerstroms festzustellen, was sich auch in einer zunehmenden Zahl von Pilgerberichten manifestiert. Viele davon wurden nun auch schon in den Volkssprachen verfaßt.[323] Die Gründe für die vermehrten Wallfahrten ins Hl. Land hat man zwar auch in der religiösen Situation der Menschen nach der Pestkatastrophe zu Mitte des 14. Jahrhunderts sehen wollen[324], sie lagen aber sicherlich nicht zuletzt in der erhöhten Mobilität einer zusehends verstädternden Bevölkerung Westeuropas, deren gesteigertes Selbstbewußtsein sich in den Reisen selbst ebenso wie in den darüber verfaßten Reiseberichten manifestiert.

Dabei darf jedoch nicht vergessen werden, daß Jerusalem nicht das einzige große Pilgerziel der Westeuropäer war. Gerade für die Deutschen, Engländer und Skandinavier war bereits Rom eine monatelange Reise entfernt, welche die körperlichen und finanziellen Möglichkeiten vieler Pilger zur Genüge erschöpfte; ein isländischer Pilgerführer rechnete mit drei Wochen von Dänemark bis zum Brenner über die Alpen, mit sechs Wochen vom Brenner nach Rom (von wo es dann nochmals eine zweiwöchige Fußreise nach Bari und eine ebenfalls zweiwöchige Seereise nach Akkon war).[325] Seit der Entdekkung der Gebeine der Apostel Petrus und Paulus im Jahre 319 durch Papst Silvester I. war Rom ein lohnendes Ziel für Pilger, und die wachsende Bedeutung des Papsttums und das päpstliche Recht auf Verleihung eines vollkommenen Ablasses zog vor allem seit der Errichtung des Kirchenstaates im 8. Jahrhundert Pilger an.[326] Dazu kam selbstverständlich die Bedeutung Roms als Sitz des Obersten Hirten in kirchenorganisatorischer Hinsicht, was die Stadt zum häufigen Reiseziel weltlicher und monastischer Kleriker machte; für letztere war die päpstliche Anerkennung der diversen Orden unumgänglich, für den weltlichen Klerus ging es etwa um den persönlichen Empfang des Palliums nach der Bischofswahl. Die Ewige Stadt war zwar im Mittelalter auf einem kulturellen und politischen Tiefpunkt angelangt, denn von den normannischen Zerstörungen von 1084 bis zum Ende des Schismas im Jahre 1417 war Rom immer wieder von inneren und äußeren Kämpfen erschüttert, aber die Zahl der dort begrabenen Apostel und Märtyrer war doch so beträchtlich, die dort zu bewundernden oder zu erstehenden anderen Reliquien so vielfältig, daß für viele Wallfahrer der Besuch Roms trotz des äußerlichen Verfalls der Stadt die Erfüllung ihrer Wünsche bedeutete. Verständlicherweise hielt man zwar die Reise nach Rom nicht im selben Ausmaß der Aufzeichnung wert wie die Seereise ins Hl. Land, so daß wir nur wenige Pilgerberichte über Reisen nach Rom haben. Um so häufiger ist die Gebrauchsliteratur für Rompilger: Wegkarten und Wegbeschreibungen, die den deutschen und skandinavischen Pilgern die Stationen ihrer Reise vorgaben[327] und Stadtführer für Rom, die genauestens die (antiken und christlichen) Sehenswürdigkeiten der Stadt, die obligatorisch zu besuchenden Kirchen und nicht zuletzt die damit zu gewinnenden Ablässe verzeichneten. Ein Rundgang zwischen den sieben Hauptkirchen, darunter San Paolo fuori le mura und Sta. Agnese fuori Porta Pia, konnte auch in Rom die Ausdauer des Pilgers angreifen, dafür durfte er hier nicht nur die aus der antiken Geschichtsschreibung vielleicht bekannten Bauwerke[328], sondern auch eine beträchtliche Anzahl von Reliquien besuchen, darunter den Leib des Apostels Petrus, des Paulus und des Laurentius sowie unzähliger Blutzeugen der frühen Christenverfolgungen.[329] Wie in Jerusalem, so konnte der Pilger auch in Rom sowohl für Kirchen als auch antike Bauwerke auf handschriftliche Pilgerführer zurückgreifen. Der älteste bekannte stammt schon aus dem 9. Jahrhundert und teilt die Besichtigung der Stadt handlich in 12 Spaziergänge ein.[330]

Der dritte wichtige Pilgerort des Abendlandes war Santiago de Compostella im spanischen Galizien, allerdings erst seit dem 9. Jahrhundert. Hier ruhte der Apostel Jakobus, der auf wunderbare Art dorthin geraten war und der Legende nach den Christen im Kampf gegen die Sarazenen in der Schlacht von Clavijo 844 beigestanden hatte.[331] Besonders Deutsche, Engländer und Franzosen besuchten das Grab des Hl. Jakob und machten dabei von einer gut ausgebauten Pilgerroute Gebrauch, deren mit Hospizen versehene Stationen vor allem über die Pyrenäen und durch Nordspanien eine frühe Form von organisiertem Tourismus darstellten. Zwar sind keine mittelalterlichen Reiseberichte nach Compostella in deutscher Sprache erhalten, aber der lateinische *Liber Sti. Jacobi*[332], gleichzeitig Reisehandbuch und Legendar, vermittelt uns einen Eindruck von der Wallfahrt nach Santiago.

Wir wissen von Pilgern des 13. und 14. Jahrhunderts, die sowohl Jerusalem als auch Rom und Santiago besuchten.[333] Wer auf dem

Landweg ins Hl. Land reiste, suchte meist auch Konstantinopel auf. Die Hauptstadt des oströmischen Reiches kam zwar als Pilgerort seit der Trennung von Westkirche und Orthodoxie als Wallfahrtsort im engeren Sinn nicht in Betracht, aber die Unmenge der dort aufbewahrten Reliquien machten die Stadt ebenso wie ihre beeindruckenden Bauten für die Pilger zum lohnenden Reiseziel. In Konstantinopel ruhten nicht nur die Heiligen Phillipus und Jakobus (der Jüngere), Lukas, Timotheus und Teile des Hl. Stephanus, sondern auch die Schädel von Abraham, Isaak und Jakob, der Apostel Thomas und Matthias und des Evangelisten Lukas sowie Johannes des Täufers (angeblich zweifach). Beeindruckend waren dazu sicherlich auch die Krippe des Herrn aus Bethlehem, die Dornenkrone, die Trompeten von Jericho, das Kreuz, das Kaiser Konstantin im Himmel erblickt hatte, und nicht zuletzt die Axt Noahs, mit der er die Arche erbaut hatte.

Das Zentrum aller Pilgerreisen war dennoch Jerusalem und das Hl. Land, denn nur dort hatte Christus den Boden der Erde betreten. Die Position Jerusalems im tatsächlichen Angelpunkt der drei Kontinente war zusätzlich für seine Stellung als Zentrum der Erde (oder genauer der Erdoberfläche) verantwortlich[334], und bei Adamnan wird die Stadt tatsächlich als Nabel der Welt (*umbilicus mundi*) bezeichnet.[335] Jerusalem lag auch, wie schon ausgeführt[336], *oben* auf dem Erdball, d. h. auf der Sichtseite; nur so ist eben zu verstehen, warum man den Weg von Europa aus nach Jerusalem als *bergaufwärts* führend einschätzte, den von Jerusalem nach Ostasien dagegen umgekehrt als *abschüssig*. Jerusalem blieb auch über die Entdeckung der Neuen Welt hinaus das Zentrum der Christenheit, aber die Kopernikanische Wende in der Astronomie und der neuentdeckte Kontinent verdrängten die Stadt aus dem physischen Zentrum der Welt. Die ungebrochene spirituelle Bedeutung der Stadt machen gerade die phantasievollen Pläne des Kolumbus am Ende des 15. Jahrhunderts zur Rückeroberung deutlich, aber dies war Jahrzehnte nach dem Fall von Konstantinopel (1453) und zwei Jahrhunderte nach dem endgültigen Fall Akkons und der Räumung Palästinas (1291) natürlich nur mehr ein verlorener Traum, und der Vorschlag des Kolumbus für die Finanzierung eines neuen Kreuzzugs ein Anachronismus.

Kapitel 7

Die Früchte der Erbschuld: Monströse Menschenrassen an den Rändern der Ökumene

Die Entdecker und die Menschenfresser

Was die europäischen Zeitgenossen des Kolumbus und anderer Amerikareisender des 15. und 16. Jahrhunderts am meisten zu interessieren schien, waren die Berichte von den wilden Eingeborenen der neuentdeckten Inseln und Länder, die so sehr von den Gesetzen der (europäischen) Menschen und Gottes entfernt waren, daß sie nicht nur nackt herumliefen, sondern einander sogar auffraßen. Dieses Interesse spiegelte sich zwar nur selten in den Titeln, wie etwa in Hans Stadens ethnographischem Brasilienbericht *Warhafftige Historia vnnd beschreibung einer Landtschafft der Wilden/ Nacketen/ Grimmigen Menschfresser Leuthen/ in der Newen Welt America gelegen*[337] (1557), aber in den Texten und ihren ikonographisch meist stark voneinander abhängigen Abbildungen[338] stellte der Kannibalismus ein wesentliches Element der Amerikaberichterstattung dar. Dies galt neben den ausführlicheren Reisebeschreibungen[339] besonders für Einblattdrucke und die sogenannten «Neuen Zeitungen», aus Briefen hervorgegangene Kurzpublikationen, die sich mit meist nur einem Thema beschäftigten – im konkreten Fall den Entdeckungen in der Neuen Welt – und die Vorläufer der heutigen Zeitungen sind.[340]

Der eigentliche Grund für diesen starken Eindruck, den die Menschenfresser plötzlich auf die Europäer machten, war nicht allein die Tatsache ihrer Existenz, sondern daß es nun Schiffsladungen voller Seeleute gab, die sie mit eigenen Augen gesehen hatten oder Reisende wie Staden, die sogar unter ihnen gelebt (und überlebt) hatten. Schon lange wußte man, daß es bei entlegenen Völkern den abscheulichen Brauch gab, die Feinde, ja sogar die eigenen Verwandten aufzufressen, aber was Kolumbus und seine Nachfolger von regelrechten Menschenfarmen zu berichten wußten, überstieg das Maß des aus den Enzyklopädien Bekannten beträchtlich (selbst wenn man die später von den Azteken bekannt gewordenen Menschenopfer ausklammert).[341] Was dort von den Anthropophagen, wie man Menschenfresser seit der Antike in der gelehrten Literatur nannte und damit dem

Abb. 21: Menschenfresser bei Hans Staden: Warhafftige Historia (1557).

Phänomen durch die griechische Bezeichnung einen Teil seines Schreckens raubte, geschrieben stand, war vergleichsweise harmlos: Es handelte sich um im hintersten Indien lebende nackte Völker, die Menschenfleisch aßen und Blut tranken.[342] Auch den Völkern Gog und Magog wurde nachgesagt, daß sie Menschenfleisch äßen, aber diese hatte ja Alexander der Große hinter einer Mauer am Kaspischen Meer eingeschlossen, und sie waren daher bis zum jüngsten Tag keine Gefahr mehr für den Rest der Menschheit.[343]

Solche ostasiatischen Kopfjäger stellten zwar alle eine Bedrohung für ihre Umwelt dar, wurden aber in den Augen der europäischen Gelehrten an Exotismus noch übertroffen von solchen Anthropophagen, die ihre eigenen Verwandten verspeisten. Von diesen dem Endokannibalismus[344] huldigenden Völkern wurden besonders die sogenannten Patrophagen häufig in den Enzyklopädien[345] erwähnt, welche ihre eigenen Eltern, wenn sie alt und gebrechlich wurden, mästeten, schlachteten und gemeinsam mit ihren Freunden und Verwandten zum Andenken verzehrten; «und sie denken schlecht zu handeln, wenn sie sie alt werden lassen, ohne sie zu erschlagen, und sie mager sterben».[346] Von Elternmästern auf einer Insel namens Sandin berichtete auch John of Mandeville, wobei er ausführlich erzählte, daß dieses Wundervolk bei der Erkrankung eines Familienmitglieds den Medizinmann befragt, ob der Erkrankte eine Überlebenschance habe; falls nicht, so wird er erstickt, gesotten und gebraten und im Rahmen eines Festmahls von allen Freunden und Verwandten verzehrt.[347] Diese Form des Kannibalismus erwähnte auch Marco Polo in seinem Reisebericht für die Inseln Java und Sumatra und ganz besonders für ein Reich namens Dagroian (im nördlichen Sumatra)[348], während er in Cimpangu, dem fernen Japan, das er allerdings nicht selbst besucht hatte, aggressive Menschenfresser annahm, die selbst Fremde überfielen und kochten, falls sie kein Lösegeld für sie bekamen.[349]

Kolumbus mußte also aus seiner Kenntnis der Werke Mandevilles und Marco Polos auf den von ihm angelaufenen Inseln Kannibalen erwarten; dennoch dürfte ihn das Ausmaß des angetroffenen Kannibalismus überrascht haben. Das Wort Kannibale stammt überhaupt erst von Kolumbus erster Reise: Er erwähnte im Bordtagebuch seiner ersten Reise, daß die Bewohner von Kuba die menschenfressende Bevölkerung von Puerto Rico *Caniba* nannten, und begann ebenfalls, diese Menschenfresser der Karibischen Inseln als *Canibales* zu bezeichnen. Dieses Wort erlangte im Gefolge der Entdeckungsberichte schnell große Verbreitung, so daß (obwohl im deutschen Kolumbusbrief von 1494 noch Anthropophagen erwähnt werden[350]) schon 1508 im Deutschen von *Canibali* gesprochen wurde[351] und Mitte des 16. Jahrhunderts das Wort in ganz Europa Kurswert für die Anthropophagen hatte. Auch dieser Aspekt ist wegen der Überlagerung von Tradition durch Anschauung aus kulturhistorischer Sicht symptomatisch für die erste Reise des Kolumbus: Kolumbus segelte aus und erwartete, *Anthropophagen* zu finden, kehrte aber mit *Kannibalen* zurück.

Alexander und die fremden Völker

Menschenfresser waren aber nicht die einzigen sonderbaren Völker, die ein mittelalterlicher Reisender in fernen Ländern anzutreffen erwartete, sondern es gab eine ganze Reihe solcher sogenannter Wundervölker. Schon antike Reisende hatten darüber berichtet, welch wunderliche Menschen etwa in Indien zu finden waren. Der Grieche Ktesias von Knidos, Leibarzt des persischen Königs, berichtete um 400 v. Chr. in seinen Erinnerungen an die Erlebnisse im Osten, die er *Indika* nannte[352], von Pygmäen, Cynocephali und Macrobii in Indien; die ersteren waren nur drei Spannen hoch, die anderen hatten Hundsköpfe, letztere wurden mit weißem Haar geboren, das im Alter nachdunkelte. Sein Zeitgenosse Megasthenes, der als Gesandter in Indien war und viel von den tatsächlichen Gebräuchen der Inder vermittelte[353], bestätigte die Existenz der Pygmäen und nennt auch die Astomi im fernen Indien, welche nur vom Geruch der Äpfel lebten.[354] Wirksamer als die Werke dieser beiden war zweifellos Homers *Odyssee*, der älteste uns bekannte Text, in dem Wundermenschen vorkommen. Neben den Cyclopen, die er in Sizilien ansiedelt[355], und behaarten Frauen in Indien bringt er auch schon die Geschichte vom Kampf der Pygmäen mit den Kranichen. Diese geht vielleicht auf historische Grundlagen zurück, nämlich auf das Fangen von Kranichen auf ihrer Zugstrecke über Zentralafrika.[356] Selbst in der *Illias* nannte Homer eine wunderbare Rasse, nämlich die Hippomolgi, die Pferdemelker.[357]

Ein anderer Reisender, der bekannter war als Ktesias und Megasthenes und dessen Berühmtheit im Mittelalter sogar die des Odysseus bei weitem übertraf, war Alexander der Große. Alexanders Leben und besonders sein Feldzug durch Asien, bei dem er 326 v. Chr. Indien erreichte, machten ihn zur populärsten antiken Heldengestalt des Mittelalters. Die schon früh einsetzende Sagenbildung über Alexander wird allerdings erst um 200. n. Chr. in einem wohl in Alexandrien verfaßten Alexanderroman greifbar, der später unter den Namen des Kallisthenes, eines Neffen des Aristoteles und Begleiters des Alexander, gestellt wurde. Dieser Roman des Pseudo-Kallisthenes, in den schon viel Wunderbares und Sagenhaftes über den Alexanderzug eingeflossen war, bildete die Grundlage für zahlreiche mittelalterliche Alexandertexte; der Stoff wurde im Abendland durch zwei lateinische Übersetzungen und vielfältige Rezensionen bekannt.[358] Die wichtigste von etwa 80 Fassungen in 35 Sprachen war die lateinische *Alexandreis* des Walter von Châtillion[359], die auch die Grundlage für viele der westeuropäischen volkssprachlichen Versionen bildete.[360]

In den verschiedenen Fassungen der Alexanderdichtung kamen zahlreiche Schilderungen von Wundervölkern vor, welche einerseits durch die Berühmtheit Alexanders an Gewicht gewannen, andererseits durch die Verbreitung der Alexanderdichtung auch einen hohen Bekanntheitsgrad erlangten. Auch in der Alexanderdichtung fanden sich Völker mit (in griechischen Augen) eigentümlichen Eßgewohnheiten, so die Fischfresser (Ichthyophagen), denen Alexander – wohl in Sorge um den Fischbestand? – den Genuß von Fischen verbat. Das Hauptgewicht lag bei den Wundervölkern der Alexanderromane aber im sozialen Verhalten und im Aussehen. Zur zweiten Gruppe gehörten sechshändige Menschen, Kopflose (Blemmyae oder Acephales) und Hundsköpfige (Cynocephalen), die im Mittelalter große Popularität erlangten. Diese Völker von exotischem Wuchs dienten vorwiegend der phantasievollen Ausgestaltung des Alexanderzuges. Von der Funktion her wichtiger waren aber jene Völker, deren soziales Verhalten den Autoren Anlaß gab, über Vorbildhaftigkeit oder Verwerflichkeit bestimmter Sitten in Relation zur Eroberungshaltung Alexanders zu reflektieren. Als Alexander auf die schrecklichen menschenfressenden Völker Gog und Magog stieß, die (schon auf Grund der alttestamentarischen Prophezeiung[361]) für den Rest der Menschheit eine Gefahr darstellten, schloß er sie hinter einer Mauer nördlich des Kaspischen Meers ein. Damit befreite er die Ökumene von dieser Bedrohung, wenigstens bis zum Jüngsten Tag, und damit beging der große Heerführer eine soziale Tat. Anders verhält es sich bei den Oxydraken (auch Gymnosophisten genannt), nackten indischen Weisen, die vielleicht auf indische Yogis oder buddhistische Mönche zurückführbar sind. Diese außerordentlich friedfertigen Menschen schrieben angesichts der kriegerischen Bedrohung durch Alexander einen Brief an ihn, in welchem sie ihn auf die Sinnlosigkeit seines Eroberungszuges aufmerksam machten, da auch er nur ein sterblicher Mensch sei und sein Werk daher mit ihm zu Ende gehe. Alexander berief sich in seiner Diskussion mit ihnen zwar auf seinen Platz im Schöpfungsplan, aber die immanente – geistliche? – Kritik an seinem Machtstreben ist dennoch nicht zu überhören. Ähnlich verhält es sich mit der Beschreibung des Amazonenvolkes, das Alexander ebenfalls in Nordasien antraf. Auch die Amazonen sandten einen Brief an Alexander, in dem sie ihre Lebensgewohnheiten erklärten, und selbst Alexander kann nicht umhin, ihre Klugheit und Umsicht in ihrer sozialen Organisationsform zu bewundern. Daß dieser auf Vernunft basierende Staat auch im Mittelalter ausgerechnet das Land der Frauen ist, mag überraschen, aber der Einfluß der antiken Tradition war hier wohl übermächtig.

Die Europäer und die Monstren

Neben der Alexanderdichtung waren vor allem Plinius und Solinus die wichtigsten Vermittler der fabelhaften Menschenrassen ins Mittelalter. Plinius der Ältere, der 79 n. Chr. beim Ausbruch des Vesuvs umkam[362], hatte in seiner umfänglichen *Historia Naturalis* nach eigenen Angaben 2000 ältere Werke ausgewertet und dabei auch alles zusammengetragen, was in der alten Welt über Wundervölker bekannt war. Allerdings tritt bei ihm die Verwechslung und Vermischung von Indien und Äthiopien auf, die im Mittelalter in der Vorstellung von den drei Indien resultiert[363] und nicht zuletzt dazu führte, daß diese beiden Landstriche die spezielle Heimat von Wundervölkern in mittelalterlichen Texten wurden. Solinus verwendete die Naturgeschichte des Plinius zwei Jahrhunderte später als Steinbruch für seine *Collectanea rerum memorabilium*[364], in der er sich, dem Titel entsprechend, ausschließlich auf Merkwürdigkeiten konzentrierte, so daß sein Werk ausschließlich aus dem bei Plinius zu findenden Sonderbaren und Wunderlichen besteht. Dazu gehören selbstverständlich auch die Wundervölker, und da Solinus' Werk sowohl wegen seines Themas als auch seiner größeren Handlichkeit im Mittelalter viel weitere Verbreitung erlangte als die Naturgeschichte des Plinius, kamen die ursprünglich bei diesem aufgelisteten Wundervölker oft direkt oder indirekt aus den *Collectanea* in die mittelalterlichen Handbücher.

Es scheint uns heute keineswegs selbstverständlich, daß im Mittelalter Verzeichnisse von «wunderbaren» Menschenrassen in die meisten gängigen Sammlungen von geographischen und kosmographischen Texten aufgenommen wurden, aber gerade diese Selbstverständlichkeit kann uns verdeutlichen, daß die Wundervölker ebenso als Faktum angesehen wurden wie die Besiedlung der drei Kontinente durch die drei Söhne Noahs. Die Wundervölker betrachtete man in erster Linie nicht einmal als Wunder (also etwa zu den Legenden gehörig), sondern konkret als Teil der Geographie. Kurze Wundervölkerverzeichnisse sind daher sowohl in lateinischen wie auch in volkssprachlichen Sammelhandschriften zu finden, die sich ansonsten ausschließlich mit Geographie und Kosmographie beschäftigen.[365] Erst Gelehrte des 14. Jahrhunderts wie Konrad von Megenberg brachten den Wundervölkern ausreichende Skepsis entgegen, um sie aus ihren Sammlungen zu verdrängen oder wenigstens als Appendix außerhalb des eigentlichen Werks anzuhängen.

Im Gegensatz zur Alexanderdichtung, welche die Wundervölker natürlich auf Alexanders Weg nach Indien oder dort selbst ansiedelt, sind in der mittelalterlichen enzyklopädischen Literatur, die in der Tradition des Plinius und Solinus steht, die fabelhaften Menschen wieder in den drei entlegensten Gebieten der Erde lokalisiert, nämlich im kalten Skythien im Norden Europas und Asiens, im fernsten Indien und im südlichen Afrika in Äthiopien. Dabei spielt Skythien allerdings nur eine untergeordnete Rolle, lediglich die Amazonen oder ein anderes Frauenland sowie Cynocephalen und Pygmäen werden dort genannt; nur in der skandinavischen Tradition bestand eine Tendenz, auch im nahegelegenen – aber offenbar dennoch furchterregenden – Nordasien weitere Wundervölker anzuführen.[366] Dabei mag die Konfrontation mit Lappen und Eskimos eine Rolle gespielt haben, und dennoch ist die Sichtung eines Skiopoden (Einfüßigen) auf Labrador – so zu lesen in den altisländischen Sagas über die Entdeckung Amerikas durch die Isländer im 10. Jahrhundert – eher auffällig.[367]

Die europäischen Gelehrten des Mittelalters tendierten aber in Übereinstimmung mit der antiken Tradition viel eher dazu, Wundervölker in Indien und Äthiopien anzusiedeln, in der wissenschaftlichen Kosmographie vor allem seit Solinus, spätestens aber seit Isidor von Sevilla um 600.[368] Allerdings waren es neben den Enzyklopädien des Honorius[369] und Hrabanus[370], die Isidor intensiv rezipiert hatten, besonders die großformatigen Weltkarten, welche die Wundervölker vorwiegend in Äthiopien verzeichneten. Sowohl auf der Herefordkarte[371] als auch auf der Ebstorfkarte[372] und auf dem Fragment einer dritten großen Mappa mundi aus Cornwall[373] scheinen über ein Dutzend bildlich dargestellter Wundervölker auf einem nur symbolisch angedeuteten Südkontinent südlich von Äthiopien aufgereiht zu sein. Wie aber viel kleinere Karten in Codices bestätigen – etwa die Londoner Psalterkarte[374] – handelte es sich dabei offenbar um eine ikonographische Tradition in der Kartographie, die schon sehr alt ist. Wundervölker auf dem Australkontinent finden sich nämlich bereits in einer der ältesten Gruppen europäischer Weltkarten, den Mappae mundi in den Handschriften des Apokalypsenkommentars des Beatus von Liebana aus dem 8. Jahrhundert, die auf dem Australkontinent als Signatur teils nur einen einsamen Skiopoden zeigen, der sich mit seinem großen Fuß vor der starken Sonneneinstrahlung schützt.[375]

Dort im Süden glaubte man also Wundervölker gefahrlos ansiedeln

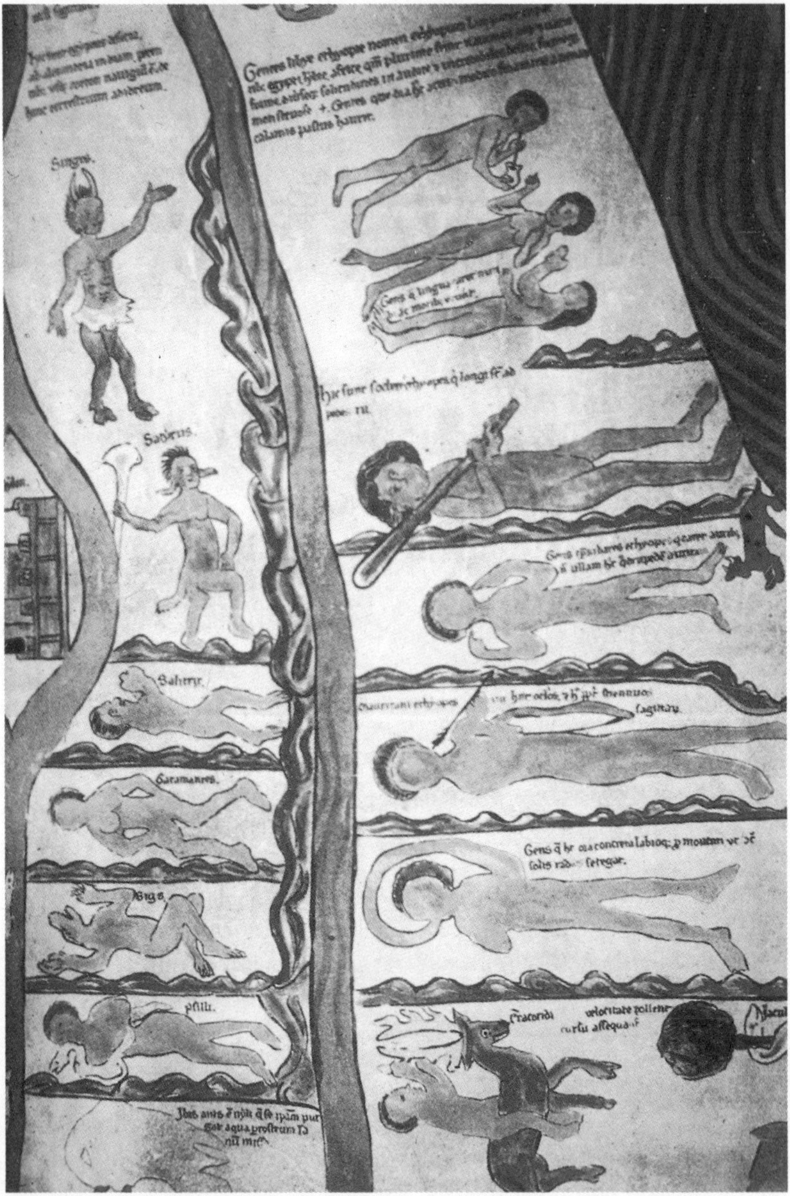

Abb. 22: Wundervölker auf der Weltkarte von Ebstorf (13. Jahrhundert).

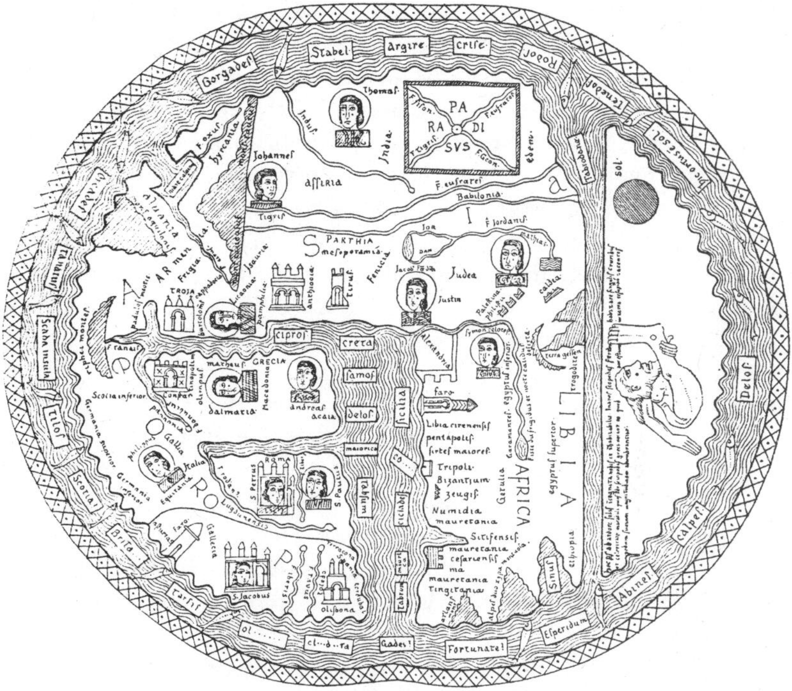

Abb. 23: Skiopode auf der Beatuskarte von Burgo de Osma. Nachzeichnung von Miller: Mappae mundi, a. a. O., Bd. 1, S. 35.

zu können; eher schon war die Annahme von Wundervölkern auf dem Australkontinent theologisch bedenklich: Wenn – wie oben bei der Besprechung der Antipoden ausgeführt[376] – der Südkontinent für Menschen unbewohnbar war, dann natürlich auch für Wundermenschen, oder man stellte mit einer dementsprechenden Aussage die Menschlichkeit der Wundervölker in Frage.

Mit der Übernahme der Wundervölkerberichte durch christliche Historiker und Enzyklopädisten im Frühmittelalter kam es nämlich auch zu einer Reflexion über die Stellung dieser ja vielfach kaum noch als menschlich beschriebenen fremden und fernen Rassen im göttlichen Schöpfungsplan, und besonders die Menschlichkeit der Wundervölker wurde im Mittelalter recht ausführlich diskutiert. Einerseits stellte man die Frage, ob auch diese Völker von Adam bzw. Noah abstammten, was wieder auf das Problem der Wohnorte für die Wundervölker zurückführte. Andererseits wurde überlegt, was einen der ja oft nur physisch deformierten Wundermenschen zum Menschen machte, und was zu einem anderen Wesen. Diese Frage der menschlichen Identität, auch wenn bestimmte menschliche Körperteile und Organe fehlen, hat erst in der allerjüngsten Vergangenheit wieder neue Aktualität bekommen. Die Problematik wird offensichtlich, wenn man die Vielfalt körperlicher Abweichungen der mittelalterlichen Wundermenschen betrachtet, wie sie etwa in den frühmittelalterlichen Aufstellungen bei Isidor und Martianus Capella vorkamen, die beide ihre umfänglichen Wundervölkerlisten aus Plinius und Solinus bezogen.[377] In Äthiopien wurden von Isidor die Troglodyten (schnellfüßige und stumme Höhlenbewohner), Antipoden (mit nach hinten gekehrten Füßen, eigentlich Antipedes) und riesige Titanes beschrieben[378], von Martianus noch dazu die kopflosen Blemmyae, die ziegenfüßigen Satyri und Aegipanes und die dünngliedrigen Himantopodes.[379] Im eigentlichen teratologischen (wunderkundlichen) Kapitel bei Isidor[380] wurden zweigeschlechtliche Hermaphroditen, furchterregende Giganten, hundsköpfige Cynocephali, einäugige Zyklopes, wieder kopflose Blemmyae, Panotios mit riesigen Schlappohren, auf allen Vieren dahinkriechende Artabatitae, gehörnte und ziegenfüßige Satyri und Faune, die Skiopoden mit ihrem einzigen riesigen Fuß, die pferdefüßigen Hippopodes, die winzigen Pygmäen und ein kurzlebiges indisches Frauenvolk aufzählend genannt.

Diese vielfältigen Deformationen provozierten natürlich die Frage nach der Menschlichkeit dieser Völker unter den genannten zwei Aspekten. Wie sehr die Frage nach der Abstammung der Wundervölker von Adam noch im 14. Jahrhundert die Gelehrten beschäftigte, zeigt das bedeutendste deutsche Naturbuch des Mittelalters, nämlich Konrads von Megenberg kurz vor 1350 entstandenes *Buch der Natur*. Den Stoff bezog er zwar durchwegs aus dem *Liber de Natura Rerum* des Thomas von Cantimpré, gerade in den Reflexionen über die Ursachen der Entstehung der Wundervölker und ihren Platz in der Schöpfung ging er aber weit über Thomas hinaus: *Ain vrâg ist, von wannen die wundermenschen kömen, die ze latein monstruosi haizent, ob sie von Adam sein komen.*[381]

Eine gängige, biblisch-historisierende Antwort auf diese Frage unter den Kirchenvätern war die Herleitung der Wundervölker von Kain, dessen Verfluchung durch Gott an seinen Nachkommen in Form der Anomalien sichtbar geworden sei.[382] Die für die darauffolgenden Jahrhunderte gültige scharfsinnige Erklärung stammt aber erst von Augustinus, der die Wundervölker – die ja, falls sie wirklich Menschen sind, zweifellos auch von Adam abstammen müssen –, als kollektive Monstrositäten unter den Völkern mit Mißgeburten von einzelnen Menschen verglich. Diese Mißgeburten unter den Völkern nahmen somit ebenso wie die Mißgeburten unter den individuellen Menschenkindern einen der menschlichen Vernunft zwar verborgenen, aber von Gott sicherlich gewollten Platz im Gesamtplan der Schöpfung ein.[383] Diese Erklärung wurde durch Isidor vereinfacht und damit zur für das Mittelalter gebräuchlichen Erklärung: Monster und Wundervölker nennt man etwas, das gegen die Natur zu sein scheint, nichts aber in der Schöpfung ist gegen die Natur, da Gott es eben so wollte.[384]

Anspruchsvollere Erklärungsversuche, wie sie schon Aristoteles unternommen hatte, finden sich dann erst wieder im 13. und 14. Jahrhundert im Werk des Albertus Magnus und besonders bei Nicolaus Oresme. Dieser französische Universalgelehrte, der ab 1377 Bischof von Lisieux war, entwickelte um die Mitte des 14. Jahrhunderts in seinem Werk *De causis mirabilium* eine ausführliche Theorie der Teratologie (also der Lehre von Wundern und wunderbaren Erscheinungen), die sich auch eingehend mit Monstren, Mißgeburten und dergleichen beschäftigte. Seiner Auffassung nach waren Mißgeburten und Wundermenschen auch innerhalb des göttlichen Schöpfungsplans keine Vorzeichen auf kommende Ereignisse (wie noch bei Isidor[385]), sondern beruhten auf einer Defizienz bei der Zeugung oder Entwicklung, die Ursachen in der physischen Umgebung hatte, die etwa zu trocken, zu feucht oder zu karg sein konnte.[386] Daß für die Deformation oder Defizienz der Wundervölker auch ungünstige klimatische Bedingungen verantwortlich sein konnten, hatten ja die Enzyklopädien schon lange als Grund für Aussehen und soziales Verhalten etwa der äthiopischen Troglodyten oder Skiopoden angeführt.

Auf Grund dieser Einschätzung – Defizienz oder Verformung schon des männlichen Spermas als Ursache für bestimmte Mißgeburten oder Wunderrassen – setzte Nicolaus Oresme diese Wesen dann als Vorstufe zu völliger Menschlichkeit an. Damit standen dann die Pygmäen, die der Gelehrte als Beispiel für die Wundermenschen überhaupt verwendete, auf einer Entwicklungsstufe zwischen Affen und Menschen[387] – eine überraschend modern und darwinistisch anmutende Lösung.

Die Vermutung, es handle sich bei den Wundermenschen um eine Stufe zwischen Menschen und Menschenaffen, fand sich in etwas anderer Form auch schon bei dem großen deutschen Gelehrten Albertus Magnus, bei dem die Defizienz der Monstren und die der Affen gleichermaßen nicht eine körperliche ist, sondern eine der geistigen

Abb. 24: Panoti aus einem lateinisch-altenglischen Wundervölkerverzeichnis. London, The British Library, Cod. Cotton Tiberius B V, 83v.

Kontrolle über den Körper (*disciplinabilitas*). Er stellt eine dreistufige Hierarchie dieser Kontrolle auf, nämlich der Menschen, der Pygmäen (auch hier stellvertretend für andere Wundermenschen) und der Affen.[388] Albertus war allerdings der Ansicht, daß andere Wundervölker, besonders die Cynocephalen, überhaupt zu den Menschenaffen zu zählen seien[389], womit er eine schon von Solinus geäußerte Erklärung aufgriff.[390] Die rationalistische Einstufung wenigstens der Hundsköpfigen dürfte eine populäre Lösung der Frage nach der Einordnung der Wundervölker gewesen sein, da auch die Ebstorfkarte sowohl die Cynocephales als auch die Satiri und Fauni unter den sechs Arten von Menschenaffen anführte.[391]

Diese Deutungen der Wundervölker geben zwar eine Erklärung für die physischen Ursachen menschlicher Deformationen, nicht aber deren typologischen Hintergrund an. Die diesbezügliche mittelalterliche Auffassung dürfte die von den Wundervölkern als den Kainskindern gewesen sein, nach der bestimmte Kinder im augustinischen Sinn das Zeichen für die Sünde ihres Vorfahren am Leibe trugen. Eine noch detailliertere theologische Erklärung findet sich nur in der sog. *Wiener Genesis*, einer frühmittelhochdeutschen Bibeldichtung aus der 2. Hälfte des 11. Jahrhunderts aus dem bairisch-österreichischen Raum. Darin wird berichtet, daß Gott Adam über die Gefährlichkeit gewisser Kräuter für schwangere Frauen aufgeklärt habe, Adams Nachkommen diesen Rat aber verworfen hätten und ihre eigenen Kinder daher durch den Verzehr der verbotenen Kräuter deformiert hätten.[392] Der Ungehorsam der Menschen gegenüber Gottes Willen war also nach diesen Erklärungen der Grund für die Entstehung der mißratenen Völker.[393]

Die Gelehrten des gesamten Mittelalters reflektierten also durchaus wissenschaftlich, akzeptierten aber dennoch weitestgehend die Existenz der Wundervölker an sich. Zweifel an ihrer Existenz finden sich weder bei kritischen Geistern wie den genannten, etwa Albertus Magnus[394] und Nicolaus von Oresme, noch bei Roger Bacon (in seinem *Opus Majus*). Diese prinzipielle Akzeptanz erstreckt sich weit bis ins Spätmittelalter, wo sich die Wundervölker Indiens noch in der von Kolumbus benutzten *Ymago mundi* des Pierre d'Ailly (Petrus de Alliaco) finden. Petrus führt in seinem Kapitel «Die Wunder Indiens»[395] zwar bei weitem nicht so viele Wundervölker an wie Isidor, auf den er sich beruft, aber die Pygmäen, die Macrobii, die Bragmani, die Ichthyophagi, die Antipedes, die Arimaspi, die Blemmyae und die Astomi beschreibt auch er, ohne aber in den meisten Fällen die griechischen Namen zu nennen.[396] Kolumbus war also zweifellos nicht nur von den Reiseberichten des John of Mandeville und des Marco Polo her auf die Begegnung mit fabelhaften Menschenrassen gefaßt, sondern auch von der wissenschaftlichen Kosmographie.

Was aber Kolumbus außer – in europäischen Augen – mißgebildeten Menschen erwartete, und vielleicht mit größerer Wahrscheinlichkeit als diese, waren fremde Völker und Rassen mit eigenartigen Sitten und Eßgewohnheiten. Viele der mittelalterlichen Wundervöl-

Abb. 25: Cynocephales aus einem lateinisch-altenglischen Wundervölkerverzeichnis. London, The British Library, Cod. Cotton Tiberius B V, 80r.

ker unterscheiden sich von den «normalen» Völkern europäischen Standards nämlich nicht durch körperliche Absonderheiten, sondern durch Abweichungen im sozialen Verhalten oder in ihren Diätnormen. Letztere spielen bei der gegenseitigen Einschätzung der Völker noch heute eine wesentliche Rolle: Nicht ohne Grund werden nationale Vorurteile gerade im Rekurs auf die jeweils andere kulinarische Kultur verbalisiert, so daß die Franzosen im angelsächsischen Sprachgebrauch als «Frogs», die Deutschen als «Krauts» und die Italiener als «Spaghettis» apostrophiert werden. Die pauschale Ablehnung fremder Eßgewohnheiten führt und führte dann nicht selten zur Ablehnung der Fremdkultur überhaupt, da die implizit niedrigere Form fremder Speisegebräuche die Legitimation des Gesamtkomplexes eigener Wertvorstellungen beinhaltet.

Sowohl bei den Sozial- als auch bei den Diätgewohnheiten wunderbarer Völker spielte die Frage nach der Menschlichkeit eine nur untergeordnete Rolle. Bei dieser Gruppe von Fabelvölkern war wohl auch die griechische Tradition noch stärker fühlbar, in welcher am Sozialverhalten von Fremdvölkern ein deutliches Interesse bestanden hatte. Von den Fabelrassen des Plinius ist eine ganze Reihe durch ihre Diätgewohnheiten gekennzeichnet. Dazu zählen nicht nur die schon oben ausführlicher behandelten Menschenfresser (Anthropophagi, Patrophagi, Gog und Magog), die Panphagi (Allesfresser) oder die ausschließlich von Fischen sich nährenden Ichthyophagi, sondern auch unrealistischere Rassen wie die allein vom Geruch der unterhalb des Paradieses wachsenden Äpfel lebenden Astomi[397], die nur mit einem winzigen Mund versehenen Strohhalmtrinker, die schlangenfressenden Troglodyten, die hundemelkenden Kynomolgi und pferdemelkenden Hippomolgi. Die letzten beiden Völker zeigen, wie die faktischen Gewohnheiten eines Volkes (die Tartaren verwendeten tatsächlich in hohem Ausmaß Stutenmilch) zu den fiktiven Bräuchen eines anderen gesteigert werden konnten. Überhaupt wird bei dieser Gruppe von Wundervölkern der historische «Kern» der Fiktion greifbarer als bei anderen: Menschenfresser und Fischfresser entstanden aus der Absolutsetzung dominanter Eßgewohnheiten durch die antiken Reisenden, und selbst bei den Apfelriechern hat man den tibetanischen Gebrauch von Kampfer als Prophylaktikum gegen gewisse Krankheiten als Grundlage der Fabel sehen wollen.[398] Die Frage nach der historischen Glaubwürdigkeit oder dem ethnologischen Wahrheitsgehalt ist aber bei den Völkern mit abweichender Diät fast ebenso nebensächlich wie bei solchen mit auffälligen Sozialgewohnheiten. Auch hier sagt die Form, in der ein Wundervolk charakterisiert wird, mehr über das Weltbild des beschreibenden Betrachters aus als über die tatsächlichen oder fiktiven Völker selbst.

Natürlich zählt auch das oben besprochene Verspeisen der eigenen Eltern sowie der Anthropophagismus und die Diätgewohnheiten überhaupt zum sozialen Verhalten im weiteren Sinn, aber in diesem Zusammenhang sind außerdem noch einige Völker zu nennen, die sich durch die Form oder die Abwesenheit ihrer sozialen Organisation von der europäischen Norm unterscheiden. Dazu zählen unter anderem drei Völker, die im Gegensatz zu den meisten anderen Wunder-

Abb. 26: Ichthyophagen aus einem lateinisch-altenglischen Wundervölkerverzeichnis. London, The British Library, Cod. Cotton Tiberius B V, 80r.

völkern eher Vorbildfunktion für die Europäer hatten, was in den entsprechenden Texten auch entsprechend moralisierend betont wird. Den größten Bekanntheitsgrad haben die schon erwähnten Amazonen in ihrem kriegerischen und wohlorganisierten Staat[399], während die Gymnosophisten und Brahmanen erst durch die Alexanderdichtung Eingang in die enzyklopädische Tradition gefunden haben. Die Bragmanni (offenbar eine Verballhornung der indischen Brahmanen) werden als nackte weiße Höhlenbewohner beschrieben, während die Gymnosophisten laut Plinius den ganzen Tag im Feuer stehen und in die Sonne starren[400]; hier haben offensichtlich schamanistische Praktiken der Vorläufer indischer Yogis Pate gestanden, wie sie schon Megasthenes aus Indien zu berichten wußte.[401]

Nur durch ihre eigentümlichen Wohnorte zeichnen sich in sozialer Hinsicht die Maritimi und die Troglodyten aus. Erstere werden zwar bei Plinius auch als vieräugig beschrieben, er meinte damit aber ausdrücklich nur besondere Scharfsichtigkeit[402], was von Solinus[403] und den mittelalterlichen Interpreten (*Elucidarius*, Gervasius von Tilbury, Bartholomäus Anglicus) schon nicht mehr so aufgefaßt wurde.[404] Tatsächlich aber war für diese äthiopischen Maritimi ihr Wohnsitz am oder im Meer namengebend, auch lebten sie wie die Ichthyophagen von Fischen. Die ebenfalls in Äthiopien angesiedelten Troglodyten dagegen kommen in der mittelalterlichen Enzyklopädik wesentlich öfter vor; sie sind stumme Höhlenbewohner, die wegen ihrer Schnelligkeit im Laufen mit einer Keule dem Wild nachjagen können.[405]

Die dritte Gruppe der Völker, die sich durch soziales Verhalten auszeichneten und deswegen als Wundervölker apostrophiert wurden, sind jene, deren Sexualverhalten den Europäern allzu ungewöhnlich vorkam. Am auffälligsten war wohl der organisch bedingte sexuelle Exotismus der Hermaphroditen, die zweigeschlechtlich waren und daher bei den mittelalterlichen Autoren wiederholt die naheliegende Aussage provozierten, daß dort also jeder mit jedem anderen Kinder zeugen könne.[406]Weniger weit verbreitet, aber dafür selbst bei einem verläßlichen Gewährsmann wie Marco Polo zu finden, war das Volk der Frauen-Anbieter; sie boten Vorüberreisenden ihre Frauen oder Töchter an, und hielten es für eine Ehre, wenn jene mit diesen schliefen. Die unverheirateten Mädchen wurden solchermaßen die dort verpönte Jungfräulichkeit los und konnten außerdem noch Geschenke vorweisen, die ihre Heirats-Chancen verbesserten.[407]

Die Beliebtheit der Wundervölker im Mittelalter ist nicht nur mit dem Verweis auf den damit angestrebten – und auch erreichten – Exotismus von Texten zu erklären, sondern muß sicherlich auch von dem Bestreben der Europäer her gesehen werden, sich selbst als «normal» zu betrachten, was notgedrungen zu Ab- und Ausgrenzungen führte. Dabei darf aber die Tatsache ihres noch immer ungebrochenen Weiterlebens nicht vergessen werden, wenn Wundervölker heute auch unter anderen Namen an die immer entfernteren Grenzen eines durch die Erfahrung und Forschung expandierenden Kosmos verdrängt werden. Dennoch zählen wunderbare (oder wenigstens wunderliche) humanoide Rassen zum Standardinventar der meisten Werke der ausufernden literarischen Gattung des Science Fiction-

Romans und -Films.[408] Weiter darf bei einer Beurteilung des Glaubens an Wundervölker[409] die meist gar nicht angeschnittene Frage nach den Grundlagen und faktischen Ursachen für solchen Glauben in Antike und Mittelalter nicht völlig außer acht gelassen werden. Zwar ist dieser zweite Punkt für die intellektuelle Stellung und die literarische Vermittlung nicht besonders wesentlich, hilft aber, den Blick von allzu schnellen Vorurteilen oder allzu leicht übernommenen Pauschalverurteilungen mittelalterlichen Wissens freizuhalten. Beispielsweise können die häufig genannten möglichen mutterrechtlichen Gesellschaften als faktische Basis der Amazonensage gelten, verballhornte Bräuche indischer Yogis als Grundlage der Brahmanenerzählungen, übertriebene Berichte über körperliche Eigenschaften fremder Völker als Grundlage für einige der durch physische Eigentümlichkeiten gekennzeichneten Rassen sowie der schon oben erwähnte Vogelfang als Ursprung des Kampfes zwischen Pygmäen und Kranichen.[410]

Unter diesen Voraussetzungen darf es also nicht verwundern, wenn Wundervölker zum festen Inventar mittelalterlicher Enzyklopädik[411], ebenso wie der chronikalischen Historiographie[412] und der Reiseliteratur zählen. Wie heute noch immer, erfüllten sie vielleicht gerade durch ihre Fragwürdigkeit eine Ventilfunktion für die Selbstzweifel der Menschen, wobei sie andererseits durch das offensichtlich weitgehend innerliterarische Leben, das sie führten (und führen), weniger als Bedrohung der Menschen denn als Ergänzung zur Schöpfungsvielfalt angesehen werden konnten.

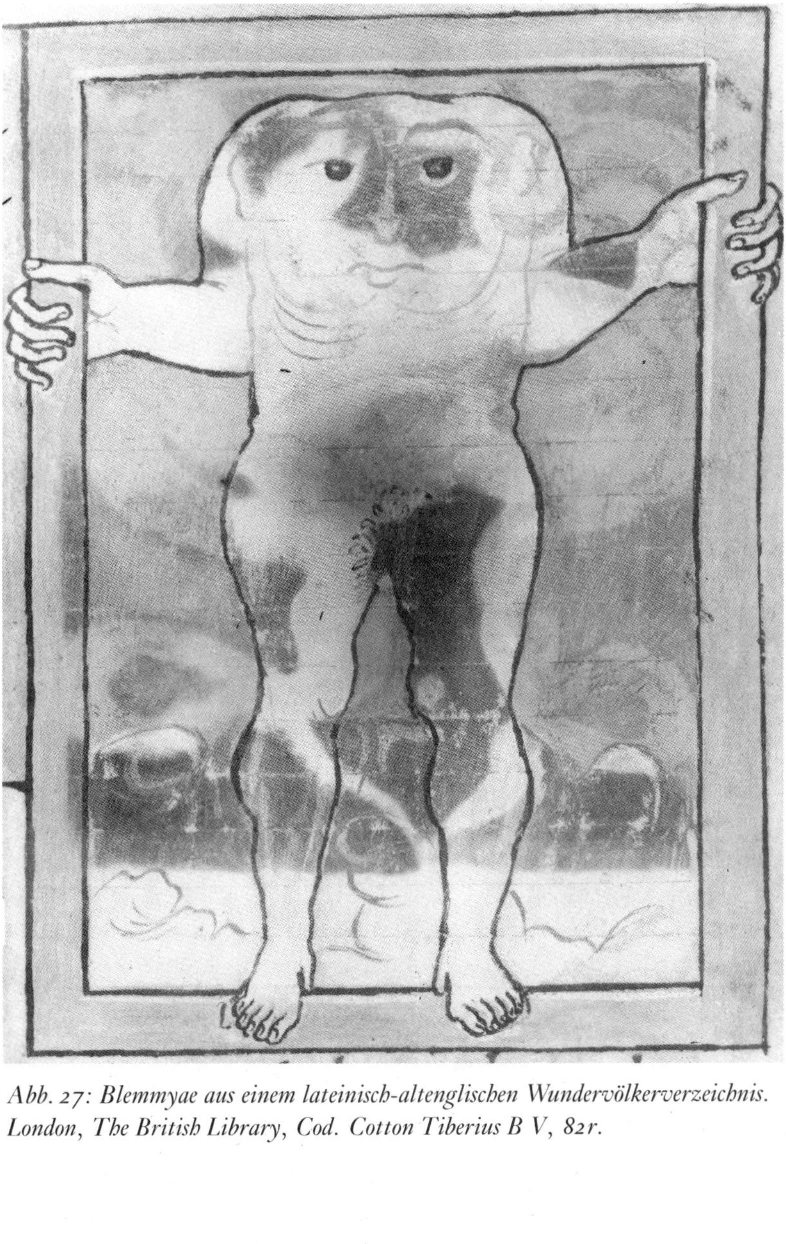

Abb. 27: Blemmyae aus einem lateinisch-altenglischen Wundervölkerverzeichnis. London, The British Library, Cod. Cotton Tiberius B V, 82r.

Kapitel 8

Der unerforschliche Wille Gottes oder die verborgenen Kräfte der Natur: Die mittelalterlichen Erklärungen für Naturerscheinungen

Für uns heute selbstverständliche Naturphänomene wie subtropische Gewitterstürme, Kometen, Nordlichter oder die Mißweisung des Kompasses waren zu Kolumbus' Zeit noch Anlaß zum Rätselraten, häufig auch zu Entsetzen, da man natürliche Vorgänge von der Antike bis in die frühe Neuzeit nicht nur «natürlich», sondern auch allegorisch deutete, nämlich als schlechtes Omen oder konkretes Vorzeichen bestimmter, meist schrecklicher Ereignisse. Außerdem gab es für die meisten unerklärlichen Naturereignisse auch noch populäre Erklärungen, die vielfach die Christianisierung Europas unbeschadet überstanden hatten und von naturmythologischem Charakter waren. Dazu zählen die Deutung von Blitz und Donner als Grollen eines Donnergottes (oder Riesen) oder auch der süddeutsche Volksglaube an Erdbeben als Erschütterungen, die von einer Weltenschlange ausgingen (der germanischen Midgards-Schlange).

Dazu kamen andere Naturvorgänge, die uns heute zwar nicht unerklärlich sind, aber uns ebenfalls noch in einen gewissen Grad von Staunen versetzen. Als zum Beispiel Kolumbus in leichten Winden auf die Sargassosee stieß, die das Fortkommen seiner Schiffe behinderte (16. September 1492), waren seine Seeleute von Entsetzen erfüllt ob des «Grasmeers» und der Windstille, welche ihre Weiterfahrt hemmten und sie auf dem offenen, unendlich groß erscheinenden Meer für immer festzuhalten drohte, da in solch schwachen Winden die Rückkehr unmöglich schien.[413] Obwohl Kolumbus von alten Seeleuten davon wußte, nahm erst die Jahrhunderte später gewonnene Erkenntnis, daß es sich dabei um eine treibende Algenart (Beerentang) handelt, dem Phänomen seine Schrecken. Auch die beobachtete (vermeintliche) Mißweisung des Kompasses, die nicht nur auf die übliche Deklination zurückging, sondern auf eine Abweichung des Polarsterns von der Erdachse[414], verursachte bei den einfachen Gemütern unter den Seeleuten Angst wegen der Position, und zwar vor allem deswegen, weil das Phänomen vorher noch nicht beobachtet worden war.

Ende des 15. Jahrhunderts waren aber nicht nur solche ausgefallenen Naturphänomene, sondern in weiten Bereichen auch die wesentlichen Zusammenhänge in Natur und Meteorologie noch unbekannt. Dennoch brachte man all diesen Naturerscheinungen als Teil der physischen Umwelt großes Interesse entgegen, waren doch viele von ihnen, wie Unwetter oder Erdbeben, nicht allein von akademischem Interesse, sondern konnten eine existentielle Bedrohung darstellen. Der weitaus größte Teil der Menschen hatte nicht die geringste Ahnung von den in gelehrten Kreisen vorgelegten Erklärungen natürlicher Phänomene. Für Bauern stellte Hagelschlag eine konkrete Bedrohung dar, die sich in einem Hungerwinter auswirken konnte; die meteorologischen Deutungen – soweit man im Mittelalter die Naturphänomene überhaupt deuten konnte – hätten sie zweifellos interessiert, waren ihnen jedoch nicht zugänglich.

Einige Probleme hatte man allerdings schon in der Antike gelöst – etwa die Rolle von Vulkanismus und Erosion in der Gebirgsbildung[415] – und diese Ergebnisse blieben im Mittelalter bekannt, wenn auch nur geringe Fortschritte in der Detailkenntnis erzielt wurden. Die eigentliche Leistung des Mittelalters lag auch hier in der Vermittlung und Popularisierung des Wissens, nicht in seiner Vertiefung. Ein Beispiel dafür ist die Erklärung des Regenbogens (*arcus coeli*, vgl. unten bei der Behandlung der Lufthülle), dessen Ursache seit der Antike bekannt war, dessen Interpretation im Mittelalter aber vor allem allegorisch-theologisch ausfiel.[416]

Die physische Umwelt war im Mittelalter durchaus ein Thema, mit dem sich Gelehrte beschäftigten, und besonders ab der wissenschaftlichen Renaissance des 12. Jahrhunderts begann man, auf dem Umweg über arabische Autoren die entsprechenden Werke des Aristoteles wie *De meteorologica*, *De physica*, *De mundo* kennenzulernen, welche für die Scholastiker die Grundlagen für eigene Überlegungen bildeten.[417] Aus dieser meist sehr theoretisch-philosophischen Beschäftigung heraus entwickelte sich die mittelalterliche Vorstufe der neuzeitlichen Physik. Dies wurde erst möglich, als man die Existenz von Naturgesetzen erkannte, aber genau diese Erkenntnis machte im Mittelalter nur langsame Fortschritte, sodaß der Begriff «Naturgesetz» überhaupt erst Ende des 13. Jahrhunderts bei Roger Bacon zu finden ist[418] (der übrigens für die heute als Naturwissenschaften bezeichneten Fächer auch erstmals die Bezeichnung Experimentalwissenschaften (*scientiae experimentalis*) prägte)[419]. Zu sehr faßte man die Natur als vom Willen Gottes direkt durchdrungen auf, und zu sehr war sie daher in erster Linie seinem Willen unterworfen, als daß man ihr eine vom Göttlichen Gesetz unabhängige Gesetzmäßigkeit zugestanden hätte; die Natur war im ganzheitlichen mittelalterlichen Weltbild argumentativ überflüssig.

Trotz der ab dem 12. Jahrhundert zunehmenden spekulativen Beschäftigung mit der Natur und ihren Phänomenen finden wir daher nur relativ selten mittelalterliche Werke, die sich systematisch mit allen Aspekten der unbelebten Natur beschäftigten, vielleicht auch deshalb, weil seit Plinius im 1. Jahrhundert n. Chr. «Naturgeschichte» in erster Linie mit Zoologie und Botanik gleichgesetzt wurde. Solche Traktate beruhten demnach vorwiegend auf Auszügen aus der enzyklopädischen Literatur, vor allem aus Isidors *Etymologiae* (seltener aus Martianus Capella und dem Kommentar des Macrobius zu Ciceros *Somnium Scipionis* vom Anfang des 5. Jahrhunderts). Dazu kamen als Quellen der hochmittelalterlichen Gelehrten noch die verschiedenen Werke des ersten westeuropäischen «Naturwissenschaftlers», des englischen Mönchs Beda (672/3–735), den man wegen seiner zahlreichen Schriften, in denen er antike Wissenschaft mit mittelalterlichem christlichen Glauben verband, «venerabilis» (verehrungswürdig) nannte, obwohl er nie heiliggesprochen wurde. Er bezog zwar viele seiner Informationen aus Isidor und Plinius, war aber kritischer und in kosmographischen Fragen wesentlich konkreter als Isidor. Seine knappen, aber sehr informativen Schriften *De natura rerum*, *De temporibus* und *De ratione temporum* waren für die Naturwissenschaft und die Historiographie der folgenden Jahrhunderte von grundlegender Bedeutung, wie schon allein die Zahl von über 125 erhaltenen Manuskripten von *De natura rerum* beweist.[420]

Selbst von den naturwissenschaftlich orientierten Kompendien in dieser enzyklopädischen Tradition beschäftigten sich nicht sehr viele neben der Astronomie auch noch mit Geologie[421], Meteorologie, Optik[422] u. ä. in allgemeinerer Form – denn es gab auch unter den philosophischen Werken einige spezielle theoretische Werke zu den verschiedenen Teilbereichen der Naturwissenschaften.[423] Kurze Kapitel über hydrologische und meteorologische, nur ganz selten geologische Phänomene wurden ab dem 12. Jahrhundert in naturwissenschaftlich orientierte Enzyklopädien aufgenommen, so in *De imagine mundi* des Honorius von Autun oder in *De philosophia mundi* des Wilhelm von Conches, aber trotz der damals einsetzenden Rezeption der aristotelischen Schriften – man benutzte in Spanien angefertigte Übersetzungen aus dem Arabischen[424] – beruhen diese Texte meist noch wörtlich auf Beda. Ausführliche Behandlungen geologischer Fragen im Mittelalter sind noch seltener; außer dem schon erwähnten Albertus Magnus (in seinem weithin alleinstehenden *De mineralibus et rebus metallicis*) und Alexander Neckham (*De natura rerum*) sind es im Abendland nur die Briten Adelard von Bath (Anfang 12. Jahrhundert) in seinen *Quaestiones Naturales*, Radulphus Higden (ca. 1299–1365) im *Polychronicon* und Michael Scotus (um 1235) in seiner *Mensa Philosophicus*, die sich neben den Alchemisten überhaupt eingehender mit geologischen, meist metallurgischen Fragen beschäftigen.

Die raren Abschnitte über Naturphänomene wurden gewöhnlich (nach zeitgenössischer Ansicht logisch) nach den vier Elementen Erde, Wasser, Luft und Feuer gegliedert, aus denen sich der sogenannte sublunare Bereich zusammensetzte, d. h. der gesamte Raum unterhalb der Mondbahn. Diese innerste Kugel des Weltsystems hatte in ihrem Zentrum die Erdkugel, da die Erde als schwerstes Element ja immer nach unten strebt, und der unterste Punkt des Universums ist sein Zentrum.[425] Rundherum lagert sich in unregelmäßiger Form das Wasser, das größere Teile des Erdballs bedeckt, darüber die Luft, schließlich das Feuer. Die spezifischen Gewichte (oder hier besser: Leichtigkeiten) von Erde:Wasser:Luft:Feuer zueinander verhielten sich nach mittelalterlicher Ansicht wie 1:12:18:27, d. h. Luft war 18 mal leichter als Erde.[426] Diese Relationen stellen heute Schwierigkeiten bei der Interpretation dar, denn daß Erde zwölfmal schwerer war als Wasser, mußte sich wohl auf ganz bestimmte Mineralien oder Metalle beziehen, mit Sicherheit aber nicht auf die von uns heute gemeinhin als Erde bezeichnete mineralisch-organische Mischsubstanz.

Die vier Grundelemente standen aber nicht nur in einer mathematischen Relation zueinander, sondern in einer weit komplexeren Beziehung, die als Syzygie bezeichnet wurde. Jedes Element hatte nicht nur einen Platz in der Gewichtsskala, sondern auch bestimmte Eigenschaften, der folgenden Reihung entsprechend:

Erde (*terra*)	kalt	trocken	unbeweglich	zäh	stumpf
Wasser (*aqua*)	kalt	feucht	beweglich	zäh	stumpf
Luft (*aer*)	warm	feucht	beweglich	fein	stumpf
Feuer (*aether*)	warm	trocken	beweglich	fein	scharf

Daraus ergab sich, daß jeder materielle Gegenstand nach seinen elementaren Bestandteilen auch seine Eigenschaften mitbrachte: So ist die Zwiebel warm und feucht, der Knoblauch dagegen warm und trocken und daher schärfer als jene. Darstellungen der Elemente und ihrer Eigenschaften fanden sich in den meisten mittelalterlichen Handbüchern[427], aber auch in zahlreichen speziellen Erklärungen zur Syzygie (Abb. 28). Da nach der Makrokosmos-Mikrokosmos-Lehre nicht nur die Erde bis zur Lunarsphäre, sondern auch der Mensch aus

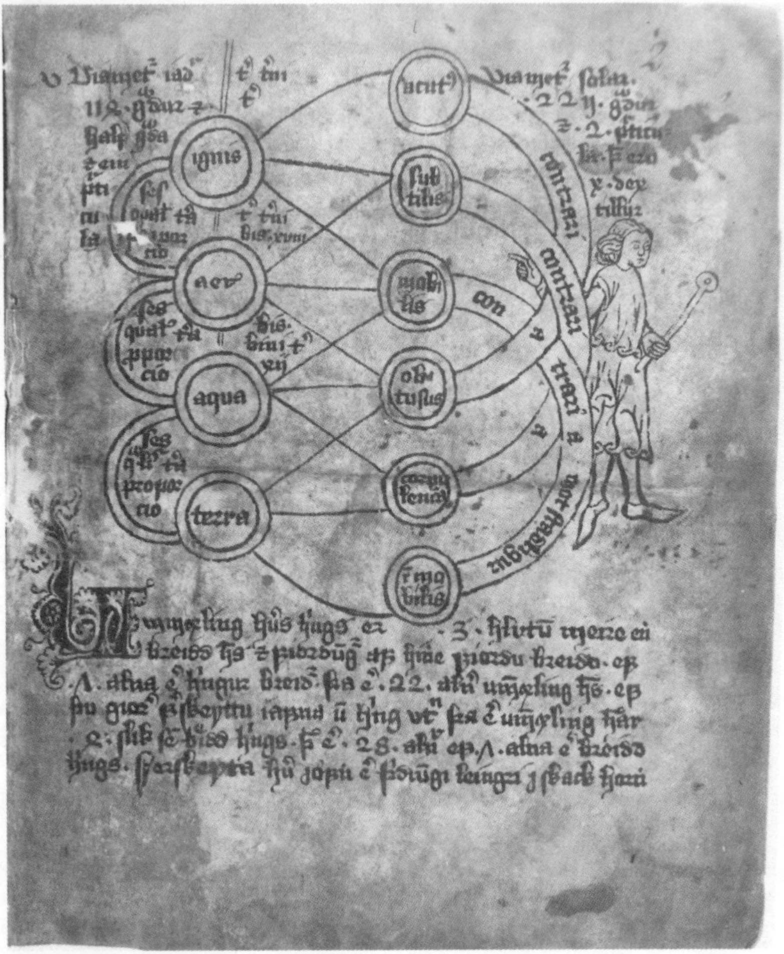

Abb. 28: Elemententafel nach Beda aus einer altisländischen Handschrift (ca. 1400). Kopenhagen, Arnamagnaeanisches Institut, AM 736 III, 4to, f. 2r.

den vier Elementen besteht, wobei Häufungen bestimmter Elemente die Temperamente hervorrufen[428], sind oft auch die menschlichen Temperamente in diese Darstellungen miteinbezogen.

Erde

An erster Stelle stand meist das schwerste und damit wichtigste Element, die Erde. Wenn es aber in der mittelalterlichen kosmographischen Naturgeschichte um dieses Element ging, dann hielt man neben der Form der Erde, den Zonen und den Klimaten[429] vor allem auch die Erdbeben für wichtig, deren Ursachen man schon seit der Antike zu ergründen versuchte, dabei allerdings zu sehr unterschiedlichen Ergebnissen kam.

Die Gliederung nach Elementen findet sich in einem naturwissenschaftlichen Traktat, das Beda venerabilis zugeschrieben wurde, aber erst im 11./12. Jahrhundert im süddeutschen Raum entstanden ist[430]: Das Kapitel über die Erde teilt sich in *Forma Terre*, *Zone*, *Climata*, *Terremotus*. In dieser Abhandlung werden gleich eine ganze Reihe von Erklärungsversuchen für Erdbeben (*terrae motus*) referiert: Der Grund sei entweder das fließende Wasser, das in unterirdischen Höhlen wie in Arterien ströme, und dessen Bewegung durch eindringende Winde so verstärkt würde, daß die Erde davon erzittere (so schon bei Isidor: *Etymologiae* XIV, I, 2 f und Honorius, *De imagine mundi* I, 5); diese seit dem 5ten Jahrhundert v. Chr. bekannte Erklärung war in Antike und Mittelalter die gängigste Deutung von Erdbeben.[431] Eine weitere ist das unterirdische Einstürzen von Bergmassiven, wobei das Innere der Erde als hohl gedacht wurde. Eine offenbar auf Ursprünge in der germanischen Mythologie zurückgehende dritte Interpretation in dieser süddeutschen Abhandlung ist die Bewegung des um die Erde im Meer sich ringelnden Leviathan (damit ist die Midgards-Schlange gemeint), durch welche die Gewässer und damit auch die Erde in Unruhe versetzt würden.[432] Die hier genannten Deutungsversuche sind durchwegs populärwissenschaftlicher Art, während im 14. Jahrhundert Johannes Buridanus eine kosmologisch-wissenschaftliche Lösung anbot, die im 14. und 15. Jahrhundert viele Anhänger fand: Da durch die unterschiedliche Verteilung von Erde und Wasser auf der Erdoberfläche der Schwerpunkt der Erde und das geometrische Zentrum nicht zusammenfielen, bestünde eine Tendenz nach Ausgleich dieser Diskrepanz; sobald also irgendwo Gebirge erodierten und weggeschwemmt würden, nähme die ganze Erdkugel eine Ausgleichsbewegung vor.[433] Diese Theorie entspricht am ehesten der heutigen Erklärung von durch die Erdschollenbewegungen hervorgerufenen Erdbeben. Aber auch populäre und volkssprachliche Werke gaben nicht notwendigerweise nur falsche Informationen weiter. Konrad von Megenberg, der Regensburger Domherr, der Mitte des 14. Jahrhunderts in seinem aus dem Französischen übertragenen[434] *Buch der Natur* den Erdbeben ein ganzes langes Kapitel widmet[435], wendet sich ausdrücklich gegen das «Riesenmärchen», daß ein fischartiges Lebewesen (wie der genannte Leviathan oder die Midgards-Schlange, er nennt es Celebrant) Erdbeben hervorrufen könne. Er deutet sie vielmehr ganz richtig als Folge des Vulkanismus, erwähnt auch die giftigen vulkanischen Dämpfe, und führt eine Reihe schwerer Erdbeben seiner Zeit an.[436] Er kann sich dabei ausdrücklich auf Avicenna (dessen geologisches Werk seit dem 12. Jahrhundert in lateinischer Übersetzung vorlag[437]) und Albertus Magnus[438] berufen, die ebenfalls den Vulkanismus als Ursache von Erdbeben und Gebirgsbildung erkannt hatten. Eine populäre Ansicht über die Entstehung von Vulkanen und vulkanischer Tätigkeit stammte aus den Überlegungen des Aristoteles über die Ausbrüche des Ätna. Aristoteles hatte vermutet – und fast alle Enzyklopädisten des Mittelalters folgten ihm darin ebenso wie antike Gelehrte, z. B. Lucrez (1. Jahrhundert v. Chr.)[439] –, daß so wie die Wellen das Meer aufrührten, die Wellen die durch Höhlen und Gänge durchlöcherte unterirdische Basis des Berges bewegten. Auf diese Weise sollte sich der in ihm enthaltene Schwefel entzünden und so zu feurigen Ausbrüchen führen.[440]

Konrad von Megenberg nennt in seiner Darstellung aber auch Vorzeichen für Erdbeben, darunter bestimmte Färbungen der Sonne und Wolkenarten, nicht zuletzt aber auch bestimmte Planetenkonstellationen (während Autoren des 15. Jahrhunderts besonders Kometen und auffälliges Verhalten von Tieren als Vorzeichen großer Erdbeben werteten[441]). Die Astrologie spielte aber nicht nur bei der «wissenschaftlichen» Vorhersage von Erdbeben eine Rolle, sondern in noch weit größerem Ausmaß in der wissenschaftlichen Meteorologie, so daß im Mittelalter mit gutem Recht von Astrometeorologie gesprochen werden kann[442], da nicht nur die Naturphänomene erklärt wurden. Die Kunst der Prognostik, also der Vorhersage des Wetters, basierte ausschließlich auf astrologischen Grundlagen. Dabei darf aber nicht vergessen werden, daß das alltägliche Volkswissen in der Meteorologie, also die Bauernregeln und Vorzeichen für die kurzfristige Wettervorhersage, wie sie heute noch jedermann geläufig sind, sicherlich vorhanden waren (und wohl schon aus dem intensiven Interesse einer vorwiegend auf Landwirtschaft ausgerichteten Kultur umfangreicher und ausführlicher als heute), aber eben keinen nennenswerten systematischen Niederschlag in der Literatur gefunden haben. Der Grund dafür war wohl, daß das Publikum für das prognostische Schrifttum unter Akademikern und bei Hof zu suchen war, wo man sich entsprechende Handschriften auch leisten konnte[443], während sich Bauern, selbst wenn sie lesen hätten können, kaum die Handschriften erwerben konnten und wohl auch kaum das Vorwissen und die Muße für komplexe astrologische Berechnungen erbringen konnten. Daß die Klöster trotz ihrer umfangreichen landwirtschaftlichen Aktivitäten seltener prognostisches Schrifttum besaßen, liegt wohl daran, daß die Astrologie theologisch nicht unbedenklich ist und sich wiederholt warnende Stimmen gegen den Sternenglauben erhoben. So finden sich auch in astrometeorologischen Texten nur selten Hinweise auf Witterungsbedingungen, die für die Landwirtschaft von Bedeutung gewesen wären, wie Hagel, Gewitterstürme, Überschwemmungen und Frost; statt dessen kümmern sie sich fast ausschließlich um die Vorhersage von Regen. Erst im Spätmittelalter werden vereinfachte astrometeorologische Regeln zusammen mit bäuerlichen Wetterregeln in kalenderartigen Sammlungen vereinigt, den sogenannten Praktiken, die anhand kalendarischer Fixpunkte, wie Lostagen und Heiligenfesten, kürzer- und längerfristige Wetterprognosen ermöglichen sollten. Selbst in diesen relativ praxisorientierten Prognostiken dominierte aber noch die lateinische Tradition, und die Astrologie verlor bis weit in die Neuzeit nie völlig den Einfluß auf die Meteorologie.[444]

Wasser

Gerade die ungewöhnlicheren Witterungsbedingungen interessierten andererseits wieder nicht nur die Bauern, sondern stellten jedermann vor die Frage, wie Hagel, Schnee, Nebel oder Tau denn überhaupt entstanden. Dafür finden sich in den entsprechenden Traktaten Erklärungen, die für uns vom heutigen Standpunkt eine kuriose Mischung von Wahrheiten und Halbwahrheiten sind. So ist etwa der Grund für die Entstehung von Wolken (*nubes*) und Nebel (*nebula*) schon immer in der Verdunstung des Wassers durch den Einfluß der Sonnenbestrahlung gesehen worden, auch dort, wo die Naturwissenschaften nur wenig Einfluß hatten (vgl. Isidor: *Etymologiae*, XIII, 7, 1–2); wesentliche Details wie die Abkühlung der gesättigten Luft durch die kalte Erdoberfläche oder Winde werden dabei allerdings nicht erwähnt. Auch wenn Konrad von Megenberg beschrieb, wie der Nebel durch seine Durchmischung mit Rauch so schwer wird, daß er sich trotz der Sonneneinstrahlung nicht vom Erdboden erheben kann[445], so entspricht dies noch teilweise der Realität (vom Sättigungsgrad ist allerdings weder bei ihm noch anderswo die Rede[446]). Die Entstehung des

Regens (*pluvia*) dagegen wurde unterschiedlich erklärt; während das Traktat des 12. Jahrhunderts noch meinte, die Wolken würden vom Wind gleichsam ausgepreßt[447], so brachte Konrad ein sehr anschauliches Beispiel zur Kondensation durch Kälte, in dem er die kalten Luftschichten mit dem kalten eisernen Deckel eines Kochtopfs verglich, an dem der Dunst kondensiert:

> Der regen kümpt von wäzzrigem dunst, den der sunnen hitz auf hât gezogen in das mittel reich des luftes, wann von der kelten, diu dâ ist, entsleuzt sich der dunst wider in wazzer, als wir sehen an dem dunst, der von dem wallenden hafen gêt ob dem feur: wenn der dunst die kalten eisnenne hafendecken rüert, sô entsleuzt er sich in wazzers tropfen.

Daraus schloß er auch, daß bei größerer Kälte der mittleren Luftschichten größere Tropfen fallen als bei langsamem Kondensieren der Feuchtigkeit. Trotz seiner kritischen Einstellung gab Konrad von Megenberg aber auch Elemente des Volksglaubens wieder, wie den Fall von rotem Regen (was er mit der Beimischung von rotem Staub erklärte, anstatt als Blut, wie im Volksglauben üblich) oder das Regnen von kleinen Fischen oder Fröschen, das er im Glauben an die Faktizität des Phänomens rationalisierte, indem er meinte, bereits die in die Wolken aufgestiegene Feuchtigkeit enthalte Spuren von Fischlaich oder Froschlaich, der dann durch bestimmte Planetenkonstellationen lebendig würde.[448] Solche Einschübe aus dem Volksglauben finden sich in Konrads Vorlage, dem lateinischen *Liber de natura rerum* des Thomas von Cantimpré, nicht[449], die Exkurse zeigen aber, wie ernst Konrad allen ihm bekannten Naturphänomenen nachging, auch wenn er sich dabei keineswegs völlig vom mittelalterlichen Volksglauben befreien konnte.

Bei der Behandlung des Regens vermerkte Konrad auch, daß manche Berge so hoch seien, daß der Regen sie nicht erreichen könne, da die Luftschichten, in denen sich die Witterungsvorgänge abspielten, niedriger gelagert seien als die höchsten Berggipfel[450]; damit erweist er sich einmal mehr als überzeugter Aristoteliker, denn dieser hatte (*Meteorologica* I, 4) ebenfalls diese beträchtliche Höhe von Bergen angenommen. Die relative Höhe der Berge war im Mittelalter ein Thema wissenschaftlicher Spekulation, wobei man allerdings üblicherweise der Ansicht war, daß Berge in Relation zur Größe des Erdballs überhaupt nicht ins Gewicht fielen.[451] Ein anschaulicher Vergleich schilderte die Größe der Berge auf der Erde «wie Sandkörner auf einer Kegelkugel» und geht damit in der Sache schon auf Plinius zurück, der Versuche zur Höhenmessung von Bergen wiedergibt (die nicht weit von der Realität entfernte Ergebnisse brachten) und etwas skeptisch die daraus resultierende Folgerung zitiert, daß die Berge im Vergleich mit der Erdkugel nur unwesentliche Erhebungen darstellen.[452]

Alle einschlägigen naturwissenschaftlichen Traktate beschäftigen sich bei der Behandlung der Elemente Wasser und Luft außer mit Nebel und Regen auch noch mit Hagel, Schnee und Tau, wobei man die Ursachen für Hagel (*grando*) und Schnee (*nix*) ziemlich korrekt in der Temperatur entweder niedrigerer oder höherer Luftschichten sah, die der Niederschlag durchquerte[453], wobei man sich aber über die Gründe für das hohe Aufsteigen feuchter Luft kaum Gedanken machte. Die Schneekristalle beschrieb als erster Albertus Magnus im 13. Jahrhundert. Auch Tau (*ros*) und Reif (*pruina*) deutete man entsprechend als Kondensation der Feuchtigkeit durch die nächtliche Abkühlung, bzw. als gefrorenen Tau.[454] Im Zusammenhang mit diesen meteorologischen Phänomenen wurden in den Abhandlungen noch der Altweibersommer (*estas*) und die Sternschnuppen (*stellae cadentes* o. ä.: verglühende Materieteilchen) behandelt, die man offenbar, wie die anderen genannten Formen von Niederschlag, als atmosphärische Erscheinungen des sublunaren Bereichs verstand, also eigentlich als Witterungserscheinungen: Sowohl der Altweibersommer als auch der gallertartige «Sternenschleim», den sowohl das Traktat *De mundi celestis terrestrisque constitutione*[455] als auch Konrad von Megenberg im *Buch von der Natur*[456] als Folge des Falls von Sternschnuppen erwähnten. Beide gehen allerdings auf organische Ursachen zurück, dieser auf die nach Regen entstehenden Blaualgen, jener auf Spinnenfäden.[457]

Wenn vom Element Wasser die Rede war, das wie die Erde kugelförmig gedacht wurde, und zwar sowohl wegen der Form der Wassertropfen als auch wegen der Form der die Erde umgebenden Gewässer (Hydrosphäre)[458], dann stellte sich für mittelalterliche Naturbeobachter ein Problem: Das Wasser sollte zwar als zweites Element die Erde umgeben, tat dies aber, wie an den Kontinenten offenbar war, nur unvollständig, und strebte andererseits auf festem Land deutlich nach unten. Die unregelmäßige Verteilung von Wasser und Land konnte nun auf zweierlei Art interpretiert werden: Die völlig unreflektierte Deutung findet sich häufig und könnte auf den arabischen Kosmographen Edrisi zurückgehen, der auf Grund von Berechnungen festgestellt haben wollte, daß das Meer in Wirklichkeit höher liege als das Land; diese Ansicht findet sich u. a. auch beim englischen Augustinerabt von Cirencester, Alexander Neckham (1157–1217), der ebenfalls meinte, das Meer bilde sozusagen einen Berg (was sich nach seiner Aussage durch die Anschauung bestätigen lasse) und würde trotz seiner höheren Lage nur durch Gottes Willen in seinen Küsten gehalten.[459] Die andere, komplexere Deutung, die von Johannes Buridanus im 14. Jahrhundert vertreten wurde, ist die schon bei den Gründen für Erdbeben erwähnte Theorie, daß die Hydrosphäre und die Erdkugel unterschiedliche Mittelpunkte hätten, wodurch ein Teil der Erdkugel aus dem Wasser emporrage, während der größere Teil davon bedeckt sei.[460] Die logische Folgerung aus dieser Annahme ist die Ablehnung eines Antipodenkontinents, da dort das Meer am tiefsten sein mußte[461], diese Konsequenz wurde aber nur selten gezogen. Einen Ausweg bot eine dritte Theorie, die eine unregelmäßige Wasserkugel annahm, welche dadurch die Erdkugel an mehreren Stellen schneiden konnte.[462]

Bei der Behandlung des Wassers wurde fast selbstverständlich auch auf die Ursache der Gezeiten (*aestus*) eingegangen, da der Wechsel von Ebbe und Flut, die Springfluten (*malines*) und Nipptiden (*ledones*) besonders auffällige und auf den ersten Blick unerklärliche Naturerscheinungen darstellten. Dementsprechend wurden die Begründungen auch im wunderkundlichen Werk *De causis mirabilium* des Theologen, Naturphilosophen und Mathematikers Nicolaus Oresme (gest. 1382) erwähnt, der richtig die Anziehungskraft des Mondes auf das Meer sowie eine eigenständige Pendelwirkung des Meeres dafür verantwortlich machte.[463] Diese Erklärung war im Mittelalter spätestens seit Beda bekannt[464], während sie bei Isidor noch nicht erscheint und das maritime Naturphänomen beim süddeutschen Konrad von Megenberg gar nicht behandelt wird. Übrigens erwähnte das bayerische Traktat *De mundi celestis terrestrisque constitutione*[465] auch hier wieder, wie schon beim Erdbeben, den Volksglauben von der Entstehung der Gezeiten durch einen im Ozean lebenden Leviathan, sicherlich ein Beleg für die große Bedeutung, welche dieser alte Glaube an eine Weltenschlange noch im Hochmittelalter hatte. Den Einfluß der Mondphasen auf die Gezeiten versuchte man seit Beda auch graphisch darzustellen, meist in den für derartige naturwissenschaftliche Illustrationen im Mittelalter üblichen Rota- (= Rad-)Bildern (vgl. Abb. 29).

Mit den Gezeiten eng zusammenhängend, teilweise auch als Grund für die Gezeiten[466], sah man die Meeresströmungen (*refluxiones*), auf deren Herkunft, Sinn und Richtung besonders Wilhelm von Conches ausführlich einging.[467] Seiner Meinung nach war die göttliche Weisheit der Grund dafür, daß Meeresströmungen existierten, welche die

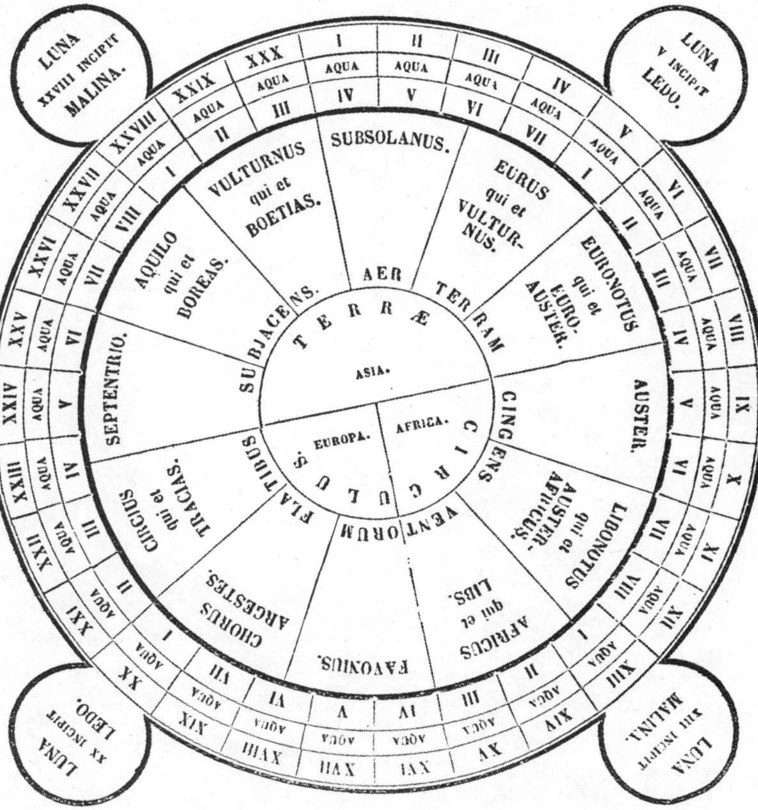

Abb. 29: Rotabild des Einflusses des Mondes auf die Gezeiten nach Beda. Nachzeichnung aus J.-P. Migne: Patrologia Latina 90, Sp. 259–260.

in der Äquatorialzone im Wasser gespeicherte Wärme um die auf der Nordhalbkugel liegende Landmasse der drei Kontinente herumführten und diese mit warmem Wasser umspülten. Der Ausgangspunkt der Meeresströmungen war somit der (angenommene) Ozean am Äquator, von dem aus Strömungen nach Norden und Süden gingen, und zwar ein System von zwei solchen Strömungen im Osten und eines im Westen (der drei Kontinente). Wilhelm führte auch die mögliche Ablenkung von Meeresströmungen durch unterseeische Gebirge an und erklärte detailliert, welche Meere durch welche Strömungen gespeist wurden. Die Handschriften seines Werkes enthalten vielfach Darstellungen dieses Systems der Meeresströmungen; in anderen mittelalterlichen Werken sind die Meeresströmungen mei-

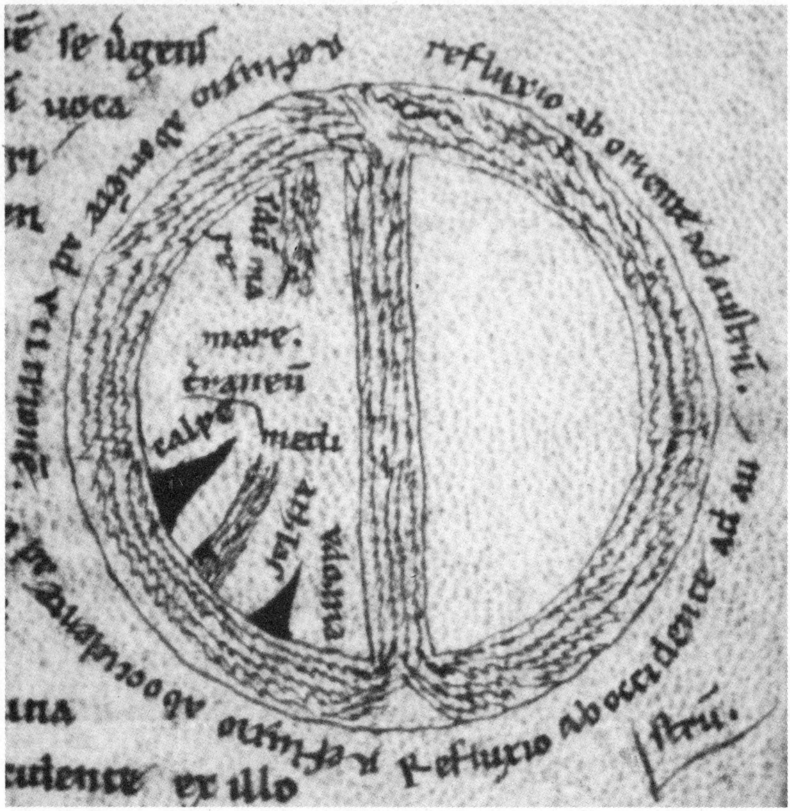

Abb. 30: Darstellung der Meeresströmungen aus Wilhelm von Conches: Philosophia mundi. Wien, Österreichische Nationalbibliothek, Cod. 1736, f. 55r.

nes Wissens nicht der Gegenstand von Illustrationen (Abb. 30). Da man die Erde als unbeweglich ansah, war die Ablenkung der Meeresströmungen durch die Erddrehung selbstverständlich nicht bekannt.

Als Meeresströmungen sah man auch die selten erwähnten Meeresstrudel an, von denen man noch bis ins 17. Jahrhundert glaubte, daß sie an den Polen der Erde das Wasser ins Innere der Erde einsaugten[468], und dieser Glaube an einen Strudel oder Malstrom dürfte schon der Schilderung des Kirchenhistorikers Adam von Bremen im 11. Jahrhundert zugrunde liegen, der berichtete, wie wagemutige friesische Seefahrer in der Nähe des Nordpols von einem gewaltigen Sog erfaßt wurden und sich nur mit Mühe retten konnten.[469] Der durch starke Gezeitenströmungen verursachte Malstrom in den norwegischen Lofoten könnte der historische Kern der Erzählung sein.

Die Naturwissenschaftler des 12. und 13. Jahrhunderts gaben sich bei der Behandlung der Gewässer nicht mehr mit wundertätigen Quellen ab, um so ausführlicher werden diese in der enzyklopädischen Literatur behandelt. Aus den verschiedensten Gegenden der Erde wurde von diesen Brunnen und Quellen berichtet, und viele treten paarweise auf, so die zwei griechischen Quellen, von denen eine das Gedächtnis stärke, die andere Vergessen bewirke (Isidor: *Etymologiae* XIII, 12, 3–4) oder die beiden sizilianischen Quellen, von denen eine Schwangerschaft, die andere Unfruchtbarkeit hervorrufe (*Etymologiae* XIII, 13, 5). Ein anderer Brunnen in Italien heile Augenleiden, ein weiterer in Afrika gebe eine klare Stimme (*Etymologiae* XIII, 13, 2), einer in Griechenland erhöhe die Libido (*Etymologiae* XIII, 12, 3–4). Bei den äthiopischen Troglodyten gebe es einen Brunnen, dessen Süßwasser dreimal täglich salzig und ungenießbar werde (*Etymologiae* XIII, 13, 9), bei den Garamanten einen Brunnen, dessen Wasser in der Tageshitze gefriere, aber in der Nacht warm sei (*Etymologiae* XIV, 5, 13). Diese Art von Wunderberichten standen in den großen Wissenssammlungen Seite an Seite mit den Informationen über die rote Farbe des Roten Meers, was aber durchaus rational mit der roten Farbe der umgebenden Erde erklärt wurde (XIII, 17, 2–4), mit Berichten über das Tote Meer, auf dem es wegen seiner zähen Beschaffenheit nicht einmal Stürme gäbe und auf dem eine brennende Lampe zwar schwimme, eine gelöschte aber untergehe, da es alles Tote in sich hinunterziehe (*Etymologiae* XIII, 19, 3–4), oder mit den aus der Antike stammenden Schilderungen des bereits erwähnten leberartig gefrorenen Meers im Nordatlantik, von dem schon der althochdeutsche *Merigarto*, ein Fragment über erwähnenswerte Gewässer, im 11. Jahrhundert erzählte.[470] Die Vermengung von logisch nachvollziehbaren und sachlich richtigen Informationen einerseits, sagenhaften antiken Berichten und ganz einfach fabelhaften Elementen andererseits kennzeichnet die Gewässerkapitel der Enzyklopädien seit Isidor ebenso wie etwa die erwähnten Tierbeschreibungen der Physiologus- und Bestiarienliteratur.

Luft

Wie das Wasser, so gab auch die Behandlung des dritten Elements, der Luft, mittelalterlichen Enzyklopädisten Anlaß zur Behandlung von Naturerscheinungen, wobei hier an erster Stelle die Winde

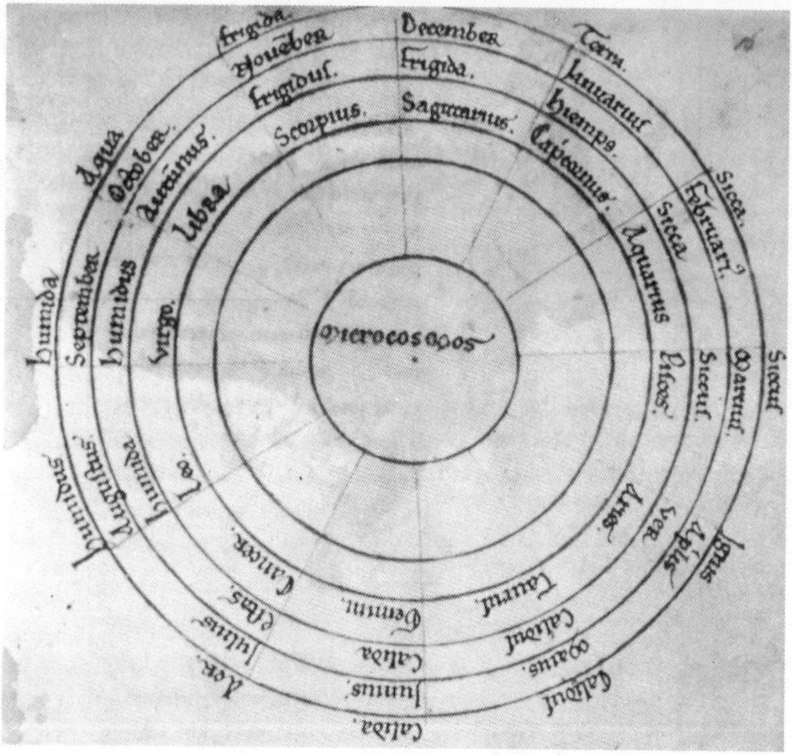

Abb. 31: Großes Rotabild der Windrichtungen, Menschenalter, Elemente etc. aus Wilhelm von Conches: Philosophia mundi. London, The British Library, Add. 11.676, f. 16 (13. Jahrhundert).

stehen. Das antike System von vier Hauptwindrichtungen und vier mal acht Nebenwindrichtungen, das sich in der Einteilung der Portulankarten ebenso wie der neuzeitlichen Kompaßrosen in 32 Abschnitte (den Rumben) niederschlägt, wurde auch im Mittelalter voll übernommen und in zahlreichen Rad- (oder Rota-) Bildern dargestellt. Die feste Zuordnung der Hauptwinde zu Himmelsrichtungen und dieser Himmelsrichtungen wiederum zu Jahreszeiten, Menschenaltern, Elementen etc. führte zu komplexen Figuren, in denen allerdings die topische Zusammengehörigkeit verschiedenster Lebensbereiche deutlich wurde, auf die man im Mittelalter gerne rekurrierte (Abb. 31).

Die Entstehung der Winde wurde schon bei Beda nicht nur durch Temperaturunterschiede erklärt, sondern auch durch die an hohen Bergen angestaute Luft, wobei man sich die Hauptwindrichtungen viel großräumiger vorstellte als heute; der warme Ostwind etwa hätte danach seinen Ursprung in der warmen Meeresströmung östlich von Asien gehabt.[471] Daneben schrieb man den Bewegungen der Planeten eine Rolle bei der Entstehung der Winde zu, denn man nahm an, daß, so wie die Bewegung des Firmaments sich den Planetensphären mitteilt, die Planeten auch die Lufthülle der Erde zu einer Bewegung veranlassen.[472]

In der Lufthülle der Erde sind auch schwerer erklärbare Naturphänomene zu beobachten, Blitz und Donner oder das Nordlicht (*aurora borealis*). Für Blitz (*fulmen*) und Donner (*tonitrus*) bot das genannte süddeutsche Traktat[473] gleich eine Reihe von Erklärungen an. Eine davon ist das Zusammenprallen der durch die vier Hauptwinde getriebenen Wolken, was entweder Druck oder Hitze oder Kälte entstehen ließ, die sich in einem starken Geräusch und Licht äußerten. Die andere Deutung, die schon bei Isidor[474] und Beda[475] zu finden war, erklärte den Donner als einen in den Wolken eingeschlossenen Wind (also eine Art von Überdruck), da auch eine aufgeblasene Blase trotz ihrer geringen Größe beim Platzen ein lautes Geräusch verursache. Ein dritter Erklärungsversuch verglich den Vorgang mit dem Geräusch von glühendem Eisen, wenn es in kaltes Wasser getaucht wird, was darauf zurückgeführt werden könne, daß das kalte Kondenswasser in den Wolken mit aus der ätherischen Sphäre fallenden Feuerteilchen zusammentreffe. Dieser letzten Ansicht schlossen sich auch Thomas von Cantimpré und sein Übersetzer Konrad von Megenberg an.[476] Die älteren Texte waren sich auch einig, daß ein einschlagender Blitz eine Art von Stein hinterlasse, oder der Donnerschlag überhaupt ein Stein wäre.[477] Konrad von Megenberg widersprach dem schon entschieden und suchte seine Ansicht damit zu beweisen, daß die vom Blitz getroffenen Menschen nie Wunden, sondern nur Verbrennungen aufwiesen.[478] Konrad berichtete in diesem Zusammenhang auch von der unterschiedlichen Geschwindigkeit von Schall und Licht, da man ja den Blitz eher sehe als den Donner höre, und belegt auch diese Meinung mit einem anderen kulturgeschichtlich interessanten Beispiel, nämlich dem Schlagen der Wäsche beim Waschen mit Pleueln: Wenn man aus einiger Entfernung von einem Hügel zum Bach blicke, sehe man zuerst das Auftreffen der Pleuel, dann erst höre man den Schlag.[479] Dagegen hatte auch Konrad noch keine Ahnung von den elektrischen Leiteigenschaften der Metalle. Das Phänomen, daß ein Blitz durch ein Schwert fahren konnte und es zerbrach, während die lederne Scheide unbeschädigt blieb, erklärte er u. a. damit, daß der harte Stahl den «heißen Dünsten» des

Blitzes mehr Widerstand entgegensetze als das weiche Leder, also aus der mangelnden Flexibilität und größeren Dichte des Materials.

Bei den Erscheinungen der Lufthülle und nicht etwa bei der Behandlung des Wassers hatte die Erklärung des Regenbogens ihren Platz. Hoch- und spätmittelalterliche Texte ließen sich häufig recht ausführlich darüber aus, wie die im Dunst und den Wolken enthaltenen Wassertröpfchen das Sonnenlicht bei einem gewissen Einfallswinkel brechen und dadurch den Regenbogen verursachen, aber an Farben in seinem Spektrum kannte man nur rot, grün und gelb.[480] Dazu kommt, daß diese physische Erklärung kaum eine Rolle spielte neben den allegorischen Auslegungen des Regenbogens: Die Farben sollten die Menschen an die Farben von Feuer, Wasser und Schwefel erinnern, und zwar wegen dem Weltenbrand am Jüngsten Tag, den Wassern der Sintflut und dem Schwefelregen beim Untergang von Sodom und Gomorrha.[481] Diese Art der Interpretation entspricht der Behandlung der Tiere im *Physiologus* und den Bestiarien[482], wo der physische Aspekt ebenfalls nur ganz kurz abgehandelt wurde (und sich meist auf Aussehen und Freßgewohnheiten beschränkte) und das eigentliche Interesse der Verfasser der symbolischen Bedeutung gehörte. Schon Beda venerabilis im 8. Jahrhundert kannte allerdings vier Farben, nämlich grün, violett, gelb und rot, die er mit den vier Grundelementen gleichsetzte.[483] Trotz der Dominanz der Allegorie zeigt das Beispiel des Regenbogens, daß in diesem Fall sowohl meteorologisches Wissen – über die Speicherung des Wassers in Wolken in Form kleinster Tröpfchen – als auch optische Kenntnisse – die Brechung des Lichts durch Wassertröpfchen[484] – vorhanden waren, selbst wenn man davon nur wenig Gebrauch machte.

Äther

Während man bei den klimatischen Erscheinungen der Luftsphäre Erklärungen bereit hatte, die zum Teil auch durch die Alltagserfahrung geprägt waren und deswegen nie allzuweit von der physikalischen Realität entfernt, so ist es mit den Erscheinungen im vierten Element des sublunaren Bereichs, dem Feuer oder besser Äther, weniger empirisch bestellt. Allerdings ist dabei anzumerken, daß hier eine sachliche Unsicherheit herrschte, da man den Äther einerseits als viertes Element an der Mondsphäre enden ließ, andererseits den ganzen Raum des Weltalls zwischen Lufthülle und Firmament als Äther dachte. Demnach werden auch bei den Autoren, die den Äther ausdrücklich in der sublunaren Sphäre lokalisierten, verschiedentlich planetarische Vorgänge im Äther beschrieben, obwohl dies einen Widerspruch darstellte. Dazu gehören Sonnen- und Mondfinsternisse, die schon oben im 2. Kapitel behandelt wurden, aber auch Erscheinungen wie Kometen, Sternschnuppen und andere Lichterscheinungen des Himmels, etwa die *aurora borealis*.

Die Sternschnuppen allerdings sah man, wie gesagt, vorwiegend als Form des Niederschlags an, wobei es sich aber im Gegensatz zu wäßrigem Niederschlag wie Regen, Hagel etc. um einen feurigen Niederschlag handelte. Schon seit der Spätantike wurde die Meinung abgelehnt, daß es sich bei Sternschnuppen um fallende und verglühende Sterne handelte, sondern man sah darin vielmehr Reste glühender Teilchen, die aus dem feurigen Äther durch Winde in die Lufthülle getragen wurden.[485] Über den Glauben an schleimige Rückstände der Sternschnuppen wurde schon oben gesprochen, und selbst ein Astronom wie Michael Scotus (gest. vor 1235), der einen Kommentar zu Johannes von Sacroboscos Lehrbuch *De sphaera* verfaßt hat, sah in Sternschnuppen in erster Linie ein Thema der Astrologie.[486]

Erscheinungen von der Art des Nordlichts (oder Polarlicht, erst ab dem 17. Jahrhundert auch *aurora borealis*) waren fast nie Gegenstand mittelalterlicher wissenschaftlicher Überlegungen, obwohl Sichtungen dieser elektromagnetischen Lichtphänomene keineswegs selten waren, wobei eine Unterscheidung von Kometenschauern und Nordlichtern in den Quellen nicht immer leicht fällt.[487] Allerdings wird man auf Grund der angegebenen Form davon ausgehen können, daß Konrad von Megenberg in seinem Kapitel *Von den fewern in den Lüften* das Polarlicht meinte, wenn er von einem feurigen Dunst in Form einer hellen Krone spricht, einem Meteorschauer dagegen, wenn er den Vorgang wie das schnelle Entzünden von vielen Kerzen schildert. Den Meteorschauer nennt er *springende gaiz*[488], und dies ist vermutlich der einzige mittelalterliche Beleg für die Verwendung des bei Aristoteles und Seneca gebräuchlichen Terminus *capra* (Ziege) für dieses Phänomen.[489]

Dagegen betrachtete man die Kometen seit der Aristotelesrezeption des 12. Jahrhunderts als Erscheinungen des Äthers und noch bis ins 15. Jahrhunderts als Folge von irdischen Dünsten. Im Mittelalter wurde die ältere (und wie wir heute wissen, richtige) Ansicht, die auf Seneca zurückgeht und sich noch bei Beda und Hrabanus Maurus findet, nämlich daß es sich um Sterne mit sehr langen Umlaufszeiten handle, durchwegs abgelehnt.[490] Honorius Augustodunensis etwa widmet dieser Frage ein eigenes kurzes Kapitel: «Warum Kometen keine Sterne sind»[491], und begründet diese Ablehnung damit, daß sie deswegen keine Sterne seien, weil sie aufgrund ihrer Wanderung offenbar weder zu den Fixsternen zählten, noch den Weg der Planeten durch den Tierkreis einhielten. Eine andere Art von Sternen war aber anscheinend nicht vorstellbar. Ähnlich argumentiert Wilhelm von Conches. Das Traktat *Questio de Cometa* des Theologen Heinrich von Langenstein, das sich aus Anlaß des zu Ostern 1368 gesichteten Kometen im Auftrag König Karls V. gegen die astrologischen Deutungen der Kometen wandte, erklärte Kometen ebenfalls als glühende Zusammenballungen irdischer Ausdünstungen.[492] Ein Kometentraktat des Ulmer Magisters Jakob Engelhardt (oder Jacobus Angelus, Leibarzt des Erzherzogs Leopold von Österreich) aus Anlaß des Kometen von 1402 schloß sich dieser aristotelischen Ansicht von der Natur der Planeten an, obwohl er auch einige andere Theorien referierte, vermutlich in Anlehnung an den 150 Jahre älteren Aristoteleskommentar des Albertus Magnus, der ähnlich aufgebaut ist und dieselben Autoritäten anführt.[493] Dazu zählte die Ansicht eines der ältesten christlichen Autoren, die sich mit Kometen beschäftigten, nämlich des unter die Kirchenväter gezählten Johannes von Damaskus (ca. 650 – ca. 750), der die Kometen als außernatürliche göttliche Schöpfungen betrachtete, welche nur für kurze Zeit existierten.[494] Eine andere spätmittelalterliche Theorie sah sie dagegen als Reflexionen planetarischen Lichts.[495] Kometen wurden weniger als Naturerscheinungen betrachtet, sondern vielmehr als Vorzeichen, besonders für Naturkatastrophen wie Erdbeben und Überschwemmungen, aber auch für den Tod von Königen und Fürsten.[496] Damit hielt sich die Vorstellung Isidors von Sevilla über Kometen als *portenta* bis weit in die Neuzeit herein.

Eine bislang nicht angeschnittene Frage ist die nach der Verbreitung und der Verständlichkeit selbst relativ populär gehaltener Traktate wie etwa *Dę mundi celestis terrestrisque constitutione*. Wenn oben in diesem Zusammenhang wiederholt von populärwissenschaftlicher Darstellung gesprochen wurde, dann nur im Verhältnis zu scholastischen Einzelforschungen, denn das genannte Traktat befand sich im großen und ganzen sicherlich auf dem neuesten wissenschaftlichen Stand seiner Zeit. Es vermittelte die Sachverhalte in einer Weise, die zwar keine weiterführenden astronomischen Vorkenntnisse verlangte, aber dennoch weit über dem reinen Wissenskonglomerat als Basis für die homiletische und katechetische Praxis stand, wie wir es in den kosmographischen Abschnitten populärer Enzyklopädien und Kompendien wie dem – nicht viel früher entstandenen – *Elucidarius* des

Honorius Augustodunensis, dem *Lucidarius* oder dem *Buch Sidrach* vor uns haben. Die Ebene naturwissenschaftlichen Wissens in den oben angesprochenen Werken ist wohl am ehesten mit der des universitären Unterrichts und der ordensinternen Weitergabe spezieller Fachbereiche zu umreißen. Repräsentativ sind die oben angeführten Ansichten daher allenfalls für den gut gebildeten Klerus und Laien mit Universitätsausbildung, allgemeinere Verbreitung fanden sie sicher nur durch mündliche Weitergabe, wobei die Predigt das wichtigste Medium war. Dies änderte sich auch im Spätmittelalter nur langsam, etwa durch volkssprachlich abgefaßte Werke wie Konrads von Megenberg *Buch von der Natur*, und erst im 15. Jahrhundert gelangten etwas breitere Kreise des städtischen Bürgertums in den Besitz derartiger Handschriften und der damit verbundenen Bildung.

Kapitel 9

Ein neuer Kontinent, eine neue Erde, eine neue Welt: Von Kolumbus bis Galilei

Als Kolumbus am 12. Oktober 1492 mit San Salvador das erste Mal eine zum amerikanischen Kontinent gehörige Insel betrat, war ihm zwar sicher bewußt, daß er soeben eine historische Reise erfolgreich abgeschlossen hatte, aber nicht, daß er einen neuen Kontinent entdeckt hatte, noch dazu den fünften, denn obwohl der Australkontinent noch drei Jahrhunderte der Entdeckung durch die Europäer harren sollte, war ein Südkontinent schon lange auf den Karten zu finden. Auf seinem Sterbebett in Valladolid 14 Jahre später mag er zwar vielleicht geahnt haben, daß er nicht nur neue Inseln oder einen neuen Kontinent entdeckt hatte, sondern im wahrsten Sinn des Wortes eine «neue Welt», auch wenn für ihn bis zum Lebensende die Konturen dieser Welt verworren blieben, die Natur der Entdeckung unklar und die Konsequenzen überhaupt unabsehbar. Den Todkranken interessierten zu diesem Zeitpunkt wohl ohnehin nur mehr seine Ansprüche an die spanische Krone, während der kosmographische und weltgeschichtliche Aspekt ihm schon längst entglitten waren.

Es ist nicht von ungefähr, daß die ersten Berichte über die Entdeckung Amerikas im Titel häufig *De mundo novo*, «Von der Neuen Welt», führen, obwohl diese Verwendung des Begriffs *mundus* doch sonderbar anmuten muß, da *mundus* im mittellateinischen Sprachgebrauch durchaus «Welt» im Sinn von «Kosmos, Universum» bedeutete. Eher hätte man *Terra nova* für die neuentdeckten Inseln und Länder erwartet. Dies ging so weit, daß selbst das lateinische Wort *orbis* für die Neue Welt verwendet wurde, wie in einem 1511 erschienen spanischen Werk, das sich *De orbe novo* nennt[497], geradeso als ob es sich um eine neue Erde handle. Während Kolumbus von den neuentdeckten Inseln nie anders als von Asien oder Indien sprach, geht der Name Amerika auf Martin Waldseemüller zurück, der die Karte zu der 1504 erschienenen Ausgabe des Berichts des Amerigo Vespucci zeichnete und «America» auch durch seine eigene 1507 erschienene *Cosmographia introductio* popularisierte.[498]

Die vom Anfang des 16. Jahrhunderts an sich vollziehende Änderung des Weltbilds, die sich also selbst in den Bezeichnungen für «Welt» niederschlägt, provoziert überhaupt die Frage nach den Neuerungen, die sich von dem in den vorigen Kapiteln skizzierten mittelalterlichen Weltbild zum neuzeitlichen Weltbild des 17. Jahrhunderts ergaben. Das 16. Jahrhundert ist auch im Hinblick auf das physische Weltbild ein Jahrhundert des Übergangs: Die Berichte über die Entdeckungsfahrten ebenso wie die astronomischen Theorien des Kopernikus wurden erst im Laufe dieses Jahrhunderts bekannt, und wie die relativ langsame Weiterentwicklung der astronomischen Theorien zeigt, ging die Rezeption der neuen Erkenntnisse selbst in wissenschaftlichen Kreisen nur zögernd vonstatten. Im folgenden sollen daher die wesentlichsten Änderungen und Entwicklungen vom 15. bis zum 17. Jahrhundert im Bereich der Geographie und Astronomie kurz dargestellt werden.

Geographie

Wie die oben genannten Bezeichnungen für die Neue Welt zeigen, war die Entdeckung des Kolumbus mehr als nur eine Erweiterung der drei bekannten (und vier vermuteten) Kontinente, denn hätten etwa die Portugiesen südlich von Afrika oder Asien einen neuen Kontinent entdeckt oder hätte sich das von ihnen 1500 erstmals angelaufene Brasilien (vorerst Terra de Vera Cruz genannt[499]) als überblickbarer Kontinent der südlichen Hemisphäre erwiesen, so wäre dies zwar eine wesentliche Erweiterung des mittelalterlichen Weltbildes gewesen, hätte dieses Bild aber nicht wirklich erschüttert, da es nur die Vermutung mancher antiker und mittelalterlicher Autoritäten über die Existenz eines Südkontinents bestätigt hätte.

Was aber zu Anfang des 16. Jahrhunderts wirklich umwerfend wirkte, war die Entdeckung dieses völlig unbekannten, unerahnten, sich nach Norden und Süden scheinbar unermeßlich erstreckenden Erdteils, wobei man erst langsam zu begreifen begann, daß der 1497/98 erfolgte Landfall des in englischen Diensten stehenden Genuesen Giovanni Caboto (oder John Cabot) in Labrador[500], Kolumbus' Entdeckungen in Mittelamerika und das portugiesische Neuland in Brasilien zu ein und derselben zusammengehörigen Landmasse zu zählen waren. Das geographische Weltbild wurde also im wahrsten Sinne des Wortes gesprengt: Die scheinbar bekannte Erdkugel mit den altbekannten drei Kontinenten auf der Nordhalbkugel platzte im

Westen plötzlich aus den Nähten; wo vorher ein zwar riesiger, aber theoretisch überwindbarer Ozean zwischen Westeuropa und Asien sich erstreckt hatte, tauchte plötzlich ein riesiges neues Land auf, und der Schock für die Europäer wäre kaum größer gewesen, wenn sich im Westatlantik ein Atlantis physisch aus den Fluten erhoben hätte.

Ausdrücklich wies erst Amerigo Vespucci in einem Brief an Lorenzo di Medici vom 10. März 1503 darauf hin, daß er auf Grund seiner Entdeckungsfahrten entlang der Ostküste des südamerikanischen Halbkontinents zu der Folgerung gekommen sei, man habe nicht nur neue Inseln auf dem Weg nach Asien, sondern einen ganzen neuen Kontinent von immensen Ausmaßen entdeckt. Diese Schlußfolgerung erlangte dann durch den Druck des Vespucci-Berichts im Jahre 1504 weitere Verbreitung, ikonographisch wirksam umgesetzt durch die Karte Martin Waldseemüllers, die den Text begleitete und erstmals den neuen Kontinent nach Amerigo Vespucci mit Amerika bezeichnete.[501]

Die Entdeckung Amerikas und seiner Ausdehnung waren aber nicht die einzigen Neuerungen im geographischen Weltbild der frühen Neuzeit. Der Portugiese Bartolomeu Dias hatte schon am 1. Mai 1488 das Kap der Guten Hoffnung, d.h. die Südspitze Afrikas, erreicht und damit die größte Südausdehnung des Schwarzen Kontinents festgelegt. Sein Landsmann Vasco da Gama gelangte im Frühjahr 1499 nach Umrundung dieses Kaps und Durchquerung der arabischen See nach elfmonatiger Fahrt nach Kalkutta und war damit der erste Europäer, der den Seeweg nach Indien gefunden hatte.[502] Diese und die 1500, 1503 und von 1505 an in immer kürzeren Abständen folgenden portugiesischen Indienfahrten[503] hatten vorerst in der Praxis mindestens genauso großen Einfluß für die Erweiterung des europäischen Weltbilds. Überdies brachten die Portugiesen «Ladungen von Pfeffer, Ingwer, Muskatnuß, Gewürznelken, aber auch anderen Produkten wie Kampfer, Narde, Borax, Wermut und Aloe»[504] mit, was als ökonomische Voraussetzung für weitere Fahrten erfolgversprechender war als die geringen Mengen von Gold und Perlen und die «Indianer», die Kolumbus nach Spanien zurückbrachte. Indien war also Anfang des 16. Jahrhunderts doppelt in das Bewußtsein Europas gedrungen: Einmal als die lange gesuchte östliche Märchenwelt der Gewürze und Kleinode, die die Portugiesen erschlossen hatten, zum anderen als sich immer umfangreicher erweisendes Neuland im Westen, das sich im Laufe des 16. Jahrhunderts durch das grausame Vordringen der Spanier in Mittelamerika zwar ebenfalls als goldträchtig erweisen sollte, aber sich immer deutlicher von dem Indien der spätmittelalterlichen Erwartungen unterschied. Schließlich wurde es als Hoffnungsland europäischer Kolonisation bedeutender als als Goldlieferant. Dennoch sollte das aus Mittelamerika der spanischen Krone zukommende Gold – abgesehen von den nicht zu unterschätzenden Mengen, die auf inoffiziellen Kanälen nach Europa gelangten – ganz wesentliche ökonomische Folgen für Westeuropa haben.

In ökonomischer Hinsicht waren, wie gesagt, alle drei Fahrten des Kolumbus Mißerfolge. Gewürze und größere Mengen Goldes blieben zu Lebzeiten Kolumbus' aus; erst die Ausplünderungspolitik der Spanier in Mittelamerika im 16. Jahrhundert begann schließlich auch finanzielle Erfolge zu zeigen. Dabei war es weniger das den Mayas, Inkas und Azteken abgenommene Gold als vielmehr die Ausbeute der mittelamerikanischen Silberminen, was der spanischen Krone echte Profite abwarf. Zwar betrugen die Anteile aus dem Import amerikanischer Edelmetalle im Gesamtbudget der spanischen Könige im 16. Jahrhundert üblicherweise nur 10%, selbst im Rekordjahr 1598 unter 20%[505], aber selbst diese Finanzspritze reichte aus, um Spanien in diesem Jahrhundert zu einem der reichsten Länder Europas zu machen. Dazu kam noch die zusätzliche Finanzkraft der durch den Amerikahandel reich gewordenen spanischen Amerikafahrer, die den Gewinn jedoch in erster Linie in Grund und Boden investierten. Dadurch verlagerten sich die spanischen Geldgeschäfte (und damit auch die privaten Profite) zusehends auf ausländische Handelshäuser, besonders französische, aber auch englische und niederländische, und so verteilte sich der aus Amerika nach Europa fließende Strom von Edelmetallen relativ rasch auf ganz Westeuropa.[506] Trotz protektionistischer Zollpolitik und hoher Steuereinnahmen war Spanien also nicht der einzige Nutznießer der von ihm geplünderten neuen Welt, selbst wenn man von der zunehmenden Bedeutung von Schmuggel und Piraterie gegen Ende des 16. Jahrhunderts absieht.

Die durch die spanische Krone bei der päpstlichen Kurie betriebene und erreichte Teilung der Erde durch die Bulle Alexanders VI. vom 4. Mai 1493 und den unter Papst Julius II. am 7. Juni 1494 vereinbarten Vertrag zwischen Spanien und Portugal hatte auf den ersten Blick Spanien deutlich bevorzugt. Die Trennlinie, die 370 spanische Meilen westlich der Kapverden den Atlantik und damit auch die noch zu entdeckenden Gebiete in eine westliche spanische und eine östliche portugiesische Hälfte teilte, sicherte Portugal aber nicht nur intentionsgemäß die afrikanische Ostroute nach Indien, sondern unabsichtlicherweise auch die riesige, im Jahre 1500 durch Pedro Álvarez Cabral zufällig entdeckte Landmasse von Vera Cruz, später Brasilien genannt, was sich noch heute in der Sprachenverteilung in Südamerika niederschlägt.[507] Portugal war im Laufe des 16. Jahrhunderts ökonomisch also kaum ins Hintertreffen geraten, und das war neben der Erreichung Indiens auf dem Ostweg vor allem den Ressourcen Brasiliens zu verdanken, die allerdings viel weniger skrupellos ausgebeutet wurden als die spanischen Kolonien; vor allem der Schutz der Indios durch die Krone führte zu einem Konflikt zwischen portugiesischer Kolonialregierung und Plantagenbesitzern.[508] Erst die kastilische Fremdherrschaft über Portugal von 1580 bis 1640 beendete die eigenständige Wirtschaftsmacht Portugals.

Weil sich im 16. Jahrhundert die Monarchen aller westeuropäischen Staaten um einen Anteil an den Reichtümern der Neuen Welt bemühten, sei es durch direkte Plünderung oder Kolonialismus, sei es durch Versuche, das spanisch-portugiesische Monopol durch Kaperfahrten oder durch Expeditionen auf das bislang nicht beanspruchte Nordamerika zu brechen, machte die Kosmographie durch die Vielzahl der nun ausgerüsteten Expeditionen rasante Fortschritte. Die 1493 erschienene Weltchronik des Hartmann Schedel zeigt noch die drei im Mittelalter bekannten Kontinente in einer Weltkarte, die – abgesehen von der ptolemäischen Nordung – kaum den Einfluß der Neuzeit verrät.[509] Die Weltkarte des Martin Waldseemüller von 1507 enthält schon eine sehr detaillierte Darstellung Afrikas, das auch in den Proportionen richtig erscheint, wenngleich es im Vergleich zu Europa ein wenig überdimensioniert wirkt; daneben gibt es auf dieser Karte aber schon die westindischen Inseln und längere Abschnitte der brasilianischen Küste sowie einen kleinen Teil Nordamerikas, besonders um den Golf von Mexiko.[510] Dieser wurde jedoch als *Asiae pars* apostrophiert, also noch als Teil Ostindiens aufgefaßt. Schon die 1544 in Basel erschienene *Cosmographia Universalis* des Sebastian Münster allerdings enthält eine als *Novus orbis* überschriebene Karte der beiden amerikanischen Kontinente, die zwar perspektivisch stark verzerrt ist, aber den Doppelkontinent mit allen Küsten in seiner richtigen Lage zwischen Europa und Afrika einerseits, Japan und China andererseits einordnet.[511] Innerhalb eines halben Jahrhunderts hat sich also in der Kartographie, die hier stellvertretend für die Kosmographie überhaupt stehen kann, der Übergang vom mittelalterlichen zum neuzeitlichen Weltbild so weitgehend vollzogen, daß außer topographischen Details und den Polargegenden nur mehr die von 1601 bis zum

Ende des 18. Jahrhunderts dauernde Entdeckung Australiens fehlte, bis die wesentlichen Umrisse der Landmassen unseres Erdballs feststanden.

Astronomie

Später als in der Geographie trat in der Astronomie eine Veränderung des mittelalterlichen Weltbilds ein, und vor allem wesentlich langsamer. Der Prozeß des Übergangs vom Ptolemäischen Planetensystem zum Kopernikanischen dauert vom 13. bis zum Ende des 17. Jahrhunderts, als sich die vorher gewonnenen Erkenntnisstufen endlich zu einem System vereinigen ließen und dieses weitgehende Akzeptanz fand.

Dennoch sind gerade die Anfänge der eigentlichen Kopernikanischen Wende der Astronomie dann anzusetzen, als Kolumbus seine ersten Monate in der Neuen Welt verbrachte. Nikolaus Kopernikus hatte nach seinen Studien in Deutschland und in Italien im Winter 1492/93 in Krakau die Planetentheorien des österreichischen Frühhumanisten Georg von Peuerbach (1423–1461) kennengelernt. Sie befriedigten ihn allerdings so wenig, daß er auf dieser Grundlage mit seinen Planetenbeobachtungen in Ermland begann, die zu der erst 1543 in seinem Hauptwerk *De revolutionibus orbium coelestium* («Von den Drehbewegungen der Himmelskörper») erschienenen Planetentheorie führten. Diese enthielt u. a. die folgenden revolutionären Erkenntnisse:

1) Nicht alle Himmelsbewegungen haben einen gemeinsamen Mittelpunkt.

2) Alle Kreisbewegungen haben die Sonne als Zentrum.

3) Der Abstand der Erde von der Sonne ist unbedeutend im Vergleich mit dem Abstand beider zum Sternenhimmel.

4) Die tägliche Bewegung der Sonne und des Sternenhimmels ist nur scheinbar, in Wirklichkeit dreht sich die Erde um ihre Achse.[512]

In der jüngsten Wissenschaftsgeschichte der Astronomie lehnt man es allerdings ab, von einer Kopernikanischen Wende oder Kopernikanischen Revolution zu sprechen[513], da keine dieser Theorien völlig neu war. Denn daß sich nicht alle Planeten um einen gemeinsamen Mittelpunkt drehten, hatte man für Venus und Merkur schon 300 Jahre früher erkannt (vgl. oben Kap. 2 mit Abb. 5). Die Möglichkeit eines heliozentrischen Planetensystems hatte schon im 3. Jahrhundert v. Chr. der Astronom Aristarch von Samos postuliert, und seine Theorien waren nicht nur Kopernikus, sondern allen spätmittelalterlichen Astronomen bekannt[514]; der Humanist Kopernikus hatte somit nur auf eine andere antike Quelle zurückgegriffen als seine Vorgänger. Auch die Erklärung der Planetenbewegungen und der Rotation des Fixsternhimmels durch eine Achsendrehung der Erde hatten schon im 14. Jahrhundert Johannes Buridanus und Nicolaus Oresme auf Grund des Prinzips der Einfachheit in Erwägung gezogen, aber beide hatten sie wegen physikalischer Überlegungen, in denen sie Ptolemäus folgten, wieder verworfen.[515]

Die Theorien des Kopernikus waren also nur ein Schritt im Ablauf der sogenannten Kopernikanischen Wende: Die Frühhumanisten Georg von Peuerbach (1423–1461), der mit seinen von Regiomontanus in Nürnberg 1473 gedruckten *Theoricae novae planetarum* zwar noch fest im geozentrischen System stand, aber Detailstudien zu den Planetenbewegungen vorlegte, und Johannes Regiomontanus (1436–1476) selbst, der durch seine humanistische Suche nach antiken naturwissenschaftlichen Werken und seinen Kommentar zum Almagest des Ptolemäus (*Epitoma in Almagestu Ptolemei*, Venedig 1496) hervortrat, hatten Vorarbeiten geleistet[516]. Kopernikus griff auf das heliozentrische System zurück, aber erst Kepler hat Ende des 16. Jahrhunderts durch sein Abgehen von der Kreisförmigkeit der Planetenbahnen und der erstmaligen Annahme elliptischer Bahnformen einen endgültigen Bruch mit dem ptolemäischen Weltbild des Mittelalters vollzogen.[517] Durch Tycho Brahe (1546–1601) wurden mit großzügiger finanzieller Unterstützung des dänischen Königs Frederik II. die Genauigkeit freisichtiger astronomischer Beobachtungen deutlich verbessert, ohne daß Brahe dabei vom geozentrischen System abging[518], aber den Abschluß fand der Umbruch der Astronomie erst, nachdem Galileo Galilei (nach anti-Kopernikanischen Anfängen[519]) im 17. Jahrhundert Kopernikanische Ideen beweisbar machen wollte. Die Verurteilung des Kopernikus von 1616 und der Prozeß des Papstes Urban VIII. gegen Galilei von 1633 ist aber nicht nur als Kampf des Papsttums gegen die sich emanzipierenden Profanwissenschaften zu verstehen, sondern auch als Element europäischer Politik des 17. Jahrhunderts im Spannungsfeld zwischen Papsttum und Habsburgischem Kaisertum einerseits, zwischen konservativen römischen Kreisen und aufgeschlosseneren, aber mit italienischen Potentaten liierten Exponenten der römischen Kurie andererseits.[520] Der Galileo-Prozeß ist jedoch trotz seines Bekanntheitsgrades nur ein unwesentliches Kapitel in der Entwicklung der modernen Astronomie und damit der Durchsetzung des neuzeitlichen heliozentrischen Weltbilds, denn in fachwissenschaftlichen Kreisen war das Kopernikanische System, wenn nicht

Abb. 32: Holzschnitt des Zusammenbruchs des mittelalterlichen Weltbilds, angeblich aus den Werken des Nikolaus von Kues, tatsächlich aber erst bei Camilo Flammarion: Meteorologie populaire, Paris 1888.

sogar das Keplersche, im 17. Jahrhundert bereits akzeptiert. Die von gewissen kirchlichen Kreisen immer wieder verlangte Einschränkung, das heliozentrische System könne zwar als Hypothese, nicht aber als Wahrheit gelehrt werden, hatte zu dieser Zeit nur mehr formaljuristische Bedeutung; ab 1758 fiel das allgemeine Verbot Kopernikanischer Bücher im Index, und ab 1821 konnten Werke, die das Kopernikanische System vertraten, auch mit kirchlicher Druckerlaubnis verlegt werden.[521] Diese Akzeptanz aber bedeutete das Ende des ptolemäischen Weltbilds in der Astronomie, wie es fast eineinhalb Jahrtausende und damit das gesamte Mittelalter geprägt hatte. Der kugelförmige Kosmos des Ptolemäus war zerbrochen, die Erde ruhte nicht mehr in seinem Zentrum, sondern war einer von etlichen Planeten, und selbst diese umrundeten seit Kepler nicht mehr in kreisförmiger Perfektion das Zentrum des Alls. Wenn schon Konrad von Megenberg im 14. Jahrhundert beim Anblick des nächtlichen Sternenhimmels angesichts der scheinbar unendlichen Tiefe des Alls der Schauer erfaßt hat[522], nun im 17. Jahrhundert war das Fehlen der schützenden Hülle des Fixsternhimmels Wirklichkeit geworden. Die Geschlossenheit und die Harmonie des alten Weltbilds waren zerstört, die Himmel offen, und der nachmittelalterliche Mensch ist nicht mehr in der geschützten Kugel des Kosmos geborgen, sondern muß mit der Offenheit eines unfaßbar großen, fast leeren, durch einen Widerspruch aus Chaos und Gesetz gekennzeichneten Welt-Raums leben.

Appendix

Erklärung einer mittelalterlichen Mappa mundi am Beispiel der Weltkarte von Hereford

Die oben (Kapitel 4, Abschnitt a) besprochenen Mappae mundi sperren sich häufig dem Verständnis bei der ersten Betrachtung. Der Grund dafür ist nicht nur die unterschiedliche Funktion mittelalterlicher Weltkarten, die mit dem heutigen Vorverständnis von Landkarten nicht sofort begreifbar wird, sondern auch der unterschiedliche Inhalt und die unterschiedliche Darstellungsweise. Die beiden letzten Aspekte bedingen, daß dem modernen Betrachter die mittelalterlichen Karten erst einmal «falsch» oder wenigstens verzerrt vorkommen, da er sie an der maßstäblichen Darstellungsweise heutiger Karten mißt, deren Hauptaugenmerk auf mathematisch nachvollziehbaren Verhältnissen und Distanzen liegt, wohingegen der Benützer im Mittelalter in erster Linie erkennbare Orte aus Bibelgeschichten, historische Orte sowie ihm bekannte Fabeln und Legenden auf der Karte suchte und fand.

Die folgenden Erklärungen lösen daher eine mittelalterliche Karte nach den wesentlichsten Elementen der heutigen Betrachtungsweise auf und erklären in der Legende das mittelalterliche Interesse an dem jeweiligen Eintrag. Diese Vorgangsweise dient allein dem besseren Verständnis durch den heutigen Betrachter und ist insofern ahistorisch, als die Schichtung bei der Entstehung einer mittelalterlichen Karte keineswegs nach den uns heute relevant erscheinenden topographischen Merkmalen wie Gewässern, Gebirgen, Ländern und Städten erfolgte, sondern vielmehr durch Überlagerung verschiedener Quellenschriften, etwa biblischen Texten, antiken Schriftstellern und Historiographen, mittelalterlichen Länderkunden, Heiligenlegenden, naturkundlichen Werken u. a. m. entstand.

Die Weltkarte aus der Kathedrale von Hereford nahe der walisischen Grenze soll deshalb als Beispiel dienen, weil sie die einzige noch vollständig erhaltene großformatige mittelalterliche Weltkarte ist, nachdem die Karte von Ebstorf, Norddeutschland, im 2. Weltkrieg zerstört wurde und von einer anderen Karte aus Cornwall nur mehr ein Fragment erhalten ist (vgl. Anmerkung 137). Wie bei der Karte von Ebstorf ist es auch bei der Herefordkarte keineswegs sicher, daß sie ursprünglich als Altarbild gedient hat, wie wiederholt behauptet wurde[523], obgleich beide Karten in Kirchen aufbewahrt wurden. Die Geschichte der Karte zwischen der Entstehung um 1290 und 1682, ihrer ersten Erwähnung in Hereford, ist unbekannt, obwohl auf Grund inhaltlicher Details in englischer und walisischer Geschichte und Geographie anzunehmen ist, daß die Karte keinesfalls weit von ihrem heutigen Aufbewahrungsort entstanden sein dürfte.[524] Seither befand sie sich, bis in unser Jahrhundert weitgehend unbeachtet, unter den Schätzen der Kathedrale, bis 1988 geplant wurde, die Karte bei Sotheby's in London zu versteigern, um Mittel zur Renovierung der Kathedrale aufzubringen. Da jedoch befürchtet wurde, daß die Karte durch überseeische Industriekonsortien, besonders aus Japan, erworben werden könnte, bildete sich in Großbritannien ein Fonds, der sich die Erhaltung der Karte in Hereford zum Ziel machte. Dieses Ziel wurde erreicht, indem es durch Sammlungen und Verkäufe von symbolischen Anteilen dem Domkapitel ermöglicht wurde, die Kirchenrenovierung ohne Verkauf der Karte zu bewerkstelligen.

Die Umrahmung der eigentlichen kreisförmigen Karte mit dem Durchmesser von 132 cm, deren Form durch das Beschreibmaterial (ein Pergament aus Kalbsfell) vorgegeben ist, zeigt oben Christus als Weltenrichter in einer Darstellung des jüngsten Gerichts, zwischen Engeln mit Posaunen, die den Seelen die Rettung (links) oder Verdammnis (rechts) verkünden (Offb. 20, 12). Der linke untere Zwickel enthält ein (allerdings unrichtiges) Zitat aus dem Lukasevangelium (Luk. 2, 1) mit dem Befehl des Kaisers Augustus (hier: Caesar), die ganze Welt aufschreiben zu lassen. Darunter nennt sich der Autor selbst, ein gewisser Richard of Haldingham and Lafford, der bislang nicht mit Sicherheit identifiziert werden konnte. Die rechte untere Ecke zeigt einen Reiter und einen Jäger mit einem Hund sowie die Worte *passe avant* «vorwärts!», wohl eine Anleitung für den Betrachter der Karte. Diese Legenden außerhalb der eigentlichen Karte sind vorwiegend auf Anglo-normannisch, während die Eintragungen auf der Karte selbst in Latein gehalten sind.

Der doppelte Kreisrahmen der Karte selbst ist außen durch die vier Himmelsrichtungen, innen durch die Hauptwindrichtungen gegliedert. Die Außenkante des ganzen Pergaments trägt einen ornamentalen Rahmen und eine Schriftleiste.

Die Weltkarte ist geostet, d. h. Osten ist oben, und entspricht in groben Zügen dem verbreitetsten Schema mittelalterlicher Weltkarten, dem in ein O eingeschriebenen T (daher auch T-O-Karten). Die Balken dieses T trennen Asien, d. h. die Osthälfte der bewohnten Erde (also oben) von Afrika (rechts unten) und Europa (links unten). Dabei steht der senkrechte Balken des T für das Mittelmeer, auf der vorliegenden Karte durch einige Inseln gegliedert, während der linke Teil des Querbalkens den Don (im Mittelalter Tanais) symbolisiert, welcher Asien von Europa abgrenzt, und der rechte Teil des Querbalkens den Nil, der Asien von Afrika trennt.

Wie auf zahlreichen anderen T-O-Karten ist es auch hier auf der Karte von Hereford zu einer Beeinflussung des Kartenbildes durch die sogenannten Hemisphärenkarten gekommen, welche nicht nur die drei Kontinente der Nordhalbkugel, sondern die ganze Halbkugel der Erde mit den Kontinenten zeigen wollten und daher sowohl den angenommenen Äquatorialozean als auch den vermuteten Südkontinent abbilden. Auf der Herefordkarte ist von dem Ozean und diesem Australkontinent nur mehr ein schmaler Wasserlauf im Süden Afrikas und ein Landstreifen südlich davon (also entlang des rechten Kartenrandes) übriggeblieben. Dieser somit nur angedeutete Südkontinent ist von Wundervölkern und Fabelwesen besiedelt.

Im folgenden soll nun aus der besonders in der Verkleinerung überladen wirkenden Karte, welche insgesamt ca. 1000 teils recht ausführliche und vielfach illustrierte Legenden enthält, durch die erwähnte Schichtung in topographische, bauliche und ethnisch-zoologische Legenden ein leichterer Einblick in den Aufbau der Karte gegeben werden, wobei in jedem Fall nur eine geringe Zahl der Eintragungen exemplarisch herausgegriffen werden kann. Für ein vollständiges Kartenbild vgl. Abb. 16, Seite 63.

Der außen um die kreisförmig dargestellte bewohnte Erde (Ökumene) laufende Wasserring (1) ist der sichtbare Teil der Wasserkugel, auf dem die bewohnten Kontinente nur einen relativ kleinen Teil einnehmen (vgl. oben Abb. 13).

Rechts im Bild erstreckt sich parallel zur Südküste Afrikas ein Wasserlauf (2), welcher einen angenommenen Ozean am Äquator symbolisiert, der die Kontinente auf der Nordhalbkugel vom Südkontinent trennt und diesen damit für Menschen unzugänglich macht; diese Form der Darstellung stammt aus einer anderen Kartenform, der Hemisphärenkarte.

Vom Zentrum der Karte nach unten (nach Westen) erstreckt sich das von zahlreichen Inseln durchsetzte Mittelmeer (3), das an Buchten nach Nordwesten (nach links unten) die Adria (4), nach Norden (links) das Ägäische Meer (5) und als Fortsetzung das Schwarze Meer (6) aufweist.

Links unten (also im Nordwesten Europas) trennt der Ärmelkanal (7) England (8), Schottland (als eigene Insel (9)) und Irland (10) vom

Festland. Skandinavien dagegen ist nur durch eine Anzahl völlig willkürlicher Halbinseln und Inseln markiert, die sich jeder realistischen Zuordnung verwehren.

Die rechts oben (im Südosten) ursprünglich rot eingezeichneten fingerförmigen Meeresbuchten sind das Rote Meer (11) und der Persische Golf (12), darin vorgelagert die große sagenhafte Insel Taphana, wohl fälschlich für Taprobana (Ceylon oder Sumatra (13)). Am Ende des Persischen Golfs mündet der Euphrat (14), weiter östlich der Tigris (15), knapp daneben der Indus (!) (16) in den Golf. Nördlich des roten Meers gegen das Zentrum der Karte wird der Jordan (17) mit dem See Genezareth (18) und den beiden darin versunkenen Städten Sodom und Gomorrha abgebildet; wegen seiner Bedeutung in der Heilsgeschichte ist er überdimensional proportioniert.

Außer den bereits genannten treten von den vielen Flüssen der Karte nur noch die Donau (19), welche links von der Kartenmitte in das Schwarze Meer mündet und zahlreiche namentlich angeführte Nebenflüsse (darunter die Salzach (20) mit Salzburg) hat, und der Rhein (21), der links unten in den Ärmelkanal strömt, prominent hervor.

Die Karte enthält zahlreiche, durch reihenförmig angeordnete Bergsymbole dargestellte Gebirgszüge, aber nur wenige treten in der Verkleinerung deutlich hervor. Erkennbar sind unten auf der Karte die Pyrenäen (22), die Spanien als das westlichste Land von Europa trennen, etwas darüber sind als langer halbkreisförmiger Bogen die Alpen (23) gerade noch zu erkennen. Auffälliger sind zwei Gebirgszüge in Afrika, die beide senkrecht in Ost-West-Richtung verlaufen, deren unterer (westlicher) der Atlas (24) ist, während der mächtige Gebirgszug oberhalb davon, also südlich des Nils, als «sehr hohe äthiopische Berge» (25) bezeichnet wird.

In Asien sind an Gebirgen nur der Taurus (26) östlich des Schwarzen Meers und die armenischen Berge (erkennbar durch die Arche Noah (27)) deutlich, während die zahlreichen aus dem Alten und Neuen Testament bekannten Berge Vorderasiens nur relativ klein verzeichnet werden.

Im Zentrum der Karte liegt, wie auf fast allen mittelalterlichen Weltkarten, Jerusalem, das von einer kreisförmigen Stadtmauer umgeben ist (28, vgl. dazu auch den Stadtplan oben Abb. 20).

Nicht weit darüber ist der Turm von Babel als mächtiges Bauwerk eingetragen (29), gleich darunter die Stadt Damaskus (30). Alle wichtigeren Orte des Hl. Landes (über 60) sind im Zentrum der Karte zu

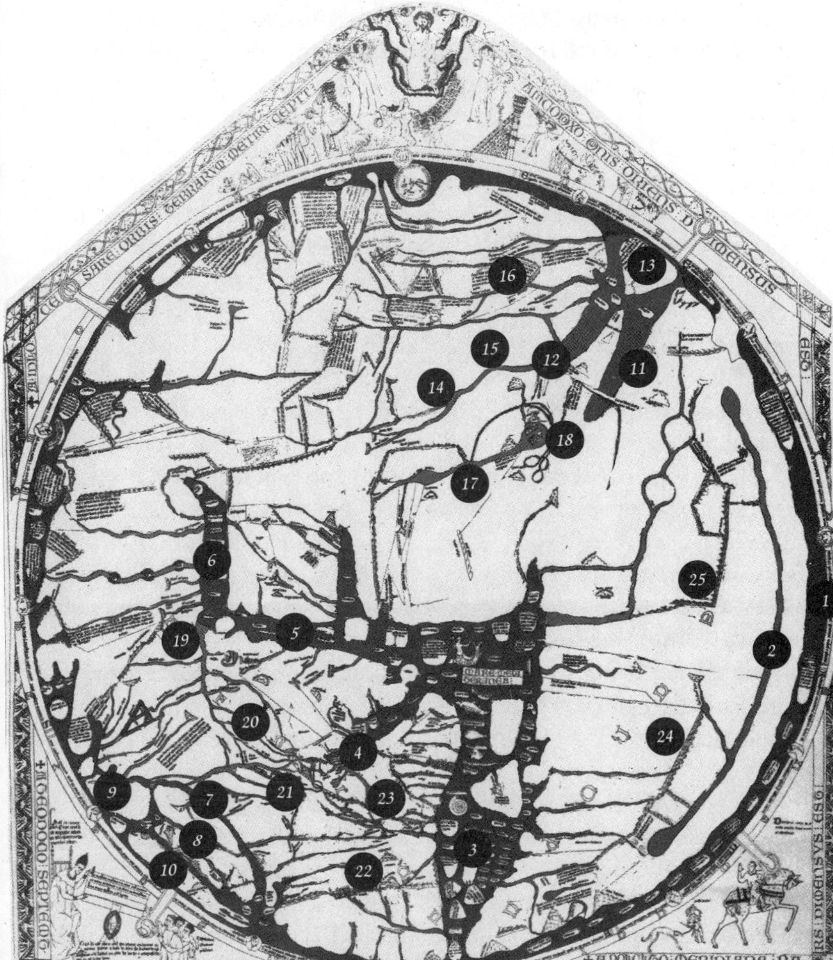

Plan 1: Weltkarte von Hereford: Inseln, Berge und Flüsse

finden, sonst sind in Asien, der geringen Kenntnis des Kontinents entsprechend, nur relativ wenige Städte zu finden, obwohl die Karte über 400 Städtenamen aufweist; davon entfallen allerdings über 220 auf Europa allein. Auffällig ist im Nordosten der Erde die Mauer (31), mit der der Sage nach Alexander der Große die schrecklichen Völker Gog und Magog in einem Tal eingemauert hat.[525] In der Südhälfte der Welt sind nur Alexandrien (32) mit dem Leuchtturm in der Nilmündung (Solinus 32, 43) und die Stadt Hippo (33) an der afrikanischen Mittelmeerküste, dem Wirkungsort des Hl. Augustinus, der dort auch in vollem Bischofsornat abgebildet ist, bemerkenswert, allerdings sind an der afrikanischen Küste fast alle aus der Antike bekannten Städte eingetragen.

Im Mittelmeer liegen nahe aneinander Kreta (34) und Sizilien (35), wobei auf Kreta das Labyrinth des Minotaurus (Vergil: *Aeneis* V, 591 u. VI, 27; Isidor: *Etymologiae* XV, 2, 36) entsprechend der nordeuropäischen Labyrinthtradition detailliert eingezeichnet ist.[526] Gleich links davon wird in Italien Rom als große Burg dargestellt (36) und damit nach Paris (37) als größte Stadt Europas, was keineswegs den Tatsachen entsprach (s. oben S. 79); auch hier ist die heilsgeschichtliche Bedeutung ausschlaggebend gewesen. Auf den britischen Inseln und Irland, die trotz der Stauchung durch den runden Kartenrand realistischer dargestellt sind als auf anderen Mappae mundi, finden sich über 30 Städtenamen, darunter in Wales auch Hereford (38).

Eine wesentliche Komponente der Karte sind die vielen Legenden, die sich mit Menschen und Tieren, darunter auch zahlreichen fabelhaften (vgl. oben Kap. 7), beschäftigen. In Europa sind nur wenige derartige Bildlegenden eingetragen, darunter ein schifahrender Norweger im hohen Norden, aber auch ein Bär (39) und ein Affe (der wohl durch ein Mißverständnis dorthin geraten ist[527]: 40). Östlich der Pyrenäen ist ein Büffel eingezeichnet (41), der dem Zeichner wohl typisch für Südeuropa vorkam. Afrika ist für Tier- wie für Völkerdarstellungen viel ergiebiger: Im Südwesten finden sich etwa der Leopard (42) und der sagenhafte Basilisk (43), in Äthiopien das Einhorn (44). Im Süden Afrikas sind einige fabelhafte Menschenrassen eingetragen, etwa die in Höhlen lebenden Trogoditen (45), aber die Mehrzahl dieser Wundervölker befindet sich auf dem schon angesprochenen Landstreifen im äußersten Süden der Erde jenseits des durch einen symbolischen Wasserlauf angedeuteten Äquatorialozeans: Im Westen (ganz unten) die nackten Gangines (46), die vieräugigen Maritimi, die kopflosen Blemmyae, die Psilli (welche die Echtheit ihrer

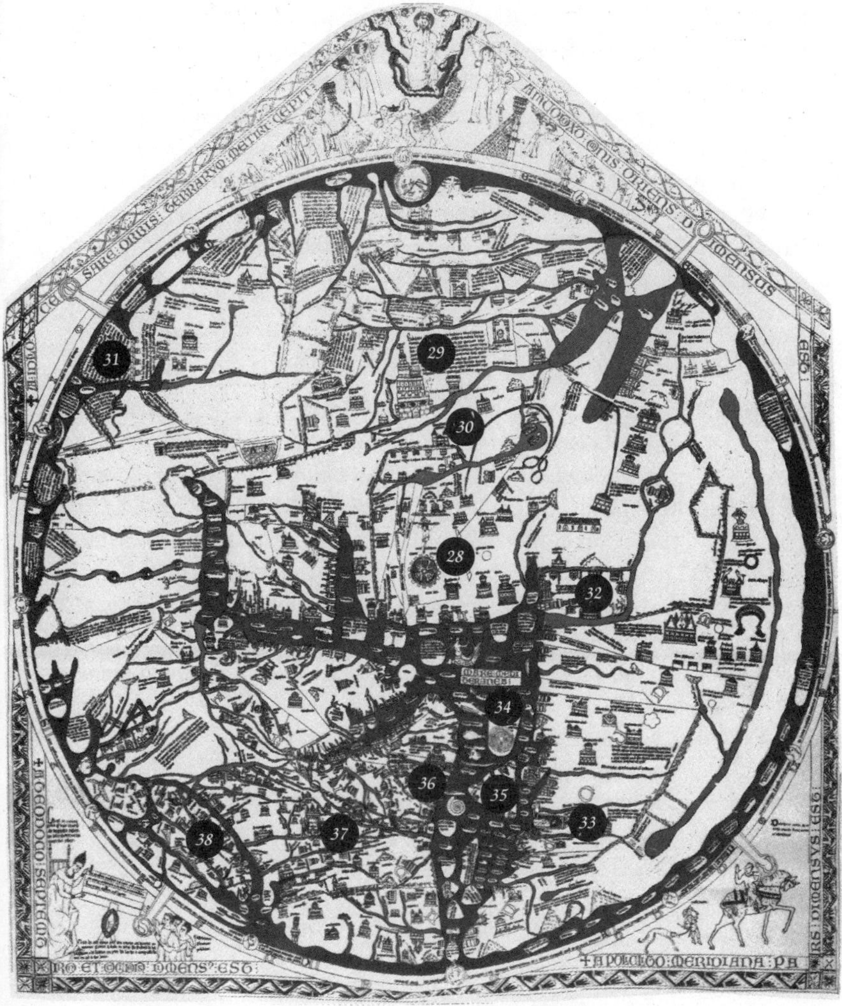

Plan 2: Weltkarte von Hereford: Bauwerke und Städte

Kinder durch Schlangen testen), Hermaphroditen, Mundlose, Einfüßler und Ohrenlose im Osten, links davon, schon in Asien, die gehörnten Satyren (47) und die Lippenschattler (48). Asien enthält neben den Fabelvölkern auch zahlreiche Tierdarstellungen, neben den Satyren auf einer Nilinsel etwa ein Krokodil, das von einem Mann geritten wird (49), östlich davon auf der Insel Taphana zwei hübsche Drachen (50), im östlichen Indien ein Elefant mit einem Turm am Rücken (51). Ganz im Norden Asiens in der Nähe der Völker Gog und Magog (52) findet sich ein Kranichschnäbler (53), der sich auf einen Stock stützt, neben ihm der Pelikan (54), der sich gerade die Brust aufreißt, um seine Jungen mit seinem eigenen Blut zu nähren, gleich daneben ein zweihöckriges Kamel (55). Weiter im Norden ist zuerst ein hier etwas deplaziert wirkender, eigentlich nach Kreta gehöriger Minotaurus zu sehen (56), dann sind die Greifen zu erkennen (57), gegen welche die Pygmäen (hier mit Schwertern) kämpfen, gleich darunter zwei kannibalische Anthropophagen, die menschliche Gliedmaßen zerstückeln und verzehren (58). Im äußersten Norden der Erde schließlich hocken zwei Cynozephalen (hundsköpfige Menschen) auf einer Halbinsel (59). Der Kartenzeichner gibt übrigens selbst wiederholt an, daß er die Tiere aus dem Werk des Solinus bezogen hat. Aus derselben Quelle dürfte er auch die Mehrzahl der Fabelmenschen bezogen haben.

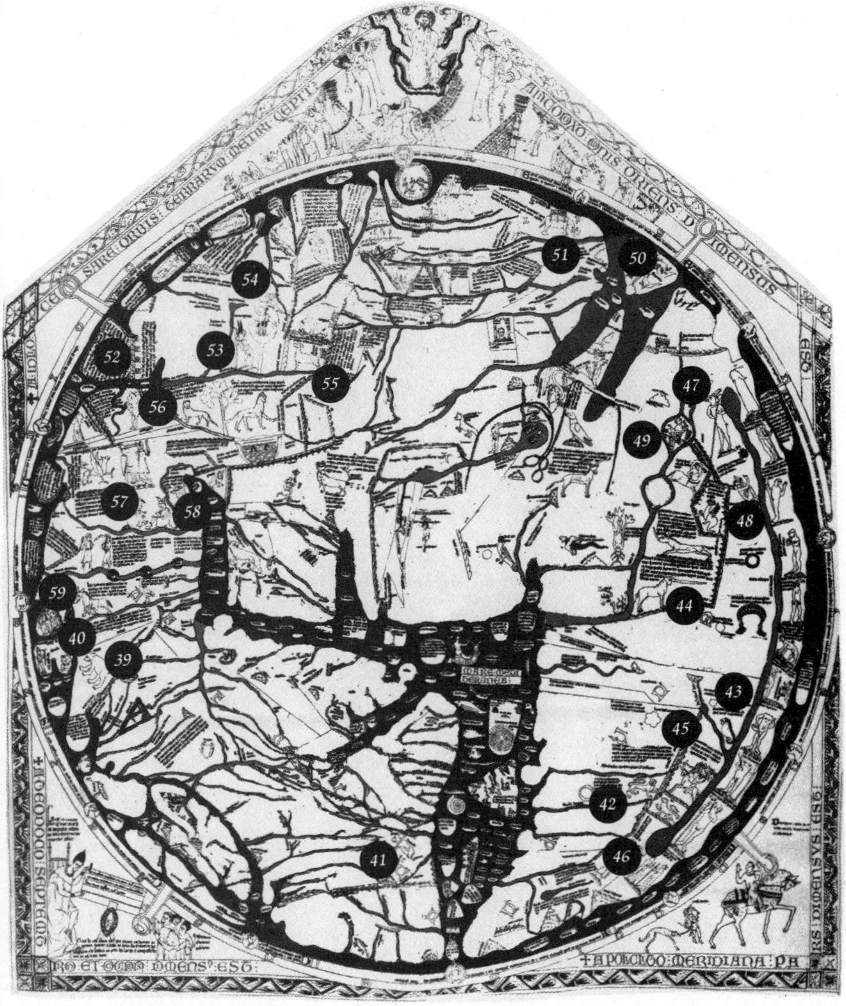

Plan 3: Weltkarte von Hereford: Völker und Tiere

Bibliographie

Quellen:

Adam von Bremen: Magister Adam Bremensis: Gesta Hammaburgensis Ecclesiae Pontificum. In: Quellen des 9. und 11. Jahrhunderts zur Geschichte der Hamburgischen Kirche und des Reiches. Darmstadt 1973, (= Freiherr vom Stein-Gedächtnisausgabe. 11).

Albertus Magnus: Stadler, H. (Hrsg.): Albertus Magnus. De animalibus libri XXVI. Nach der Kölner Urschrift. 2 Bde. Münster 1916–1920 (= Beiträge zur Geschichte der Philosophie des Mittelalters. 15–16).

Anghiera, P. M. de: De Orbe Novo. Sevilla 1511.

Apokryphen: Fritzsche, O. F.: Liber Apocryphi veteris testamenti graece. Leipzig 1871.

Arnoldus Saxo: Emil Stange (Hrsg.): Die Enzyklopädie des Arnoldus Saxo, zum ersten Mal nach einem Erfurter Codex herausgegeben. (= Königliches Gymnasium zu Erfurt. Beilage zum Jahresbericht 1904/05, 1905/06, 1906/07).

Avicenna: Avicennae «De congelatione et conglutinatione lapidum»; being sections of the Kitâb al-shifâ. The Latin and Arabic Texts, ed. with an English translation by E. J. Holmyard and D. C. Mandeville. Paris 1927.

Bacon, Roger: John Henry Bridges: The «Opus Majus» of Roger Bacon. 2 Vols. Oxford 1897–1900.

Beda venerabilis: Venerabilis Bedae Opera omnia. Ed. J.-P. Migne. Paris 1850, Reprint Turnhout 1968. (= PL 90).

Berthold von Regensburg: Pfeiffer, Franz (Hrsg.): Berthold von Regensburg. Vollständige Ausgabe seiner Predigten. Bd. 1. Wien 1862.

Bry, Theodore de: *America* (Teil 3 und 4). Frankfurt 1593–94.

Christherrechronik: Ignaz Zingerle (Ed.): Eine Geographie aus dem dreizehnten Jahrhundert. In: Sitzungsberichte der Phil.-hist. Cl. der österr. Akademie der Wiss. Bd. 50, Heft 4 (1865), 371–448.

Christoph Columbus: The *Diario* of Christopher Columbus's First Voyage to America 1492–1493. Abstracted by Fray Bartholomé de las Casas. Transcribed and Translated into English, with Notes and a Concordance of the Spanish, by Oliver Dunn und James E. Kelley, Jr. Norman und London 1989.

Cosmas Indikopleustes: Wanda Wolska-Conus: Cosmas Indikopleustès. Topographie Chrétienne. Preface de Paul Lemerle. Tome 1–3, Paris 1968–1973.

Daniel von Morley: Sudhoff, Karl (Hrsg.): Daniels von Morley Liber de naturis inferiorum et superiorum, nach der Handschrift Cod. Arundel 377 des Britischen Museums zum Abdruck gebracht. In: Archiv für die Geschichte der Naturwissenschaften und der Technik 8 (1917), S. 1-40.

Gerbert von Reims: Nicolaus Bubnov: Gerberti postea Silvestri II papae Opera Mathematica. Berlin 1899, Nachdruck Hildesheim 1963.

Grosseteste, Robert: Ludwig Baur (Hrsg.): Die philosophischen Werke des

Robert Grosseteste, Bischofs von Lincoln. Münster 1912 (= Beiträge zur Geschichte der Philosophie des Mittelalters. Texte und Untersuchungen. 9).

Gualterus de Castellione: Marvin, C. (Ed.): Galteri de Castellione: Alexandreis. Padua 1978.

Heinfogel, Konrad: Brévart F. B. (Hrsg.): Konrad Heinfogel: Sphaera materialis. Text und Kommentar. Göppingen 1981 (= GAG. 325).

Honorius Augustodunensis: Honorii Augustodunensis Opera Omnia. Ed. J.-P. Migne, Paris 1854, Reprint Turnhout 1970 (= PL 172).

Hrabanus Maurus: B. Rabani Mauri, Fuldensis Abbatis et Moguntini Archiepiscopi Opera Omnia. Ed. J.-P. Migne. Paris 1850, Reprint Turnhout 1969 (= PL 111).

Ibn Battuta: Gibb, H. A. R. (Ed.): Ibn Battuta: Travels. 2 Bde., London 1971; Ibn Battúta: Travels in Asia and Africa 1325–1354. London 1983 (Auszüge); Leicht, Hans D. (Hrsg.) Ibn Battuta: Reisen ans Ende der Welt. Das größte Abenteuer des Mittelalters 1325–1353. Darmstadt 1985.

Isidor von Sevilla: W. M. Lindsay (Ed.): Isidori Hispalensis Episcopi Etymologiarum sive Originum Libri XX. 2 Bde. Oxford 1985.

Johannes de Plano Carpini: Giovanni di Pian di Carpini: Storia dei Mongoli. Edizione critica del testo latino a cura di E. Menestò, traduzione italiana a cura di M. C. Lungarotti, e note di P. Daffinà. Introduzione di L. Petech, studi storico-filologici di C. Leonardi, M. C. Lungarotti, E. Menestò. Spoleto 1989; Risch, Friedrich: Johann de Plano Carpini: Geschichte der Mongolen und Reisebericht 1245–1247. Leipzig 1930.

Johannes von Hildesheim: Behland, M.: Die Dreikönigslegende des Johannes von Hildesheim. München 1968.

Johannes von Sacrobosco: Thorndike, Lynn: The *Sphere* of Sacrobosco and Its Commentators. Chicago 1949.

Konrad von Megenberg: Konrad von Megenberg: Die deutsche Sphaera. Hrsg. v. F. B. Brévart. Tübingen 1980 (= Altdeutsche Textbibliothek. 90); Pfeiffer, Franz (Hrsg.): Konrad von Megenberg, Das Buch der Natur. Stuttgart 1861, Reprint Hildesheim 1962.

Laktanz: Brandt, S. (Ed.): L. Caeli Firmiani Lactanti opera omnia I. Prag, Wien, Leipzig 1840.

Lambert von St. Omer: Lamberti S. Avdomari canonici Liber Floridus, ed. Albert Derolez. Gent 1968.

Macrobius: Macrobius, ed. Franciscus Eyssenhardt, Leipzig 1893 (= Bibliotheca Scriptorum Graecorum et Romanorum Teubneriana).

Mainauer Naturlehre: Plant, H. R., M. Rowlands, R. Burkhart: Die sogenannte «Mainauer Naturlehre» der Basler Hs. B VIII 27. Göppingen 1972 (= Litterae. 18).

Mandeville, Jean de: Malcolm Letts (Ed.): Mandeville's Travels. Texts and Translations. 2 Vols. London 1953, Reprint New York 1957 (= Hakluyt Society. 2. Ser. 101 – 102). P. Hamelius (Ed.): Mandeville's Travels. Translated from the French of Jean d'Outremeuse. London etc. 1919, Reprint 1960 (= Early English Text Society. Original Series. 153). Eric John Morrall (Hrsg.): Sir John Mandevilles Reisebeschreibung in deutscher Übersetzung von Michel Velser. Berlin 1974 (= Deutsche Texte des Mittelalters. 66).

Manegold von Lautenbach: W. Hartmann (Hrsg.): Manegold von Lautenbach: Liber contra Wolfelmum. Köln 1972 (= Monumenta Germaniae Historia. Quellen zur Geistesgeschichte des Mittelalters. 8).

Martianus Capella: Martianus Capella De nuptiis Philologiae et Mercurii, ed. F. Eyssenhardt, Leipzig 1866 (= Bibliotheca Scriptorum Graecorum et Romanorum Teubneriana); Stahl, William Harris, R. Johnson, E. L. Burge: Martianus Capella and the Seven Liberal Arts. 2 Bde., New York 1971–1977.

Mirabilia Urbis Romae: The Marvels of Rome, or a picture of the Golden City, an English Version of the Mediaeval Guidebook. Ed. and Transl. Francis Morgan Nichols. London 1889. 2nd edition, with new introduction, gazetteer and bibliography by Eileen Gardiner. New York 1986.

Neckam, Alexander: Alexandri Neckam De naturis rerum libri duo. Ed. by Th. Wright. London 1863 (= Rerum Britannicarum Medii Aevi Scriptores. 34).

Nikolaus Oresme: Nicole Oresme and the Marvels of Nature. A Study of his *De causis mirabilium* with Critical Edition, Translation, and Commentary by Bert Hansen. Toronto 1985 (= Studies and Texts. 68).

Notker der Deutsche: Tax, Petrus W. (Hrsg.): Notker der Deutsche: Boethius, «De consolatione Philosophiae». Buch I/II. Tübingen 1986 (= Altdeutsche Textbibliothek. 94).

Odorico von Pordenone: Anastasius van den Wyngaert: Itinera et relationes fratrum minorum saeculi XIII et XIV. Quaracchi, Florenz 1929 (= Sinica Franciscana. 1), S. 413–495; Strasman, G.: Konrad Steckels deutsche Übertragung der Reise nach China des Odorico von Pordenone. Berlin 1968 (= Texte des späten Mittelalters und der frühen Neuzeit. 20).

Peter von Ailly: Edmund Buron (Ed.): Ymago mundi de Pierre d'Ailly. Texte latin et traduction française des quatre traités cosmographiques de d'Ailly et des notes marginales de Christophe Colomb. Bd. 1–3, Paris 1930.

Physiologus: Der altdeutsche Physiologus. Die Millstätter Reimfassung und die Wiener Prosa (nebst dem lateinischen Text und dem althochdeutschen Physiologus) Hrsg. v. Friedrich Maurer. Tübingen 1967 (= ATB. 67).

Plinius Caius Secundus (der ältere): C. Plini Secundi Naturalis Historiae Libri XXXVII, Ed. Ludovicus Ianus & Carolus Mayhoff. Vol. 1–6, Leipzig 1854 bis 1865. (= Bibliotheca Scriptorum Graecorum et Romanorum Teubneriana).

Polo, Marco: Benedetto, L. F.: Marco Polo: Il Milione. Florenz 1928; Tscharner, H. v. (Ed.): Der mittelhochdeutsche Marco Polo nach der Admonter Handschrift. Berlin 1935 (= Deutsche Texte des Mittelalters. 40); Yule, H. (Ed.): The Book of Ser Marco Polo. Third ed., rev. by H. Cordier. 2 Vols, London 1903.

Pseudo-Beda: Burnett, Charles (Ed.): Pseudo-Bede: De mundi celestis terrestrisque constitutione. A Treatise on the Universe and the Soul. London 1985 (= Warburg Institute Surveys and Texts. 10).

Puechlein von der Spera: Brévart, F. B. (Hrsg.): Das Puechlein von der Spera, Abbildung der gesamten Überlieferung, kritische Edition, Glossar. Göppingen 1979 (= Litterae. 68).

Remigius von Auxerre: Lutz, C. E. (Ed.): Remigius of Auxerre: Commentum in Martianum Capellam. 2 Bde., Leiden 1962–5.

Schedel, Hartmann: Liber Chronicarum. Nürnberg 1493.

Sidrach: H. Jellinghaus (Hrsg.): Das Buch Sidrach. Nach der Kopenhagener mittelniederdeutschen Handschrift v. J. 1479. Tübingen 1904 (= Bibliothek des Litterarischen Vereins in Stuttgart. 235).

Solinus, Caius Iulius: C. Ivlii Solini Collectanea rervm memorabilivm. Itervm recensvit Th. Mommsen. Berlin 1895.

Theoderich von Würzburg: Theoderich: Guide to the Holy Land. Translated by Aubrey Stewart. Second edition with new introduction, notes and bibliography by Ronald G. Musto. New York 1986.

Thomas von Cantimpré: Thomas Cantimpratensis Liber de Natura Rerum. Ed. H. Boese. Teil I: Text. Berlin, New York 1973.

Vinzenz von Beauvais: Vincentius Bellovacensis: Speculum Quadruplex. Douay 1624, Reprint Graz 1964.

Walter von Metz: Oliver H. Prior (Ed.): L'Image du Monde de Maitre Gossouin. Redaction en prose. Texte du Manuscrit de la Bibliothèque Nationale Fonds Français No 574. Lausanne, Paris 1913.

Wilhelm von Conches: Philosophia mundi. In: PL 90, 1127–1178, und PL 172, 39–102. Guillaume de Conches: Glosae super Platonem. Texte critique avec introduction, notes et tables par Édouard Jeauneau. Paris 1965. Philosophia mundi. Ausgabe des 1. Buchs von Wilhelm von Conches' «Philosophia». Mit Anhang, Übersetzung und Anmerkungen von Gregor Maurach. Pretoria 1974.

Wilhelm von Rubruk: Anastasius van den Wyngaert: Itinera et relationes fratrum minorum saeculi XIII et XIV. Quaracchi, Florenz 1929 (= Sinica Franciscana. 1), S. 164 – 332.

Sekundärliteratur:

Anderson, Andrew Runni: Alexander's Gate, Gog and Magog, and the inclosed Nations. Cambridge, Mass. 1932.

Arentzen, Jörg-Geerd: Imago Mundi Cartographica. Studien zur Bildlichkeit mittelalterlicher Welt- und Ökumenekarten unter besonderer Berücksichtigung des Zusammenwirkens von Text und Bild. München 1984 (= Münstersche Mittelalter-Schriften Bd. 53).

Arrhenius, Svante: Die Vorstellung vom Weltgebäude im Wandel der Zeiten. Das Werden der Welten. Neue Folge. Aus dem Schwedischen übersetzt von L. Bamberger. Leipzig 1908.

Ashtor, E.: Europäischer Handel im spätmittelalterlichen Palästina. In: Wolfdietrich Fischer, Jürgen Scheider (Hrsg.): Das Heilige Land im Mittelalter. Begegnungsraum zwischen Orient und Okzident. Neustadt a. d. Aisch 1982, S. 107–126.

Babcock, William Henry: Legendary Islands of the Atlantic. A Study in Medieval Geography. New York 1922 (= American Geographical Society, Research Series 8).

Bächtold-Stäubli, Hans: Handwörterbuch des deutschen Aberglaubens. Berlin 1927–42, Reprint Berlin, New York 1986.

Bauer, Georg-Karl: Sternkunde und Sterndeutung der Deutschen im 9.–14. Jahrhundert unter Ausschluß der reinen Fachwissenschaft. Berlin 1937 (= Germanische Studien. 186).

Baumann, H.: Das doppelte Geschlecht. Ethnologische Studien zur Bisexualität in Ritus und Mythos. Berlin 1955.

Beazley, C. R.: The Texts and Versions of John de Plano Carpini and William de Rubruquis. London 1903

Bennett, Josephine Waters: The Rediscovery of Sir John Mandeville. New York 1954.

Bercovici, C.: Prolegomenes a l'etude de l'Inde au XIIIème Siecle. In: Voyage, quête, pèlerinage dansl la littérature et la civilisation médiévales. Aix-en-Provence, Paris 1976, (= Sénefiance 2), S. 221–234.

Birkhan, Helmut: Laborintus – labor intus. In: Festschrift für R. Pittioni, Wien 1976, S. 423–454.

Bitterli, Urs: Die Wilden und die Zivilisierten. Grundzüge einer Geistes- und Kulturgeschichte der europäisch-überseeischen Begegnung. Taschenbuchausgabe München 1982.

Blair, Peter Hunter: The World of Bede. Cambridge 1990.

Bloch, Herbert: Der Autor der «Graphia aureae urbis Romae». In: Deutsches Archiv für Erforschung des Mittelalters 40 (1984), S. 55–175.

Boor, Helmut de: Die deutsche Literatur von Karl dem Großen bis zum Beginn der Höfischen Dichtung. 8. Aufl. München 1971.

Botley, C. M.: The Position of Supernova 1006 and the St Gallen Chronicle. In: Journal for the History of Astronomy 7 (1976), S. 139ff.

Brandmüller, W.: Das Ende einer Affäre. In: 30Tage 1/3 (1991), S. 54–59.

Bremer, E.: Mandeville, Jean de. In: Die deutsche Literatur des Mittelalters. Verfasserlexikon. 2. Aufl., Bd. 5. Berlin, New York 1985, Sp. 1201–1214

Brenner, Oskar: Nord- und Mitteleuropa in den Schriften der Alten bis zum Auftreten der Cimbern und Teutonen. München 1877.

Brenner, Peter J.: Der Reisebericht in der deutschen Literatur. Ein Forschungsüberblick als Vorstudie zu einer Gattungsgeschichte. Tübingen 1990 (= Internationales Archiv für Sozialgeschichte der deutschen Literatur. Sonderheft 2).

Brévart, F. B.: Eine neue Übersetzung der lat. «Sphaera mundi» des Johannes von Sacrobosco. In: ZfdA 108 (1979), S. 57–65.

Brévart, F. B.: Zur Überlieferungsgeschichte der «Deutschen Sphaera» Konrads von Megenberg. In: PBB 102 (1980), S. 189–214.

Brincken, Anna-Dorothee von den: *Mappa mundi* und Chronographia: Studien zur *imago mundi* des abendländischen Mittelalters. In: Deutsches Archiv für Erforschung des Mittelalters 24 (1968), S. 118–186.

Brincken, Anna-Dorothee von den: « . . . ut describeretur universus orbis.» Zur Universalkartographie des Mittelalters. In: Miscellanea Mediaevalia 7 (1970), S. 249–278.

Brincken, Anna-Dorothee von den: Chronica und Mappa Mundi. In: Die Parler und der schöne Stil 1350–1400. Ein Handbuch zur Ausstellung. hrsg. v. Anton Legner. Köln 1978, Bd. 3, S. 125–135.

Brincken, Anna-Dorothee von den: Chronica. In: Monumenta Annonis. Köln und Siegburg. Weltbild und Kunst im hohen Mittelalter. Eine Ausstellung des Schnütgens-Museums der Stadt Köln. Köln 1975, 104–111.

Brincken, Anna-Dorothee von den: Die Ausbildung konventioneller Zeichen und Farbgebungen in der Universalkartographie des Mittelalters. In: Archiv für Diplomatik 16 (1970), S. 325–349.

Brincken, Anna-Dorothee von den: Die Kugelgestalt der Erde in der Kartographie des Mittelalters. In: Archiv für Kulturgeschichte 58 (1976), S. 77–95.

Brincken, Anna-Dorothee von den: Geschichtsbetrachtung bei Vinzenz von Beauvais. Die Apologia Actoris zum Speculum Maius. In: Deutsches Archiv für Erforschung des Mittelalters 34 (1978), S. 410–499.

Brincken, Anna-Dorothee von den: Kartographische Quellen. Welt-, See- und Regionalkarten. Turnhout 1988 (= Typologie des Sources du Moyen Age Occidental. 51).

Brincken, Anna-Dorothee von den: Mappa Mundi. In: Monumenta Annonis. Köln und Siegburg. Weltbild und Kunst im hohen Mittelalter. Eine Ausstellung des Schnütgens-Museums der Stadt Köln. Köln 1975, S. 112–119.

Brincken, Anna-Dorothee von den: Raum und Zeit in der Geschichtsenzyklopädie des hohen Mittelalters. In: Beiträge zur Geschichte von Stadt und Stift Essen 96 (1981), S. 6–21.

Brincken, Anna-Dorothee von den: Studien zur lateinischen Weltchronistik bis in das Zeitalter Ottos von Freising. Diss. München. Düsseldorf 1957.

Brincken, Anna-Dorothee von den: Weltären. In: Archiv für Kulturgeschichte 39 (1957), S. 133–149.

Brincken, Anna-Dorothee von den: Weltbild der lateinischen Universalhistoriker und -kartographen. In: Popoli e paesi nella cultura altomedievale. 23–29 aprile 1981. Spoleto 1983, Bd. 1, S. 377–408.

Buntz, H.: Die deutsche Alexanderdichtung des Mittelalters. Stuttgart 1973.

Burman, Edward: The World Before Columbus 1100–1492. London 1989.

Busse, Heribert: Vom Felsendom zum Templum Domini. In: Wolfdietrich Fischer, Jürgen Scheider (Hrsg.): Das Heilige Land im Mittelalter. Begegnungsraum zwischen Orient und Okzident. Neustadt a. d. Aisch 1982 (= Schriften des Zentralinstituts für fränkische Landesforschung und allgemeine Regionalforschung an der Universität Erlangen-Nürnberg. 22), S. 19–32.

Campbell, Mary B.: The Witness and the Other World. Exotic European Travel Writing 400–1600. Ithaca, London 1988.

Cary, George: The Medieval Alexander. Ed. by D. J. A. Ross. Cambridge 1956.

Cassidy, Vincent H. de P.: The Voyage of an Island. In: Speculum 38 (1963), S. 595–602.

Clark, W. B., M. T. McMunn (Ed.): Beasts and Birds of the Middle Ages. The Bestiary and its Legacy. Philadelphia 1989.

Cunningham, Alexander: The Ancient Geography of India. New Enlarged Edition. Varanasi 1975.

Dall'Olmo, Umberto: Latin Terminology Relating to Aurorae, Comets, Meteors and Novae. In: Journal for the History of Astronomy 10 (1979), S. 10–27.

Dall'Olmo, Umberto: Meteors, Meteor showers and Meteorites in the Middle Ages: From European Medieval Sources. In: Journal for the History of Astronomy 9 (1978), S. 123–134.

Davies, Arthur: Columbus and King John. In: Brasilia 5 (1950), S., 696–697.

Dawson, C.: The Mongol Missions. London 1955.

Deluz, Christiane: Le Livre de Jehan de Mandeville. Une «Geographie» au XIVe siècle. Louvaine-la-Neuve 1988 (= Université Catholique de Louvain. Publications de l'institut d'études Médiévales. Textes, Etudes, Congrès. Vol. 8).

Deschler, J.-P.: Die astronomische Terminologie Konrads von Megenberg. Ein Beitrag zu mittelalterlichen Fachprosa. Bern, Frankfurt/M. 1977.

Doberentz, Otto: Die Erd- und Völkerkunde in der Weltchronik des Rudolf von Hohen-Ems. In: Zeitschrift für deutsche Philologie 12 (1881), S. 257–301 u. S. 387–454 u. 13 (1882), S. 29–57 und S. 165–223.

Döllinger, Ignaz von (Ed.): Dokumente vornehmlich zur Geschichte der Valdesier und Katharer. München 1890 (= Ignaz von Döllinger: Beiträge zur Sektengeschichte des Mittelalters. 2).

Donner, Herbert: Pilgerfahrt ins Heilige Land. Die ältesten Berichte christlicher Palästinapilger (4.–7. Jahrhundert). Stuttgart 1979.

Dreyer-Eimbcke, O.: Island, Grönland und das nördliche Eismeer im Bild der Kartographie seit dem 10. Jahrhundert. Hamburg u. Wiesbaden 1987 (= Mitteilungen der Geographischen Gesellschaft in Hamburg. 77).

Dronke, Peter: Fabula. Explorations in the uses of myth in medieval Platonism. Leiden, Köln 1974.

Druce, George C.: The Elephant in Medieval Legend and Art. In: Archaeological Journal 76 (1919), S. 1–73.

E. M. Jung-Inglessis: Romfahrt durch zwei Jahrtausende. Bozen 1976.

Eggebrecht, A., u. a. (Hrsg.): Die Mongolen und ihr Weltreich. Mainz 1989.

Eis, Gerhard (Hrsg.): Wahrsagetexte des späten Mittelalters. Aus Handschriften und Inkunabeln. Berlin 1956, (= Texte des späten Mittelalters. 1).

Fellmann, Ferdinand: Scholastik und kosmologische Reform. Münster 1971 (= Beiträge zur Geschichte der Philosophie und Theologie des Mittelalters. N. F. 6).

Flint, Valerie I. J.: Monsters and the Antipodes in the Early Middle Ages and Enlightenment. In: Viator 15 (1984), S. 65–80.

Forbes, R. J.: Studies in Ancient Technology. Vol 7. Leiden 1966.

Friedman, John Block: The Monstrous Races in Medieval Art and Thought. Cambridge, Mass. and London 1981.

Fritsche, Franz: Untersuchungen ueber die Quellen der Image du Monde des Walther von Metz. Halle/S. 1880.

Ganz-Blättler, Ursula: Andacht und Abenteuer. Berichte europäischer Jerusalem- und Santiago-Pilger (1320–1520). Tübingen 1990 (= Jakobus-Studien 4).

Gerhardt, Christoph: Gab es im Mittelalter Fabelwesen? In: Wirkendes Wort (1988), S. 156–171.

Gewecke, Frauke: Wie die neue Welt in die alte kam. Stuttgart 1986.

Geyer, P.: Itinera Hierosolymitana saeculi IV-VIII. Prag, Wien, Leipzig 1898 (= CSEL 39).

Gibb, Paul Allen: *Wonders of the East*: A Critical Edition and Commentary. Diss. Duke Univ. 1977.

Glogner, G.: Der mittelhochdeutsche Lucidarius, eine mittelalterliche Summe. Münster 1937.

Gosman, M.: La Lettre du Prêtre Jean. Les versions en ancien francais et en ancien occitan. Textes et commentaires. Groningen 1982.

Gottschall, Dagmar: Sternschnuppen und Altweibersommer. Zu ›De mundi constitutione‹, einem naturwissenschaftlichen Traktat des 12. Jahrhunderts aus der süddeutschen Provinz. In: ZfdA 119 (1990), S. 154–162.

Grant, Edward: A Source Book in Medieval Science. Cambridge, Mass. 1974.

Grant, Edward: Cosmology. In: David C. Lindberg (Ed.): Science in the Middle Ages. Chicago, London 1978, S. 265–302.

Grant, Edward: Das physikalische Weltbild des Mittelalters. Aus dem Amerikanischen übersetzt von Jan Prelog. Zürich und München 1980.

Grant, Edward: Nicole Oresme on Certitude in Science and Pseudo-Science. In: Nicolas Oresme. Tradition et innovation chez un intellectuel du XIVe siècle. Etudes recueillies et éditées par P. Souffrin et A. Ph. Segonds. Paris 1988, S. 31–43.

Grant, Edward: Physical Science in the Middle Ages. New York 1971.

Granzotto, Gianni: Christoph Kolumbus. Eine Biographie. Aus dem Italienischen von Sylvia Höfer. Reinbek 1988.

Gregor, Helmut: Das Indienbild des Abendlandes bis zum Ende des 13. Jahrhunderts. Wien 1964 (= Wiener Dissertationen aus dem Gebiete der Geschichte. 4).

Grössing, Helmuth: Weltmodelle im antiken Griechenland. In: W. Seipel (Hrsg.): Mensch und Kosmos. Linz 1990, S. 61–66.

Grössing, Helmuth: Die Kopernikanische Wende. In: W. Seipel (Hrsg.): Mensch und Kosmos. Linz 1990, S. 78–80.

Grössing, Helmuth: Galilei und Kepler oder Theologie gegen Naturwissenschaft. In: W. Seipel (Hrsg.): Mensch und Kosmos. Linz 1990, S. 114f.

Günther, Siegmund: Adam von Bremen, der erste deutsche Geograph. Prag 1894 (= Sitzungsberichte d. königl. böhm. Ges. d. Wiss., Phil.-hist. Kl.).

Günther, Siegmund: Aeltere und neuere Hypothesen über die chronische Versetzung des Erdschwerpunktes durch Wassermassen. Halle 1878 (= Siegmund Günther: Studien zur Geschichte der mathematischen und physikalischen Geographie. 3).

Günther, Siegmund: Columbus und die Erweiterung des geographisch-kosmischen Horizonts. Hamburg 1892.

Günther, Siegmund: Die kosmographischen Anschauungen des Mittelalters. In: Deutsche Rundschau für Geographie und Statistik 4 (1892), S. 249–254, 313–317 und 345–352.

Günther, Siegmund: Die Lehre von der Erdrundung und Erdbewegung im Mittelalter bei den Occidentalen. Halle/S. 1877 (= Siegmund Günther: Studien zur Geschichte der mathematischen und physikalischen Geographie. 1).

Gurjewitsch, Aaron J.: Das Weltbild des mittelalterlichen Menschen. 4. Aufl., München 1989.

Hahn-Woerle, B.: Die Ebstorfer Weltkarte. Ebstorf o. J.

Hamann, Günther, Helmuth Grössing (Hrsg.): Der Weg der Naturwissenschaften von Johannes von Gmunden zu Johannes Kepler. Wien 1988 (= Sitzungsberichte der österr. Akademie der Wiss., phil.-hist. Kl. 364).

Hamann, Günther: Der Eintritt der südlichen Hemisphäre in die europäische Geschichte. Die Erschließung des Afrikaweges nach Asien vom Zeitalter Heinrichs des Seefahrers bis zu Vasco da Gama. Wien 1968 (= Sitzungsber. d. phil.-hist. Kl. d. Österr. Akademie der Wissenschaften. 260. Heft 6).

Hamelius, P.: Mandeville's Travels. London, New York, Toronto 1919, Reprint 1960.

Hamilton, E. J.: American Treasure and the Price Revolution in Spain 1501–1650. 2. Aufl., Cambridge, Mass. 1934.

Harf-Lancner, L. (Ed.): Metamorphose et bestiaire fantastique au Moyen Age. Paris 1985.

Harley, J. B., David Woodward: The History of Cartography. I. Cartography in Prehistoric, Ancient, and Medieval Europe and in the Mediterranean. Chicago, London 1987.

Harmenig, D.: Bauernpraktik. In: Lexikon des Mittelalters. Bd. 1, München und Zürich 1980, Sp. 1621f.

Hartner, Willy: Galileo's Contribution to Astronomy. In: Galileo, Man of Science. Princeton Junction, New Jersey 1988, S. 178–194.

Hartner, Willy: The Rôle of Observation in Ancient and Medieval Astronomy. In: Journal for the History of Astronomy 8 (1977), S. 1–11.

Haskins, Charles Homer: The Renaissance of the Twelfth Century, Cambridge, Mass. 1927, Reprint New York 1957 und Cambridge, Mass. 1971.

Heidlauf, F. (Hrsg.:) Lucidarius aus der Berliner Handschrift herausgegeben. Berlin 1915 (= Deutsche Texte des Mittelalters. 28).

Helleiner, K.: Prester John's Letter. In: The Phoenix 13 (1959), S. 47–57.

Henkel, Nikolaus: Studien zum Physiologus im Mittelalter. Tübingen 1976. (= Hermea. N. F. 38).

Hennig, Richard: Columbus und seine Tat. Bremen 1940.

Hennig, Richard: Das Christentum im mittelalterlichen Asien und sein Einfluß auf die Sage vom «Priester Johannes». In: Historische Vierteljahresschrift 29 (1935), S. 234–252.

Hennig, Richard: Der kulturhistorische Hintergrund der Geschichte vom Kampf zwischen Pygmäen und Kranichen. In: Rheinisches Museum für Philologie N. F. 81 (1932), S. 20–24.

Hennig, Richard: Terrae incognitae. 4 Bde. 2. Aufl. Leiden 1944–1956.

Herbers, Klaus: Der Jakobsweg. Mit einem mittelalterlichen Pilgerführer unterwegs nach Santiago de Compostella. Tübingen 1986.

Herbers, Klaus: Der Jakobuskult des 12. Jahrhunderts und der *Liber Sancti Jacobi*. Wiesbaden 1984.

Hetzelein, G.: Konrad von Megenberg, der erste deutsche Naturhistoriker. Nürnberg 1973.

Hill, Joyce: From Rome to Jerusalem: An Icelandic Itinerary of the Mid-Twelfth Century. In: Harvard Theological Review 76 (1983), S. 175–203.

Hill, Joyce: Pilgrim Routes in Medieval Italy. In: Bolletino des C. I. R. V. I. 9 (1984), S. 3–22.

Hippler, Christiane: Die Reise nach Jerusalem. Untersuchungen zu den Quellen, zum Inhalt und zur literarischen Struktur der Pilgerberichte des Spätmittelalters. Frankfurt, Bern, New York 1987.

Hofmann, C.: Über das Lebermeer. In: Sitzungsberichte der Königlich Bayerischen Akademie der Wissenschaften, Phil.-hist. Cl. 2 (1865), S. 1–19.

Holbek, Bengt und Iørn Piø: Fabeldyr og Sagnfolk. Köbenhavn 1967, 2 1979.

Hosten, H.: The Mouthless Indians of Megasthenes. In: Journal and Proceedings of the Asiatic Society of Bengal. New Series 8 (1912), S. 291–301.

Hüttig, Albrecht: Macrobius im Mittelalter. Ein Beitrag zur Rezeptionsgeschichte der Commentarii in Somnium Scipionis. Frankfurt etc. 1990 (= Freiburger Beiträge zur mittelalterlichen Geschichte. 2).

Huizinga, Johan: Herbst des Mittelalters. 11. Aufl., Stuttgart 1924.

Ibach, H.: Leben und Schriften des Konrad von Megenberg. Würzburg 1938.

Irving, Washington: The Life and Voyages of Christopher Columbus. Author's rev. ed., London 1876.

Jacob, Ernst Georg: Christoph Columbus. Bordbuch, Briefe, Berichte, Dokumente. Bremen 1956.

Jancey, M.: Mappa mundi. The Map of the World in Hereford Cathedral. Hereford 1987

Janson, Horst Woldemar: Apes and Ape Lore in the Middle Ages and the Renaissance. London 1952.

Jellinghaus, H. (Hrsg.): Das Buch Sidrach. Nach der Kopenhagener mittelniederdeutschen Handschrift v. J. 1479. Tübingen 1904 (= Bibliothek des Litterarischen Vereins in Stuttgart. 235).

Jenks, Stuart: Astrometeorology in the Middle Ages. In: Isis 74 (1983), S. 185–210 und 562.

Jones, Charles W.: The Flat Earth. In: Thought 9 (1934), S. 296–307.

Jónsson, Finnur: Hauksbok. København 1916.

Jordan, Heinrich: Topographie der Stadt Rom im Altertum. Bd. 1–2 (in 4), Berlin 1871–1907.

Jung, Julius: Das Itinerar des Erzbischofs Sigeric von Canterbury und die Straße von Rom über Siena nach Lucca. In: Mittheilungen des Instituts für Österreichische Geschichtsforschung 25 (1904), S. 1–90.

Kaiser, R.: Der Zaun am Ende der Welt. Frankfurt 1989.

Kedar, Benjamin Z., Chr. Westergård-Nielsen: Icelanders in the Crusader Kingdom of Jerusalem: A Twelfth-Century Account. In: Mediaeval Scandinavia 11 (1978–79), S. 193–211.

Kellenbenz, Hermann: Die Südosteuroparoute der deutschen Kreuzfahrer. In: Wolfdietrich Fischer, Jürgen Scheider (Hrsg.): Das Heilige Land im Mittelalter. Begegnungsraum zwischen Orient und Okzident. Neustadt a. d. Aisch 1982, S. 95–106.

Kimble, George H. T.: Geography in the Middle Ages. London 1938.

Kirnbauer, F., K. L. Schubert: Die Sage vom Magnetberg. Wien 1957.

Koch, R. A.: Die aktualistische Bedeutung der Vulkanexperimente des Albertus Magnus. In: Abhandlungen des Staatlichen Museums für Mineralogie und Geologie zu Dresden 11(1966), S. 307–314.

Kölbing, Eugen: Geistliche Auslegung von Schiff und Regenbogen. In: Zeitschrift für deutsches Altertum 23 (1878), S. 258–261.

Konrad, Robert: Das himmlische und das irdische Jerusalem im mittelalterlichen Denken. Mystische Vorstellung und geschichtliche Wirklichkeit. In: C. Bauer, L. Boehm, M. Müller (Hrsg.): Speculum Historiale. J. Spörl aus Anlaß seines 60. Geburtstages. Freiburg, München 1965, S. 523–540.

Koperska, Apollonia: Die Stellung der religiösen Orden zu den Profanwissenschaften im 12. und 13. Jahrhundert. Freiburg (Schweiz) 1914.

Kren, C.: Astronomy. In: D. L. Wagner (Ed.): The Seven Liberal Arts in the Middle Ages. Bloomingten, Ind. 1983.

Kretschmer, Conrad: Die physische Erdkunde im christlichen Mittelalter. Wien 1889.

Kugler, Hartmut: Die Ebstorfer Weltkarte. Ein europäisches Weltbild im deutschen Mittelalter. In: Zeitschrift für deutsches Altertum 116 (1987), S. 1–29.

L'uomo di fronte al mondo animale nell'alto medioevo. 7–13 aprile 1983, 2 Bde., Spoleto 1984.

Lanczokowski, G.: Die Inseln der Seligen und verwandte Vorstellungen. Frankfurt etc. 1986.

Langmantel, V. (Hrsg.): Hans Schiltbergers Reisebuch nach der Nürnberger Handschrift herausgegeben. Tübingen 1885 (= Bibliothek des Litterarischen Vereins in Stuttgart. 172).

Larsson, Ludvig: Nochmals Schiff und Regenbogen. In: Zeitschrift für deutsches Altertum 35 (1891), S. 244–248.

Lassacher, Karin: Der Elefant in der mittelalterlichen Literatur. Wien, Dipl.-Arbeit 1988.

Lauchert, F.: Geschichte des Physiologus. Straßburg 1889.

Le monde animal et ses Representations au Moyen-Age (XIe-XVe siècles). Toulouse 1985.

Lecouteux, Claude: Die Kranichschnäbler der «Herzog Ernst»-Dichtung. Eine mögliche Quelle. In: Euphorion 75 (1981), S. 100–102.

Lecouteux, Claude: Die Sage vom Magnetberg. In: Fabula 25 (1984), S. 35–65.

Lecouteux, Claude: Kleine Beiträge zum «Herzog Ernst». In: Zeitschrift für deutsches Altertum 110 (1981), S. 210–221.

Lecouteux, Claude: Konrad von Megenberg: «Von den Wundermenschen». In: Etudes germaniques 37 (1982), S. 290–304.

Lecouteux, Claude: Les monstres dans la littérature allemande du Moyen âge. Contributiòn a l'etude du merveilleux médiéval. Bd. 1–3, Göppingen 1982 (= GAG 330).

Lefévre, Y.: L'Elucidarium et les Lucidaires. Paris 1954.

Leithäuser, Joachim G.: Mappae mundi, die geistige Eroberung der Welt. Berlin 1958.

Lepszy, Hans-Joachim: Die Reiseberichte des Mittelalters und der Reformationszeit. Diss. Hamburg 1952.

Letts, Malcolm: Sir John Mandeville. The Man and his Book. London 1949.

Letts, Malcolm: The Liver Sea. In: Notes and Queries 191 (1946), S. 47–49.

Liebeschütz, H.: Das allegorische Weltbild der heiligen Hildegard von Bingen. Leipzig, Berlin 1930, Neudruck 1964 (= Studien der Bibliothek Warburg. 16).

Lindberg, David C: The Science of Optics. In: Lindberg, David C. (Ed.): Science in the Middle Ages. Chicago, London 1978, S. 338–368.

Löwenberg, J.: Geschichte der Geographischen Entdeckungsreisen, Leipzig 1880.

Luchesi, E.: Von den «Wilden/Nacketen/Grimmigen Menschfresser Leuthen/in der Newenwelt America gelegen». Hans Staden und die Popularität der «Kannibalen» im 16. Jahrhundert. In: K.-H. Kohl: Mythen der neuen Welt. Berlin 1982, S. 71–74.

Lukas, F.: Das Ei als kosmogonische Vorstellung. In: Zeitschrift des Vereins für Volkskunde (Berlin) 4 (1894), S. 227–243.

Lum, Peter: Fabulous Beasts. London 1952.

Madariaga, Salvador de: Kolumbus. Übers. aus dem Spanischen von R. Bérenger. Bern etc. 1989.

Magnabal, J. G.: Christophe Colomb et L'Université de Salamanque. Traduit de l'Espagnol. Paris 1892.

Magoun, Francis P.: The Rome of two Northern Pilgrims: Archbishop Sigeric of Canterbury and Abbot Nikolás of Munkathverá. In: Harvard Theological Review 33 (1940), S. 277–289.

Manguel, A., G. Guadalupi: Von Atlantis bis Utopia. München 1981.

Marcus, G. J.: The Conquest of the North Atlantic. Woodbridge 1980.

Marinescu, C.: Le Prêtre Jean. Son Pays. Explication de son Nom. In: Bulletin de la Section Historique de l'Academie Roumaine 10 (1923), S. 73–112.

Marrone, S. P.: Grosseteste, Robert. In: Dictionary of the Middle Ages 6, New York 1985.

Maury, Mytton: On Martin Behaim's Globe, and his Influence upon Geographical Science. In: Journal of the American Geographical Society of New York 4 (1874), S. 432–452.

McMillan, D. J.: The Phoenix. In: M. South (Ed.): Mythical and Fabulous Creatures. A Source Book and Research Guide. New York, Westport, Conn., London 1987, S. 59–74.

McMullin, Ernan: Introduction. Galileo, Man of Science. In: Galileo, Man of Science. Princeton Junction, New Jersey 1988, S. 3–51.

Miller, Konrad: Mappaemundi. Die ältesten Weltkarten. Bd. 1–6, Stuttgart 1895–1898.

Montfaucon, B. de: Cosmae Indicopleustae Topographia Christiana. In: Collection Nova Patrum et Scriptorum Graecorum. Tom. 2. Paris 1706.

Morall, E. J. (Hrsg.): Sir John Mandevilles Reisebeschreibung in deutsche Übersetzung von Michael Velser. Berlin 1974 (= Deutsche Texte des Mittelalters. 33).

Morison, Samuel Eliot: Admiral des Weltmeeres. Bremen 1948.

Morison, Samuel Eliot: Admiral of the Ocean Sea. A Life of Columbus. 2 Vols., 6. Aufl., Boston 1954.

Müller, Werner: Die heilige Stadt. Roma quadrata, himmlisches Jerusalem und die Mythe vom Weltnabel. Stuttgart 1961.

Muris, O.: Der «Erdapfel» des Martin Behaim. In: Ibero-Amerikanisches Archiv 17 (1943/44), S. 49–64.

Neuber, Wolfgang: Fremde Welt im europäischen Horizont. Zur Topik der deutschen Amerika-Reiseberichte der Frühen Neuzeit. Berlin 1991 (= Philologische Studien und Quellen. 121).

Neuber, Wolfgang: «garriebat philomena». Die erste Columbus-Reise und ihre narrative Tradierung in Deutschland bis zum Jahr 1600. (im Druck).

Neuber, Wolfgang: Imago und Pictura. Zur Topik des Sinn-Bilds im Spannungsfeld von Ars Memorativa und Emblematik (am Paradigma des «Indianers»).

In: Text und Bild, Bild und Text. Hrsg. von W. Harms. Stuttgart 1990, S. 245–261.

Newald, J. v.: Der Heilige Koloman. In: Die Kultur 13 (1912), S. 281–292.

Niehoff, Franz: Umbilicus Mundi – Der Nabel der Welt. Jerusalem und das Heilige Grab im Spiegel von Pilgerberichten und -karten, Kreuzzügen und Reliquiaren. In: Ornamenta Ecclesiae. Kunst und Künstler der Romanik. Katalog zur Ausstellung des Schnütgen-Museums in der Josef-Haubrich-Kunsthalle. Bd. 3. Köln 1985, S. 53–72.

Norlind, Adolf: Das Problem des gegenseitigen Verhältnisses von Land und Wasser und seine Behandlung im Mittelalter. Lund, Leipzig 1918 (= Lunds Universitets Årsskrift. 14/1. Heft 12).

North, J. D.: Intimations of Cosmic Unity? Fourteenth century Views on Celestial and Sub-lunar Motion. In: Nicolas Oresme. Tradition et innovation chez un intellectuel du XIVe siècle. Etudes recueillies et éditées par P. Souffrin et A. Ph. Segonds. Paris 1988, S. 45–55.

Nowell, C. E.: The Historical Prester John. In: Speculum 28 (1953), S. 437.

Ohler, Norbert: Reisen im Mittelalter. München 1986.

Olschki, L.: Der Brief des Presbyters Johannes. In: Historische Zeitschrift 144 (1931), S. 1–14.

Olschki, L.: Storia Letteraria della Scoperte Geografiche. Studi e Ricerche. Firenze 1937.

Oppenheim, Samuel: Das astronomische Weltbild im Wandel der Zeit. I. Teil: Vom Altertum bis zur Neuzeit. Leipzig, Berlin ^{3}1920 (= Aus Natur und Geisteswelt. 444).

Oppert, Gustav: Der Presbyter Johannes in Sage und Geschichte. Berlin 1864.

Painter, George D.: The Tartar Relation. In: R. A. Skelton, T. E. Marston, G. D. Painter: The Vinland Map and the Tartar Relation. New Haven, London 1965, S. 19–106.

Panoff, M., M. Perrin: Taschenwörterbuch der Ethnologie. 2. Aufl. Berlin 1982.

Pedersen, O.: Astronomy. In: David C. Lindberg (Ed.): Science in the Middle Ages. Chicago, London 1978, S. 303–337.

Peschel, Oscar: Die Theilung der Erde unter Papst Alexander VI. und Julius II. Leipzig 1871.

Piltz, Anders: Die gelehrte Welt des Mittelalters. Köln, Wien 1982.

Plötz, R.: Deutsche Pilger nach Santiago de Compostella bis zur Neuzeit. In: K. Herbers (Hrsg.): Deutsche Jakobspilger und ihre Berichte. Tübingen 1988, S. 1–27.

Poole, R. L.: Illustrations of the History of Medieval Thought and Learning. 2nd ed., London 1920.

Prause, Gerhard: Niemand hat Kolumbus ausgelacht. Fälschungen und Legenden der Geschichte richtiggestellt. München 1988.

Pruckner, H.: Studien zu den astrologischen Schriften des Heinrich von Langenstein. Leipzig 1933.

Radding, C. M.: A World Made by Men. Cognition and Society, S. 400–1200. Chapel Hill and London 1985.

Ravenstein, E. G.: Martin Behaim. His Life and his Globe. London 1908.

Riant, Paul: Expéditions et pèlerinages des Scandinaves en Terre Sainte au temps des Croisades. Paris 1865.

Röhricht, Reinhold und H. Meisner (Hrsg.:) Ein niederrheinischer bericht über den orient. In: Zeitschrift für deutsche Philologie 19 (1887), S. 1–86.

Röhricht, Reinhold und Heinrich Meisner (Hrsg.): Deutsche Pilgerreisen nach dem heiligen Lande. Berlin 1880.

Roncière, M. de La, M. Mollat du Jourdin: Portulane. Seekarten vom 13. bis zum 17. Jahrhundert. München 1984.

Ross, E. Denison: Prester John and the Empire of Ethiopia. In: Newton, Arthur Percival (Ed.): Travel and Travellers of the Middle Ages. New York 1926, 3rd impression London 1968, S. 174–194.

Rowland, B.: Bestiary. In: Dictionary of the Middle Ages, Vol. 2, New York 1983, S. 203–207.

Ruddock, Alwyn A.: Columbus and Iceland: New Light on an Old Problem. In: Geographical Journal 136 (1970), S. 177–189.

Rübesamen, H. E. (Übers.): Die Reisen des Venezianers Marco Polo. München 1969.

Ruppel, Aloys: Die Erfindung der Buchdruckerkunst und die Entdeckung Amerikas. Mainz 1948.

Salembier, L.: Petrus ab Alliaco. Diss. Lille 1886.

Salentiny, Fernand: Aufstieg und Fall des portugiesischen Imperiums. Wien, Köln, Graz 1977.

Santarcangeli, P.: Il libro dei labirinti. Florenz 1967.

Schipperges, Heinrich: Die Rezeption arabisch-griechischer Medizin und ihr Einfluß auf die abendländische Heilkunde. In: Peter Weimar (Hrsg.): Die Renaissance der Wissenschaften im 12. Jahrhundert. Zürich und München 1981, S. 173–196.

Schlemmer, U.: Johannes Schiltberger. Als Sklave im Osmannischen Reich und bei den Tartaren 1394–1427. Stuttgart 1983.

Schöpf, H.: Fabeltiere. Graz 1988.

Schorbach, K.: Studien über das deutsche Volksbuch Lucidarius. Straßburg 1894.

Schramm, Matthias: Roger Bacons Begriff vom Naturgesetz. In: P. Weimar (Hrsg.): Die Renaissance der Wissenschaften im 12. Jahrhundert. Zürich, München 1981, S. 197–209.

Schramm, Percy Ernst: Sphaira. Globus. Reichsapfel. Wanderung und Wandlung eines Herrschaftszeichens von Caesar bis zu Elisabeth II. Ein Beitrag zum «Nachleben» der Antike. Stuttgart 1958.

Schröder, C.: Physiologus. In: Die deutsche Literatur des Mittelalters. Verfasserlexikon. 2. Auflage, Bd. 7. Berlin: New York 1988, Sp. 620–634.

Shackelford, Jole R.: The Apple/candle illustration in «The King's Mirror» and the «South English Legendary». In: Maal og Minne 1984, S. 72–84.

Shafer, Robert: Unmasking Ktesias' Dog-headed People. In: Historia 13 (1964), S. 491–503.

Simek, Rudolf: Altnordische Kosmographie. Studien und Quellen zu Weltbild und Weltbeschreibung in Norwegen und Island vom 12. bis zum 14. Jahrhundert.

Berlin, New York 1990 (= Ergänzungsbände zum Reallexikon der Germanischen Altertumskunde. 4).

Simek, Rudolf: Die Kugelform der Erde im mittelhochdeutschen Schrifttum. In: Archiv für Kulturgeschichte 70 (1988), S. 361–373.

Simek, Rudolf: Die mittelhochdeutschen Übertragungen von Johannes von Sacroboscos *Liber de sphaera*. Zur Funktion der astronomischen Abbildungen in den Handschriften und Frühdrucken. In: Codices manuscripti 13 (1987), S. 57–76.

Simek, Rudolf: Die Wundervölker in der Weltchronik des Rudolf von Ems und der Christherrechronik. In: Österreichische Zeitschrift für Volkskunde XLIII/92 (1989), S. 37–44.

Simek, Rudolf: Elusive Elysia, or: Which Way to Glæsisvellir? In: Sagnaskemmtun. Wien 1986, S. 247–275.

Simek, Rudolf: Hierusalem civitas famosissima. Die erhaltenen Fassungen des mitteralterlichen *Situs Jerusalem* (mit Abbildungen zur gesamten handschriftlichen Überlieferung). In: Codices Manuscripti 15 (1990), S. 1–40.

Simek, Rudolf: Lexikon der germanischen Mythologie. Stuttgart 1984 (= Kröners Taschenausgabe. 368).

Simek, Rudolf: Mappae mundi. In: Archiv der Geschichte der Naturwissenschaften 22/23/24 (1988), S. 1061–1091.

Simek, Rudolf: Übersetzung kosmographischer Begriffe in altnordischen enzyklopädischen und geographischen Texten. In: Nordeuropa. Studien 23 (1988), S. 96–103.

Slessarev, Vsevolod: Prester John: The Letter and the Legend. Minneapolis 1959.

Southern, R. W.: Robert Grosseteste. The Growth of an English Mind in Medieval Europe. Oxford 1986.

Staedler, E.: Die «donatio Alexandrina» und die «divisio mundi» von 1493. In: Archiv für katholisches Kirchenrecht 117 (1937), S. 363–402.

Stahl, W. H.: Martianus Capella and the Seven Liberal Arts. Vol 2, New York 1977

Steer, Georg: Konrad von Megenberg. In: Die Deutsche Literatur des Mittelalters. Verfasserlexikon. 2. Auflage, Bd. 5. Berlin, New York 1985, S. 221–236.

Stegemann, Viktor: Aus einem mittelalterlichen deutschen astronomisch-astrologischen Lehrbüchlein. Eine Untersuchung über Entstehung, Herkunft und Nachwirkung eines Kapitels über Planetenkinder. Reichenberg 1944 (= Prager deutsche Studien. 52).

Strecker, K.: Der rythmus De Asia et de universi mundi rota. Berlin 1909.

Strunz, Franz: Geschichte der Naturwissenschaften im Mittelalter. Stuttgart 1910.

Tattersall, Jill: Sphere or disc? Allusions to the shape of the earth in some 12th-century and 13th-century vernacular French works. In: Modern Language Review 76 (1981), S. 31–46.

Taylor, Eva Germaine Remington: Some Notes on Early Ideas on the Form and Size of the Earth. In: The Geographical Journal 85 (1935), S. 64–68.

Thorndike, Lynn: A History of Magic and Experimental Science. 8 Vols., New York 1929–1958.

Tschackert, Paul: Peter von Ailly. Gotha 1877.

Vignaud, Henry: Le vrai Colomb et la légende. Paris 1921.

Walser, G.: Die Einsiedler Inschriftensammlung und der Pilgerführer durch Rom (Codex Einsidlensis 326). Faksimile, Umschrift, Übersetzung und Kommentar. Stuttgart 1987 (= Historia. 53).

Weinhold, Karl: Die Polargegenden Europas nach den Vorstellungen des deutschen Mittelalters. In: Sitzungsberichte der phil.-hist. Cl. d. Kaiserl. Akademie der Wissenschaften Wien 68 (1871), S. 783–808.

Weissengruber, F.: Labyrinthus. Hic habitat Minotaurus. In: Festschrift zum 400jährigen Jubliäum des humanist. Gymnasiums in Linz, Linz 1952, S. 127–147.

White, T. H.: The Book of Beasts. Gloucester 1984.

Wilkinson, John: Jerusalem Pilgrims Before the Crusades. Warminster 1977.

Wisotzki, Emil: Die Vertheilung von Wasser und Land an der Erdoberfläche. Ein Beitrag zur Geschichte der Erdkunde. Diss. Königsberg 1879.

Woodward, David: Medieval *Mappaemundi*. In: J. B. Harley, D. Woodward: The History of Cartography. Vol. 1. Cartography in Prehistoric, Ancient, and Medieval Europe and the Mediterranean. Chicago, London 1987, S. 286–370.

Wright, Thomas: Early Travels in Palestine. London 1848.

Wyngaert, Anastasius van den: Itinera et relationes fratrum minorum saeculi XIII et XIV. Quaracchi, Florenz 1929 (= Sinica Franciscana. 1), S. 413–495.

Zacher, C. K.: Mandeville's Travels. In: Dictionary of the Middle Ages. Vol. 8. New York 1987, S. 81f.

Zahlten, Johannes: Creatio mundi. Darstellungen der sechs Schöpfungstage und naturwissenschaftliches Weltbild im Mittelalter. Stuttgart 1979 (= Stuttgarter Beiträge zur Geschichte und Politik 13).

Zahlten, Johannes: Schöpfungsdarstellungen in Stuttgarter Handschriften. In: Beiträge zur Kunst des Mittelalters. Festschrift für Hans Wentzel. Berlin 1975, S. 231–243.

Zarncke, Friedrich: Der Priester Johannes. In: Abhandlungen der philologisch-historischen Classe der königlich-sächsischen Gesellschaft der Wissenschaften 7 (1879), S. 947–1028 und 8 (1883), S. 128–154 und 180–184.

Zatloukal, Klaus: India – ein idealer Staat im «Jüngeren Titurel». In: Strukturen und Interpretationen. Studien zur deutschen Philologie gewidmet Blanka Horacek zum 60. Geburtstag. Hrsg. von Alfred Ebenbauer, Fritz Peter Knapp, Peter Krämer. Wien 1974. (= Philologica Germanica. 1), S. 401–445.

Zettinger, Joseph: Die Berichte über Rompilger aus dem Frankenreiche bis zum Jahre 800. Diss. Rom 1900.

Zingerle, Ignaz von (Ed.): Eine Geographie aus dem dreizehnten Jahrhundert. In: Sitzungsberichte der Phil.-hist. Cl. der österr. Akademie der Wiss. Bd. 50, Heft 4 (1865), S. 371–448.

Zinner, Ernst: Entstehung und Ausbreitung der Copernicanischen Lehre. 2. Aufl., durchges. und erg. v. Heribert M. Nobis und Felix Schmeidler. München 1988.

Zöckler, Otto: Geschichte der Beziehungen zwischen Theologie und Naturwissenschaft mit besonderer Rücksicht auf Schöpfungsgeschichte. 2 Bde., Gütersloh 1877–1879.

Zögner, Lothar: Martin Behaim und das vorkolumbianische Weltbild. In: L. Zögner (Hrsg.): Die Welt in Händen. Globus und Karte als Modell von Erde und Raum. Berlin 1989, S. 43–50.

Zorzi, Alvise: Marco Polo. München 1986.

Anmerkungen

1 A. J. Gurjewitsch: Das Weltbild des mittelalterlichen Menschen. 4. Aufl., München 1989; J. Huizinga: Herbst des Mittelalters. 11. Aufl., Stuttgart 1924; A. Borst: Lebensformen im Mittelalter. Frankfurt – Berlin – Wien 1979.

2 Gurjewitsch, a. a. O., S. 72f.

3 C. Burnett (Ed.): Pseudo-Bede: De mundi celestis terrestrisque constitutione. A Treatise on the Universe and the Soul. London 1985 (= Warburg Institute Surveys and Texts. 10), S. 18.

4 Wenn Kapitel 7 dennoch fabelhafte Menschen und Tiere behandelt, dann deswegen, weil diese zum festen Inventar ferner Gegenden, nicht zum sozialen Umfeld des Europäers gehörten.

5 A. Koperska: Die Stellung der religiösen Orden zu den Profanwissenschaften im 12. und 13. Jahrhundert. Freiburg (Schweiz) 1914.

6 Vgl. G. Prause: Niemand hat Kolumbus ausgelacht. München 1988, S. 49ff, der selbst moderne Schulbücher für diese Ansicht zitieren kann.

7 Vgl. Salvador de Madariaga: Kolumbus. Übers. aus dem Spanischen von R. Bérenger. Bern etc. 1989, S. 189.

8 Nur ein zweites Mitglied der Kommission ist namentlich bekannt, und zwar der Jurist Rodrigo Maldonado (G. Granzotto: Christoph Kolumbus. Eine Biographie. Aus dem Italienischen von S. Höfer. Reinbek 1988, S. 105).

9 Zur notwendigerweise peripatetischen Natur einer solchen Kommission, die dem herumziehenden Hof Ferdinands und Isabellas zu folgen hatte, vgl. Granzotto, a. a. O., S. 105f und S. 109f.

10 Ein Begründer dieses Mythus ist der einflußreiche Kolumbus-Biograph des vorigen Jahrhunderts, W. Irving: The Life and Voyages of Christopher Columbus. London 1876, S. 34–49.

11 So Irving, a. a. O.

12 Laktanz: *Divinae institutiones* III, 24 (S. Brandt (Ed.): L. Caeli Firmiani Lactanti opera omnia I. Prag, Wien, Leipzig 1840, S. 254ff).

13 Vgl. C. Kretschmer: Die physische Erdkunde im christlichen Mittelalter. Wien 1889, S. 55.

14 B. de Montfaucon: Cosmae Indicopleustae Topographia Christiana. In: Collection Nova Patrum et Scriptorum Graecorum. Tom. 2. Paris 1706; nur Buch 1 und Teile von Buch 2 wurden schon 1663 in Paris gedruckt; vgl. dazu W. Wolska-Conus (Ed.): Cosmas Indicopleustès: Topographie Chrétienne. 3 Bde. Paris 1968–1973: Bd. 1, S. 44–123.

15 Vgl. dazu unten Kap. 3; zur Kugelform der Erde vgl. weiters Ch. W. Jones: The Flat Earth. In: Thought 9 (1934), S. 296–307; A.-D. v. d. Brincken: Die Kugelgestalt der Erde in der Kartographie des Mittelalters. In: Archiv für Kulturgeschichte 58 (1976), S. 77–95; R. Simek: Die Kugelform der Erde im

mittelhochdeutschen Schrifttum. In: Archiv für Kulturgeschichte 70 (1988), S. 361–373; J. Tattersall: Sphere or Disc? Allusions to the shape of the earth in some 12th-century and 13th-century vernacular French works. In: Modern Language Review 76 (1981), S. 31–46.

16 Granzotto, a. a. O., S. 106f; E. G. Jacob: Christoph Columbus. Bordbuch, Briefe, Berichte, Dokumente. Bremen 1957, meint S. 55, daß überhaupt keine Kommission im engeren Sinn bestanden habe und nur ein Gespräch zwischen Talavera und Columbus stattgefunden habe. Gegen die Existenz einer Talavera-Kommission sprach sich schon J. G. Magnabal: Christope Colomb et L'Université de Salamanque. Paris 1892 aus («Toutes les opinions d'Irving sont un peu suspectes»: a. a. O., S. 88). Dagegen glaubt Madariaga, a. a. O., S. 194, an förmliche Sitzungen.

17 A. A. Ruddock: Columbus and Iceland: New Light on an Old Problem. In: Geographical Journal 136 (1970), S. 177–189.

18 A. Davies: Columbus and King John. In: Brasilia 5 (1950), S. 696–697.

19 Vgl. Babcock, William Henry: Legendary Islands of the Atlantic. A Study in Medieval Geography. New York 1922 (= American Geographical Society, Research Series 8); O. Dreyer-Eimbcke: Island, Grönland und das nördliche Eismeer im Bild der Kartographie seit dem 10. Jahrhundert. Hamburg u. Wiesbaden 1987 (= Mitteilungen der Geographischen Gesellschaft in Hamburg. 77), S. 19–27.

20 F. Salentiny: Aufstieg und Fall des portugiesischen Imperiums. Wien, Köln, Graz 1977, S. 40f und S. 50f.

21 Vgl. Babcock, a. a. O.; zu den literarischen Belegen für Atlantis weiters G. Gadow: Der Atlantis-Streit. Frankfurt 1973; G. Lanczokowski: Die Inseln der Seligen und verwandte Vorstellungen. Frankfurt etc. 1986, S. 31ff; A. Manguel, G. Guadalupi: Von Atlantis bis Utopia. München 1981, S. 36f. Zur Insel Antilia oder Antiglia, die für die Antillen namensgebend werden sollte, 1424 erstmals auf einer Karte belegt ist und sowohl von Toscanelli (1474) als auch auf dem Behaim-Globus (1492) erwähnt wird, vgl. weiters Jacob, a. a. O., S. 40; O. Muris: Der «Erdapfel» des Martin Behaim. In: Ibero-Amerikanisches Archiv 17 (1943/44), S. 49–64: S. 64, und: E. G. Ravenstein: Martin Behaim. His Life and his Globe. London 1908, S. 77.

22 So Granzotto, a. a. O., S. 107, der allerdings die Lehrmeinungen des Hl. Augustinus recht verfälscht wiedergibt.

23 Ein Titel, der den spanischen Königen erst nach dem Fall von Cordoba vom Papst verliehen wurde.

24 Madariaga, a. a. O., S. 193ff; Granzotto, a. a. O., S. 106f; Jacob, a. a. O., S. 55.

25 Aus dem Bericht des Kolumbus über seine dritte Reise; Übersetzung bei Jacobs, a. a. O., S. 253.

26 E. Grant: Cosmology. In: David C. Lindberg (Ed.): Science in the Middle Ages. Chicago, London 1978, S. 265–302: S. 268.

27 H. Grössing: Weltmodelle im antiken Griechenland. In: W. Seipel (Hrsg.): Mensch und Kosmos. Linz 1990, S. 63.

28 Vgl. S. Oppenheim: Das astronomische Weltbild im Wandel der Zeit. Bd. 1. Leipzig, Berlin 1920, S. 59–65.

29 Zur Epizykeltheorie: zur Korrektur dieser Fehler vgl. S. 30f.

30 7mal größer: Macrobius; 8mal: Honorius von Autun, Wilhelm von Conches; 160mal: Konrad von Megenberg; 170mal: Roger Bacon, Albertus Magnus: vgl. zu diesen Zahlen G.-K. Bauer: Sternkunde und Sterndeutung der Deutschen im 9.–14. Jahrhundert unter Ausschluß der reinen Fachwissenschaft. Berlin 1937 (= Germanische Studien. 186), S. 34f.

31 Vgl. F. Strunz: Geschichte der Naturwissenschaften. Stuttgart 1910, S. 34.

32 Konrad von Megenberg: Die deutsche Sphaera. Hrsg. v. F. B. Brévart. Tübingen 1980 (= Altdeutsche Textbibliothek. 90), S. 16.

33 E. Grant: Das physikalische Weltbild des Mittelalters. Zürich und München 1980, S. 126.

34 F. Fellmann: Scholastik und kosmologische Reform. Münster 1971, S. 39–45.

35 Zu den mittelalterlichen Weltkarten vgl. unten Kap. 4.

36 Die letzte Form findet sich in Illustrationen zum *Liber de sphaera* des Johannes von Sacrobosco, besonders aber in der Übersetzung dieses Werkes ins Mittelhochdeutsche durch Konrad von Megenberg (vgl. dazu weiter unten Anmerkung 58).

37 Die Reihe der durch Weltallbilder illustrierten mittelalterlichen naturwissenschaftlichen Werke ist lang und reicht von Bedas *De natura rerum* über Lamberts *Liber floridus* und Johannes' von Sacrobosco *Liber de sphaera*, Wilhelms *Philosophia mundi*, Daniels *Liber de naturis inferiorum et superiorum* bis zur spätmittelalterlichen *Ymago mundi* des Pierre d'Ailly.

38 Hildegard von Bingen: *Liber Scivias:* Stuttgart, Württemberg. Landesbibliothek Cod. hist. 415 fol, f 16; vgl. J. Zahlten: Creatio mundi. Darstellungen der sechs Schöpfungstage und naturwissenschaftliches Weltbild im Mittelalter. Stuttgart 1979 (= Stuttgarter Beiträge zur Geschichte und Politik 13), bes. S. 84f und Abb. 274–276.

39 Thomas von Aquin: *Summa theologica* Quaestio LXVIII, Art. 4: *utrum sit unum coelum tantum* («ob es nur einen Himmel gibt»).

40 Honorius Augustodunensis: *Elucidarius* (Liber I, 3).

41 Nämlich die Seraphim, Cherubim, Throne, Herrschaften, Gewalten, Fürsten, Mächte, Erzengel und Engel: so bei Pseudo-Dionysios Areiopagites um 500 n. Chr., der mit seinen Vorstellungen von himmlischen Hierarchien die Vorstellungen des Mittelalters stark beeinflußte. Eine derartige «Feingliederung» des geistlichen Himmels in neun Sphären findet sich um 1120 bei Lambert von St. Omer in seinem *Liber floridus:* A. Derolez (Hrsg.): Lamberti S. Avdomari canonici Liber floridus. Gent 1968, S. 452.

42 Hartmann Schedel: Liber Chronicarum. Nürnberg 1493, S. Vv.

43 Vgl. A. Piltz: Die gelehrte Welt des Mittelalters. Köln, Wien 1982, S. 117.

44 Vgl. Zahlten, a. a. O., Abb. 269–270, 281–290, bes. 283.

45 E. Grant: Cosmology, a. a. O., S. 271.

46 A. a. O., S. 269f.

47 Vgl. dazu Abb. 30.

48 Zur arabischen und chinesischen Astronomie vgl. die zahlreichen Aufsätze von W. Hartner, zum Teil aufgelistet in den Anmerkungen zu W. Hartner: The Rôle of Observation in Ancient and Medieval Astronomy. In: Journal for the History of Astronomy 8 (1977), S. 1–11.

49 C. M. Botley: The Position of Supernova 1006 and the St Gallen Chronicle. In: Journal for the History of Astronomy 7 (1976), 139f; U. Dall'Olmo: Latin Terminology Relating to Aurorae, Comets, Meteors and Novae. In: Journal for the History of Astronomy 10 (1979), S. 25f.

50 Konrad von Megenberg, a. a. O., S. 78; Burnett, a. a. O., S. 58.

51 Simek, Altnordische Kosmographie, a. a. O., S. 81–83; wie bei Honorius findet sich dieses Bild auch in der von ihm direkt abhängigen *Image du monde* des Walter von Metz; ähnlich, aber mit unterschiedlicher Argumentation auch bei Alexander Neckam: *De naturis rerum* I, 9.

52 Die letzten Beispiele nach Bauer, a. a. O., S. 27.

53 Augsburg 1490; vgl. Piltz, a. a. O., S. 116f.

54 Vgl. Grant: Das physikalische Weltbild des Mittelalters, a. a. O., S. 21.

55 K. Sudhoff (Hrsg.): Daniels von Morley Liber de naturis inferiorum et superiorum, nach der Handschrift Cod. Arundel 377 des Britischen Museums zum Abdruck gebracht. In: Archiv für die Geschichte der Naturwissenschaften und der Technik 8 (1917), S. 1-40.

56 Nämlich London, The British Library, Cod. Arundel 377 und Oxford, Corpus Christi College, Cod. 95.

57 Vgl. Brévart: Johannes de Sacrobosco, a. a. O., S. 733; ders.: (Hrsg.): Das Puechlein von der Spera, Abbildung der gesamten Überlieferung, kritische Edition, Glossar. Göppingen 1979 (= Litterae. 68), S. 9f.

58 Zu Konrad von Megenberg allgemein vgl. H. Ibach: Leben und Schriften des Konrad von Megenberg. Würzburg 1938; G. Hetzelein: Konrad von Megenberg, der erste deutsche Naturhistoriker. Nürnberg 1973; zu seiner *Deutschen Sphaera* besonders J.-P. Deschler: Die astronomische Terminologie Konrads von Megenberg. Ein Beitrag zu mittelalterlichen Fachprosa. Bern, Frankfurt/M. 1977; F. B. Brévart: Zur Überlieferungsgeschichte der «Deutschen Sphaera» Konrads von Megenberg. In: PBB 102 (1980), S. 189–214; G. Steer: Konrad von Megenberg. In: Die Deutsche Literatur des Mittelalters. Verfasserlexikon. 2. Auflage, Bd. 5. Berlin, New York 1985, S. 221–236. Der Text der *Deutschen Sphaera* ist zweimal ediert: O. Matthaei (Hrsg.): Konrads von Megenberg Deutsche Sphaera aus der Münchener Handschrift. Berlin 1912 (= DTM 23); F. B. Brévart: Konrad von Megenberg: Die Deutsche Sphaera. Tübingen 1980 (= ATB 90). Zu Konrads von Megenberg naturgeschichtlichem Werk Buch der Natur vgl. unten Kap. 8.

59 Vgl. Simek: Die mittelhochdeutschen Übertragungen, a. a. O., S. 58; F. B. Brévart (Hrsg.): Das Puechlein von der Spera, Abbildung der gesamten Überlieferung, kritische Edition, Glossar. Göppingen 1979 (Litterae. 68); F. B. Brévart: Eine neue Übersetzung der lat. «Sphaera mundi» des Johannes von Sacrobosco. In: ZfdA 108 (1979), S. 57–65.

60 Simek, Die mittelhochdeutschen Übertragungen, a. a. O., S. 58; F. Brévart (Hrsg.): Konrad Heinfogel: Sphaera materialis. Text und Kommentar. Göppingen 1981 (= GAG. 325), S. V-VIII.

61 Nur ein Dutzend Handschriften und drei gedruckte Ausgaben zwischen 1508 und 1531; vgl. L. Baur (Hrsg.): Die philosophischen Werke des Robert Grosseteste, Bischofs von Lincoln. Münster 1912 (= Beiträge zur Geschichte der Philosophie des Mittelalters. Texte und Untersuchungen. 9), S. 10.

62 Baur, a. a. O., S. 10–32. Vgl dazu Baur, a. a. O., S. 60*–64*; L. Thorndike: A History of Magic and Experimental Science. Volume 2, New York, 1923, S. 629; ders.: The *Sphere* of Sacrobosco, a. a. O., S. 24f; S. P. Marrone: Grosseteste, Robert. In: Dictionary of the Middle Ages 6, New York 1985, S. 1f; R. W. Southern: Robert Grosseteste. The Growth of an English Mind in Medieval Europe. Oxford 1986, S. 142–146.

63 Vgl. Thorndike: The Sphere of Sacrobosco, a. a. O., S. 26–28.

64 So in dem des Robertus Anglicus: Thorndike: The *Sphere* of Sacrobosco, a. a. O., S. 194.

65 Vgl. C. Kren: Astronomy. In: D. L. Wagner (Ed.): The Seven Liberal Arts in the Middle Ages. Bloomingten, Ind. 1983, S. 219–225.

66 H. Grössing: Weltmodelle im antiken Griechenland, a. a. O., S. 63f.

67 Vgl. Oppenheim, a. a. O., S. 59ff; Grant: Cosmology, a. a. O., S. 280–284.

68 Vgl. Kren, a. a. O, S. 223f.

69 Grössing, Weltmodelle, a. a. O., S. 66.

70 O. Pedersen: Astronomy. In: David C. Lindberg (Ed.): Science in the Middle Ages. Chicago, London 1978, S. 303–337: S. 307.

71 H. R. Plant, M. Rowlands, R. Burkhart: Die sogenannte «Mainauer Naturlehre» der Basler Hs. B VIII 27. Göppingen 1972 (= Litterae. 18).

72 Ebenda, S. 17.

73 Vgl. Baur, a. a. O., S. 11; ähnlich auch bei Johannes von Sacrobosco und seinen Kommentatoren; vgl. Thorndike, The *Sphere* of Sacrobosco, a. a. O., S. 12.

74 Zu den zahlreichen Stellen zur Eiform der Erde in Antike und Mittelalter vgl. V. Stegemann: Aus einem mittelalterlichen deutschen astronomisch-astrologischen Lehrbüchlein. Eine Untersuchung über Entstehung, Herkunft und Nachwirkung eines Kapitels über Planetenkinder. Reichenberg 1944 (= Prager deutsche Studien. 52); F. Lukas: Das Ei als kosmogonische Vorstellung. In: Zeitschrift des Vereins für Volkskunde (Berlin) 4 (1894), S. 227–243; H. Liebeschütz: Das allegorische Weltbild der heiligen Hildegard von Bingen. Leipzig, Berlin 1930, Neudruck 1964 (= Studien der Bibliothek Warburg. 16); P. Dronke: Fabula. Explorations in the uses of myth in medieval Platonism. Leiden, Köln 1974; R. Simek: Die Kugelform der Erde im mittelhochdeutschen Schrifttum. In: Archiv für Kulturgeschichte 70 (1988), S. 361–373.

75 Weiters bei Empedokles, dem Aratkommentar des Achilles (um 300 n. Chr.) sowie bei Damaskios (5./6. Jahrhundert).

76 Laut Cassiodor *(Institutiones* II, 7,4); 1. Hälfte 6. Jahrhundert; vgl. dazu W. H. Stahl: Martianus Capella and the Seven Liberal Arts. Vol 2, New York 1977, S. 26.

77 Martianus Capella am Anfang des 5. Jahrhunderts *(De nuptiis Philologiae et Mercurii Lib.* I, 68: Ed. Eyssenhartd, Leipzig 1866, S. 20); Macrobius (4. Jahrhundert) nennt den Vergleich in seinen wenig verbreiteten *Saturnalia* (zitiert bei Dronke), a. a. O., S. 83.

78 *Per ovum totam caelestem sphaeram significat: per crocineum colorem splendorem superum, per umorem albidum splendidatem aetheris et aeris significat, per solididatem interius terram significat* (wobei hier also die Erde mit dem Dotter

identifiziert wird); die ansonsten unedierte Stelle ist zitiert nach Dronke, a. a. O., S. 156.

79 *et per hanc ovi speciem totus mundus significatur* (C. E. Lutz (Ed.): Remigius of Auxerre: Commentum in Martianum Capellam. 2 Bde., Leiden 1962–5, Bd. 1, S. 177; vgl. P. Dronke: Fabula. Explorations in the uses of myth in medieval Platonism. Leiden, Köln 1974, S. 82).

80 PL 178, Sp. 735f.

81 *Commentum in Macrobium* (Gedruckt bei Dronke, a. a. O., S. 158).

82 Zitiert nach Zahlten, a. a. O., S. 149, Anm. 160.

83 Wilhelm von Conches und Honorius von Autun waren allerdings die wichtigsten Vermittler dieses kosmischen Gleichnisses; durch Honorius' *Imago mundi* fand der Ei/Kosmos-Vergleich Eingang in die volkssprachliche mittelalterliche Literatur. Bearbeitungen von Honorius wie die französische *Image du monde* des Walter von Metz (Vgl. F. Fritsche: Untersuchungen ueber die Quellen der Image du Monde des Walther von Metz. Halle/S. 1880, S. 18f.) übernehmen den Vergleich ebenso wie eine ganze Reihe deutschsprachiger kosmographischer Stellen im religiösen und astronomischen Schrifttum, wobei fast immer Honorius' Vergleich der Erde mit dem Fett-Tröpfchen im Dotter zum Vergleich der Erde mit dem Dotter selbst abgewandelt wird.

84 F. Pfeiffer (Hrsg.): Berthold von Regensburg. Vollständige Ausgabe seiner Predigten. Bd. 1. Wien 1862, S. 392.

85 Vgl. dazu Y. Lefévre: L'Elucidarium et les Lucidaires. Paris 1954, K. Schorbach: Studien über das deutsche Volksbuch Lucidarius. Straßburg 1894; G. Glogner: Der mittelhochdeutsche Lucidarius, eine mittelalterliche Summe. Münster 1937 (Diss. Frankfurt).

86 H. Jellinghaus (Hrsg.): Das Buch Sidrach. Nach der Kopenhagener mittelniederdeutschen Handschrift v. J. 1479. Tübingen 1904 (= Bibliothek des Litterarischen Vereins in Stuttgart. 235), S. 110.

87 Vgl. Bauer, a. a. O., S. 15.

88 F. Heidlauf (Hrsg.): Lucidarius aus der Berliner Handschrift herausgegeben. Berlin 1915 (= Deutsche Texte des Mittelalters. 28), S. 8.

89 F. Pfeiffer (Hrsg.): Das Buch der Natur von Konrad von Megenberg. Stuttgart 1861, S. 78f.

90 PL 111, Sp. 262.

91 Vgl. E. Grant: Das physikalische Weltbild, a. a. O., S. 69f.

92 Vgl. Piltz, a. a. O., S. 117.

93 Vgl. u. a. auch G. Prause: Niemand hat Kolumbus ausgelacht, a. a. O., S. 50ff.

94 A. Norlind: Das Problem des gegenseitigen Verhältnisses von Land und Wasser und seine Behandlung im Mittelalter. Lund, Leipzig 1918 (= Lunds Universitets Årsskrift. 14/1. Heft 12), S. 43.

95 Vgl. dazu G. Hamann: Der Eintritt der südlichen Hemisphäre in die europäische Geschichte. Die Erschließung des Afrikaweges nach Asien vom Zeitalter Heinrichs des Seefahrers bis zu Vasco da Gama. Wien 1968 (= Sitzungsber. d. phil.-hist. Kl. d. Österr. Akademie der Wissenschaften. 260. Heft 6), S. 24–28.

96 Das Cabo de Não wurde 1416 bezwungen, das 70 Seemeilen südlich

gelegenene Kap Bojador durch Gil Eanea 1434, das Cabo Blanco (300 Seemeilen weiter) durch Nuno Trisão 1441, das Cabo Verde als Westspitze Afrikas (nochmals 300 Seemeilen) durch Dinis Dias 1444. 1461 erreichte Pedro de Sinta das 500 Seemeilen südlich gelegene Cabo Mesurado in der Gegend von Monrovia, 1470 drang eine Privatexpedition des Fernão Gomes 1000 Seemeilen bis zum Kap der drei Spitzen vor, unweit dessen 1482 König Johann II. das in der Zukunft äußerst wichtige Fort São Jorge de Mina in der Goldküste anlegen ließ. 1482 lief Diego Cão bereits in den Kongo ein, auf seiner zweiten Expedition 1485 kam er vielleicht bis an die Walfischbucht heran, 1488 schließlich rundete Bartolomeu Dias die Südspitze Afrikas. Zur Expansion auf diesem Abschnitt vgl. Hamann, a. a. O., S. 49–350, und Salentiny, S. 37–64.

97 Hamann, a. a. O., S. 139–147; Salentiny, a. a. O., S. 57 ff.

98 C. M. Radding: A World Made by Men. Cognition and Society, 400–1200. Chapel Hill and London 1985, S. 70–73.

99 Vgl. noch J. G. Leithäuser: Mappae mundi, die geistige Eroberung der Welt. Berlin 1958; A.-D. v. d. Brincken: Die Kugelgestalt der Erde in der Kartographie des Mittelalters. In: Archiv für Kulturgeschichte 58 (1976), S. 77–95.

100 K. Schorbach: Studien über das deutsche Volksbuch Lucidarius. Straßburg 1894; G. Glogner: Der mittelhochdeutsche Lucidarius, eine mittelalterliche Summe, Münster 1937.

101 F. Heidlauf (Hrsg.): Lucidarius, aus der Berliner Handschrift. Berlin 1915 (= Deutsche Texte des Mittelalters. 28), S. 8.

102 H. Jellinghaus (Hrsg.): Das Buch Sidrach. Nach der Kopenhagener mittelniederdeutschen Handschrift v. J. 1479. Tübingen 1904 (= Bibliothek des Litterarischen Vereins in Stuttgart. 235), S. 111.

103 Vgl dazu J. R. Shackelford: The Apple/candle illustration in «The King's Mirror» and the «South English Legendary». In: Maal og Minne 1984, S. 72–84, und Simek: Altnordische Kosmographie, a. a. O., S. 131–133.

104 Vgl dazu P. E. Schramm: Sphaira. Globus. Reichsapfel. Wanderung und Wandlung eines Herrschaftszeichens von Caesar bis zu Elisabeth II. Ein Beitrag zum «Nachleben» der Antike. Stuttgart 1958.

105 Vgl. O. Muris: Der «Erdapfel» des Martin Behaim, a. a. O.; Der Behaim-Globus zu Nürnberg. Eine Faksimile-Wiedergabe in 92 Einzelbildern, ebenda, S. 1–48; M. Maury: On Martin Behaim's Globe, and his Influence upon Geographical Science. In: Journal of the American Geographical Society of New York 4 (1874), S. 432–452; Ravenstein, a. a. O.; vgl. auch , J. Löwenberg: Geschichte der Geographischen Entdeckungsreisen, Leipzig 1880, S. 447–458 mit einer farbigen Umzeichnung des Erdapfels.

106 L. Zögner, Martin Behaim und das vorkolumbianische Weltbild. In: L. Zögner (Hrsg.): Die Welt in Händen. Globus und Karte als Modell von Erde und Raum. Berlin 1989, S. 43–50: S. 44.

107 M. Behland: Die Dreikönigslegende des Johannes von Hildesheim. München 1968, S. 194.

108 Vgl. Kap. 2, Anmerkung 43.

109 *Quaestiones naturales* IV, 11.

110 Im *Phaidon*.

111 *Naturalis historia* II, 70.

112 *Naturalis historia* II, 164 und 178.

113 Mainauer Naturlehre, H. R. Plant, M. Rowlands, R. Burckhart (Hrsg.): Die sogenannte «Mainauer Naturlehre» der Basler HS. B VIII 27. Göppingen 1972 (= Litterae. 18) S. 17.

114 H. Stadler (Hrsg.): Albertus Magnus. De animalibus libri XXVI. Nach der Kölner Urschrift. 2 Bde. Münster 1916–1920 (= Beiträge zur Geschichte der Philosophie des Mittelalters. 15–16), Buch II, 4, 9–11.

115 Vgl. Grant, Das physikalische Weltbild, S. 110.

116 A. Ruppel: Die Erfindung der Buchdruckerkunst und die Entdeckung Amerikas. Mainz 1948, S. 9.

117 Vgl. dazu mehr im Kapitel 4.

118 A. A. Ruddock, a. a. O., S. 177–189.

119 Bis heute ist es nicht sicher, ob es sich bei John of (oder Jean de) Mandeville um einen geflüchteten englischen Adeligen oder um einen Arzt aus Lüttich oder eine dritte Person handelte. Zur Person des John of Mandeville vgl. besonders M. Letts: Sir John Mandeville. The Man and his Book. London 1949, und J. W. Bennett: The Rediscovery of Sir John Mandeville. New York 1954; das Standardwerk zu John Mandeville ist nunmehr C. Deluz: Le Livre de Jehan de Mandeville. Une «Geographie» au XIVe siècle. Louvaine-la-Neuve 1988 (= Université Catholique de Louvain. Publications de l'institut d'études Médiévales. Textes, Etudes, Congrès. Vol. 8), wo die biographische Problematik im 1. Kapitel, S. 3–24 ausführlich abgehandelt ist.

120 Vgl. dazu unten S. 75f und Anmerkungen 187–190.

121 Näheres zu Marco Polo ebenfalls in Kap. 5, S. 74f.

122 Tscharner: Mhd. Marco Polo, a. a. O., S. 50. Das lateinische in *alto mare* «auf hoher See» konnte zwar im Mittelhochdeutschen mit *in der tiefen des mêres* wiedergegeben werden, aber selbst für diese Wendung war wohl die Kugelgestalt der Hydrosphäre maßgeblich.

123 Im mittelhochdeutschen Text: E. J. Morall (Hrsg.): Sir John Mandevilles Reisebeschreibung in deutsche Übersetzung von Michael Velser. Berlin 1974 (= Deutsche Texte des Mittelalters. 33), S. 36; im mittelenglischen Text: P. Hamelius: Mandeville's Travels. London, New York, Toronto 1919, Reprint 1960, S. 204.

124 Vgl dazu unten Kapitel 4.

125 F. Salentiny, a. a. O, S. 72ff; Hamann, a. a. O., S. 345–347.

126 G. J. Marcus: The Conquest of the North Atlantic. Woodbridge 1980, S. 168f.

127 Dazu und dann besonders zu den französischen Initiativen in Übersee ab der Mitte des 16. Jahrhunderts vgl. F. Gewecke: Wie die neue Welt in die alte kam. Stuttgart 1986, S. 17 und S. 20–39.

128 Neben dem Historiker Herodot im 5. Jahrhundert v. Chr., der Ägypten und Mesopotamien bereist hatte, etwa auch der etwas jüngere Ktesias und noch später Megasthenes (4. Jahrhundert v. Chr.), welche beide Schilderungen Indiens verfaßt hatten, die nur in Auszügen erhalten sind.

129 Neben Ägypten besonders das Reich Seba im heutigen Jemen.

130 Ein gewisser Himilco soll bereits im 5. Jahrhundert v. Chr. die Britischen

Inseln erreicht haben (Plinius: *Naturalis historia* II, 169), Pytheas bereiste vor 300 v. Chr. die europäische Westküste bis Skandinavien; seine von Zeitgenossen als unglaubwürdig verworfenen, jedoch großteils richtigen Angaben in seiner Reisebeschreibung sind jedoch nur in Auszügen bei Herodot erhalten.

131 Vor allem von Augustinus, der damit die Denkrichtung für das Mittelalter vorgab *(De civitate Dei* XVI, 9).

132 Die Aufstellung über die Güter einer arabischen Karawane von 1411 nennt Pfeffer, Ingwer, Muskatnuß, Gewürznelke, Zimt, Weihrauch und Brasilholz als wichtigste Lasten: E. Ashtor: Europäischer Handel im spätmittelalterlichen Palästina. In: Wolfdietrich Fischer, Jürgen Scheider (Hrsg.): Das Heilige Land im Mittelalter. Begegnungsraum zwischen Orient und Okzident. Neustadt a. d. Aisch 1982, S. 107–126: S. 125; Brasilholz diente in erster Linie als roter Farbstoff.

133 Vgl dazu unten Kapitel 5.

134 Vgl. dazu unten Kapitel 7.

135 Vgl. F. Kirnbauer, K. L. Schubert: Die Sage vom Magnetberg. Wien 1957, und viel ausführlicher C. Lecouteux: Die Sage vom Magnetberg. In: Fabula 25 (1984), S. 35–65; die Sage vom Magnetberg kommt zwar auch in der Alexanderdichtung vor, ist in der enzyklopädischen Literatur aber nur in schmaler Überlieferung erhalten und fehlt bei Solinus, Isidor und Honorius. Die von Ptolemäus erstmals in Europa referierte Sage scheint erst in den großen Enzyklopädien des 13. Jahrhunderts (Vinzenz von Beauvais, Bartholomeus Anglicus) wieder auf.

136 Eine Literaturgeschichte der mittelalterlichen Kosmographien steht noch aus; vgl. inzwischen die Zusammenstellung bei Simek: Altnordische Kosmographie, a. a. O., S. 150–154.

137 Derart große Karten waren im Mittelalter selten; erhalten ist heute nur die Karte von Hereford (Durchmesser: 132 cm), während die Karte von Ebstorf (Durchmesser: 356 cm) in den alliierten Bombenangriffen auf Hannover des Jahres 1943 verbrannte und von einer Karte aus Cornwall (urspr. Durchmesser: ca. 157 cm) nur mehr ein Fragment in der Größe von 61 x 53 cm erhalten.

138 Für den folgenden Abschnitt über Mappae mundi dienten vor allem als Quellen: R. Simek: Mappae mundi. In: Archiv der Geschichte der Naturwissenschaften 22/23/24 (1988), S. 1061–1091 (mit ausführlicher Bibliographie); Simek, Altnordische Kosmographie, a. a. O., S. 31–74; D. Woodward: Medieval *Mappaemundi.* In: J. B. Harley, D. Woodward: The History of Cartography. Vol. 1. Cartography in Prehistoric, Ancient, and Medieval Europe and the Mediterranean. Chicago, London 1987, S. 286–370.

139 M. de La Roncière, M. Mollat du Jourdin: Portulane. Seekarten vom 13. bis zum 17. Jahrhundert. München 1984; von Nord- und Ostsee ist bislang erst eine Portulankarte bekannt, die sich in Privatbesitz befindet.

140 G. H. T. Kimble: Geography in the Middle Ages. London 1938, S. 182.

141 H. Kugler: Die Ebstorfer Weltkarte. Ein europäisches Weltbild im deutschen Mittelalter. In: Zeitschrift für deutsches Altertum 116 (1987), S. 1–29: S. 16.

142 *septus est enim undique romphea flammea, id est muro igneo accinctus:* *Isidor: Etymologiae* XIV,3,2; *inadibilis hominibus, qui igneo muro usque ad coelum est cinctus:* Honorius Augustodunensis: *De imagine mundi* I,9.

143 V. H. de P. Cassidy: The Voyage of an Island. In: Speculum 38 (1963), S. 595–602.

144 K. Miller: Mappaemundi. Die ältesten Weltkarten. Bd. 4, Die Herfordkarte. Stuttgart 1896, S. 36f; ibid., Bd. 5, Die Ebstorfkarte, Stuttgart 1896, S. 52.

145 Vgl. dazu unten Kapitel 6.

146 Miller, Bd. 4, a. a. O., S. 27; Miller, a. a. O., Bd. 5, S. 35.

147 Genesis 10, 2; Ezechiel 38, 1–39, 29.

148 Hugo von St. Victor: *loca in quibus res geste sunt* (zitiert bei A.-D. v. d. Brincken: *Mappa mundi* und Chronographia: Studien zur *imago mundi* des abendländischen Mittelalters. In: Deutsches Archiv für Erforschung des Mittelalters 24 (1968), S. 118–186: S. 124 und: dies.: «... ut describeretur universus orbis.» Zur Universalkartographie des Mittelalters. In: Miscellanea Mediaevalia 7 (1970), S. 249–278: S. 255).

149 *Libya, id est Africa:* Isidor: *Etymologiae,* XIV,4,1.

150 Roger Bacon dagegen läßt die Beschreibung Westeuropas überhaupt aus, mit der Begründung, es sei unnötig, das Naheliegende zu schildern.

151 Eine ansonsten sehr namenreiche fränkische Verskosmographie des 7. Jahrhunderts kennt von Nord- und Osteuropa gerade noch Scithia, Alania, Dacia und Gotia (K. Strecker: Der rythmus De Asia et de universi mundi rota. Berlin 1909, S. 17); die sog., auf Honorius beruhende *Christherrechronik* aus dem 13. Jahrhundert (I. Zingerle (Ed.): Eine Geographie aus dem dreizehnten Jahrhundert. In: Sitzungsberichte der Phil.-hist. Cl. der österr. Akademie der Wiss. Bd. 50, Heft 4 (1865), 371–448: 403 und 411) nennt immerhin Tenemarke, Sweden und Norwêgen, dazu die Inseln Orchadês und Chilê (für richtig Thile = Thule).

152 Vgl. wieder Miller 4, S. 16–18, Miller 5, S. 24f.

153 Simek, Altnordische Kosmographie, S. 428–456.

154 Ibid. und Simek: Elusive Elysia, a. a. O., S. 247–275.

155 Hamann, a. a. O., S. 93–103.

156 Prause, a. a. O., S. 63; Jacob, a. a. O., S. 33f; S. E. Morison: Admiral of the Ocean Sea. A Life of Christopher Columbus. 2 Vols., 6. Aufl., Boston 1954, Vol. 1, S. 24f. Ruddock, a. a. O.

157 Ruddock, a. a. O., S. 181–188.

158 O. F. Fritzsche: Liber Apocryphi veteris testamenti graece. Leipzig 1871, S. 603 (4. *Buch Esdras,* 3. Vision, 3. Tag).

159 E. Wisotzki: Die Vertheilung von Wasser und Land an der Erdoberfläche. Königsberg 1879, S. 7f; A. Norlind: Das Problem des gegenseitigen Verhältnisses von Land und Wasser und seine Behandlung im Mittelalter. Lund, Leipzig 1918 (= Lunds Universitets Årsskrift. 14/1. Heft 12), S. 33; E. Grant: A Source Book in Medieval Science, a. a. O., S. 630; Simek, Altnordische Kosmographie, a. a. O., S. 195; A.-D. v. d. Brincken: Die Kugelgestalt der Erde in der Kartographie des Mittelalters. In: Archiv für Kulturgeschichte 58 (1976) S. 77–95.

160 L. Salembier: Petrus ab Alliaco. Diss. Lille 1886; P. Tschackert: Peter von Ailly. Gotha 1877; L. Thorndike: A History of Magic and Experimental Science. Vol. 4, New York 1934, S. 101–113; E. Buron (Ed.): Ymago mundi de Pierre d'Ailly. Texte latin et traduction française des quatre traités

cosmographiques de d'Ailly et des notes marginales de Christophe Colomb. Bd. 1, S. 37–113.

161 *Ymago Mundi*, Cap. VIII (E. Buron, a. a. O., Bd. 1, S. 206–215).

162 Dieses gedruckte Exemplar mit den lateinischen Randnotizen des Kolumbus befindet sich jetzt in Sevilla; vgl. Grant: A Source Book in Medieval Science, a. a. O., S. 630.

163 Wisotzki, S. 7f; Norlind, a. a. O., S. 23.

164 So etwa Notker der Deutsche in seiner Boethius-Übersetzung (Petrus W. Tax (Hrsg.): Notker der Deutsche: Boethius, «De consolatione Philosophiae». Buch I/II. Tübingen 1986 (= Altdeutsche Textbibliothek. 94), S. 96.

165 Isidor: *Etymologiae* XIV, 5, 17.

166 Sehr deutlich schon auf den Beatuskarten des 8. Jahrhunderts (Miller, a. a. O., Bd. 1. Die Weltkarte des Beatus (776 n. Chr.) Stuttgart 1895, S. 31, 35, 39).

167 *Ymago mundi* Cap. 7 (Buron, a. a. O. I, S. 198–204).

168 Genesis 10.

169 Augustinus: *De civitate Dei* XVI, 9.

170 Hamann, a. a. O., S. 98–103.

171 S. Günther: Die Lehre von der Erdrundung und Erdbewegung im Mittelalter bei den Occidentalen. Halle 1877 (= S. Günther: Studien zur Geschichte der mathematischen und physikalischen Geographie. 1), S. 3.

172 C. Kretschmer: Die physische Erdkunde im christlichen Mittelalter. Wien 1889, S. 55.

173 *De perversa enim et iniquia doctrina, quae contra Deum et animam suam locutus est – si clarificatum fuerit, ita eum confiteri, quod alius mundus et alii homines sub terra sint seu sol et luna – hunc habito concilio ab ecclesia pelle, sacerdotii honore privatum.* (PL 89, Sp. 946f).

174 V. I. J. Flint: Monsters and the Antipodes in the Early Middle Ages and Enlightenment. In: Viator 15 (1984), S. 65–80: S. 66.

175 W. Hartmann (Hrsg.): Manegold von Lautenbach: Liber contra Wolfelmum. Köln 1972 (= Monumenta Germaniae Historia. Quellen zur Geistesgeschichte des Mittelalters. 8) S. 51.

176 Vgl. dazu A. Hüttig: Macrobius im Mittelalter. Ein Beitrag zur Rezeptionsgeschichte der Commentarii in Somnium Scipionis. Frankfurt, Bern, New York, Paris 1990.

177 O. Zöckler: Geschichte der Beziehungen zwischen Theologie und Naturwissenschaft. Gütersloh 1877, Bd. 1, S. 340. Der Prozeßbericht ist gedruckt bei I. v. Döllinger: Dokumente vornehmlich zur Geschichte der Valdesier und Katharer. München 1890, S. 585–597.

178 Strunz, a. a. O., S. 102.

179 *Nonne enim et antipodes sub pedibus nostris esse dicuntur. Sitamen philosophice loqui volueris, non magis sunt sub pedibus nostris quam nos sub pedibus eorum. Sed numquid de primisparentibus descenderunt antipodes? Secundum Augustinum, nonsunt antipodes, sed doctrinä causa aut figmenti ita dicisolet.* (Alexandri Neckam De naturis rerum libri duo. Ed. by T. Wright. London 1863, S. 159f.)

180 Vgl. Kretschmer, a. a. O. S. 58f.

181 Wilhelm von Conches: *De philosophia mundi* IV, 3 (PL 172, Sp. 85f).

182 Lamberti S. Avdomari canonici Liber Floridus, ed. Albert Derolez. Gent 1968, S. 189.

183 Vgl. dazu oben Kapitel 4.

184 Urfassung: L. F. Benedetto: Marco Polo: Il Milione. Florenz 1928; engl. Fassung: H. Yule (Ed.): The Book of Sir Marco Polo, Third ed., rev. by H. Cordier. 2 Vols, London 1903; mittelhochdeutsche Fassung: H. v. Tscharner (Ed.): Der mittelhochdeutsche Marco Polo nach der Admonter Handschrift. Berlin 1935 (= Deutsche Texte des Mittelalters. 40).

185 Vgl. E. Burman: The World before Columbus 1100–1492, London 1989, S. 89.

186 Vgl. dazu H. E. Rübesamen (Übers.): Die Reisen des Venezianers Marco Polo. München 1969, S. 10f.

187 An neuerer Literatur vgl. E. Bremer: Mandeville, Jean de. In: Die deutsche Literatur des Mittelalters. Verfasserlexikon. 2. Aufl., Bd. 5. Berlin, New York 1985, Sp. 1201–1214; C. K. Zacher: Mandeville's Travels. In: Dictionary of the Middle Ages. Vol. 8. New York 1987, S. 81f; M. B. Campbell: The Witness and the Other World. Exotic European Travel Writing, 400–1600. Ithaca, London 1988, S. 122–161; C. Deluz, Le Livre de Jehan de Mandeville. Une «Géographie» au XIVe s. Louvain-la-Neuve 1988.

188 Zu den Quellen des John of Mandeville zählen u. a. die *Legenda aurea* und verschiedene Texte über Alexander den Großen, die Werke des Eugesippus, Beda, Orosius, die Reiseberichte von Wilhelm von Boldensele, Johann von Würzburg, Odorico von Pordenone und Wilhelm von Tripolis, neben den *Etymologiae* des Isidor von Sevilla die Enzyklopädien *Speculum naturale* und *Speculum historiale* des Vinzenz von Beauvais und der *Trésor* des Brunetto Latini sowie die *Otia imperialia* des Gervasius von Tilbury, das Buch Sidrach und die *Historia Hierosolimitana* das Jacques de Vitry; eine äußerst genaue Aufstellung der Quellen findet sich bei Deluz, a. a. O., S. 429–491.

189 Die Zahl der Handschriften von Mandevilles Reisebeschreibung beläuft sich heute laut Deluz, a. a. O., S. 371–382 auf 233, davon sind 56 auf Latein, 63 auf Deutsch, 47 auf Französisch, 33 auf Englisch, 13 auf Italienisch, 10 auf Niederländisch, sieben auf Tschechisch, vier auf Dänisch und drei auf kymrisch abgefaßt.

190 Deutsche Fassungen erschienen in Basel und Augsburg 1481, die lateinische in Straßburg 1484, die holländische in Gouda schon 1475, die englische in London 1499, die französische in Lyon 1508, die spanische in Valencia 1521, eine Reihe italienischer in Mailand 1480, Bologna 1488 Venedig 1491 und Florenz 1492.

191 Campell, a. a. O., S. 126.

192 Vgl. dazu unten im letzten Abschnitt dieses Kapitels.

193 Aus der *Legenda aurea*, vgl. Deluz, a. a. O., S. 58 und 430ff.

194 Johannes von Sacrobosco, *Liber de sphaera*, vgl. Deluz, a. a. O., S. 58.

195 Vgl. N. Ohler: Reisen im Mittelalter. München 1986, S. 399f.

196 Burman, a. a. O. S. 66f; G. D. Painter: The Tartar Relation. In: R. A. Skelton, T. E. Marston, G. D. Painter: The Vinland Map and the Tartar Relation. New Haven, London 1965, S. 34f.

197 Painter, a. a. O., S. 34–39. Die relevante Edition ist nunmehr: Giovanni di

Pian di Carpini: Storia dei Mongoli. Edizione critica del testo latino a cura di E. Menestò, traduzione italiana a cura di M. C. Lungarotti, e note di P. Daffinà. Introduzione di L. Petech, studi storico-filologici di C. Leonardi, M. C. Lungarotti, E. Menestò. Spoleto 1989; vgl. auch C. R. Beazley: The Texts and Versions of John de Plano Carpini and William de Rubruquis. London 1903; F. Risch (Hrsg. u. Üb.): Johann de Plano Carpini. Leipzig 1930; C. Dawson: The Mongol Missions. London 1955. Übersetzt von F. Risch: Johann de Plano Carpini: Geschichte der Mongolen und Reisebericht 1245–1247. Leipzig 1930 (Teilabdruck bei A. Eggebrecht u. a. (Hrsg.): Die Mongolen und ihr Weltreich. Mainz 1989, S. 200–208).

198 A. van den Wyngaert: Itinera et relationes fratrum minorum saeculi XIII et XIV. Quaracchi, Florenz 1929 (= Sinica Franciscana. 1), S. 164–332: S. 290–297; Übersetzung bei Eggebrecht, a. a. O., S. 217–220 (nach F. Risch: Wilhelm Rubruk: Reise zu den Mongolen 1253–1255. Leipzig 1934); Burman, a. a. O., S. 83–86.

Burman, S. 85.

200 Campbell, a. a. O., S. 112–121.

201 Die in vier Handschriften erhaltene deutsche Fassung ist ediert durch G. Strasman: Konrad Steckels deutsche Übertragung der Reise nach China des Odorico von Pordenone. Berlin 1968 (= Texte des späten Mittelalters und der frühen Neuzeit. 20); der lateinische Text u. a. durch H. Yule: Cathay and the Way Thither. London 1866, Reprint 1913–16, App. I, S. i-xliii, sowie Wyngaert, a. a. O., S. 413–495.

202 Wyngaert, a. a. O., I, S. 453; Vgl. Burman, a. a. O., S. 54f.

203 *Si essin vleysch allit tyr, sundir menschin vleysch essin si allir libist:* H. v. Tscharner: Der mitteldeutsche Marco Polo. Berlin 1935 (= Deutsche Texte des Mittelalters. 40), S. 55.

204 Vgl. unten das Kapitel 7 über die Wundervölker.

205 Honorius: *De imagine mundi,* I, 11; Thomas von Cantimpré: *Liber de natura rerum,* III, 5, 2; Gervasius von Tilbury: *Otia imperialia II,* 3; Tscharner: Der mittelhochdeutsche Marco Polo, a. a. O., S. 56.

206 Vgl. Deluz, a. a. S. 475.

207 Über Erdrandvorstellungen vgl. R. Kaiser: Der Zaun am Ende der Welt. Frankfurt 1989, der ernste und weniger ernst gemeinte Konzepte von der Begrenztheit der Ökumene referiert.

208 Kaiser, a. a. O., S. 26f.

209 *Und da von sprich ich daz er über erd und wasser gefaren waz also daz er die erden umb gegangen hett und waz wider kumen in sin land. Er wist sin aber nit und kert sich wider umb, und den weg den er waz kumen zogt er wider und verlor manig tagwaid. Da von sprich ich daz man wol mag umb und umb die welt faren.* (E. J. Morall: Sir John Mandevilles Reisebeschreibung in deutscher Übersetzung von Michel Velser, Berlin 1974 (= Deutsche Texte des Mittelalters. 66), S. 36).

210 A. Zorzi: Marco Polo. München 1986, S. 194.

211 Vgl. Tscharner: Der mitteldeutsche Marco Polo, a. a. O., S. 44–46.

212 Zorzi, a. a. O.

213 Vgl. Tscharner: Der mitteldeutsche Marco Polo, a. a. O., S. 50–54.

214 Zorzi, a. a. O., S. 243–247.
215 G., Helmut: Das Indienbild des Abendlandes bis zum Ende des 13. Jahrhunderts. Wien 1964 (= Wiener Dissertationen aus dem Gebiete der Geschichte. 4), S. 15f.
216 Gervasius von Tilbury: *Otia imperialia* II, 3; Vinzenz von Beauvais: *Speculum historiale* XXXI, 10.
217 Vgl. dazu K. Miller: Mappae mundi. Bd. 6, Stuttgart 1898, S. 31f.
218 Vgl. A. Cunningham: The Ancient Geography of India. New Enlarged Edition. Varanasi 1975, S. 1–8.
219 C. Bercovici: Prolegomenes a l'etude de l'Inde au XIIIème Siecle. In: Voyage, quête, pèlerinage dansl la littérature et la civilisation médiévales. Aix-en-Provence, Paris 1976, (= Sénefiance 2), S. 221–234.
220 Sir John Mandevilles Reisebeschreibung in deutscher Überrsetzung von Michael Velser, Hrsg, v. E. J. Morall, Berlin 1974 (= Deutsche Texte des Mittelalters. 66), S. 165–167.
221 Ibid. S. 153.
222 Ibid. S. 151.
223 V. Langmantel (Hrsg.): Hans Schiltbergers Reisebuch nach der Nürnberger Handschrift herausgegeben. Tübingen 1885 (= Bibliothek des Litterarischen Vereins in Stuttgart. 172). Andere Ausgaben verwenden die Frühdrucke mehr als die Handschriften (F. Neumann, München 1859; E. Geck, Wiesbaden 1969). Neuhochdeutsche Übersetzung von U. Schlemmer: Johannes Schiltberger. Als Sklave im Osmannischen Reich und bei den Tartaren 1394–1427. Stuttgart 1983.
224 Zu den Nahostreisenden vgl. das folgende Kapitel 6, S. 95–104.
225 Vgl. Langmantel, a. a. O., S. 84–97.
226 Tscharner: Der mittelhochdeutsche Marco Polo, a. a. O., S. 52.
227 A. a. O., S. 55.
228 Vgl. dazu Campell, a. a. O., S. 87f.
229 Zu den Pilgerführern vgl. Kapitel 6, Anmerkungen 10–13.
230 Wenngleich dieses Messen oft unbewußt geschah und eine ebenfalls unterbewußte Versöhnung von rationaler Erfahrung und den Autoritäten häufig angenommen werden muß; vgl. dazu R. L. Poole: Illustrations of the History of Medieval Thought and Learning. 2nd ed., London 1920, S. 4; C. H. Haskins: The Renaissance of the Twelfth Century. Cambridge 1927, S. 342ff.
231 Isidor: *Etymologiae* XIV, 5, 17; Honorius: *De imagine mundi* I, 6.
232 H. A. R. Gibb (Ed.): Ibn Battuta: Travels. 2 Bde., London 1971; Ibn Battúta: Travels in Asia and Africa 1325–1354. London 1983 (Auszüge); H. D. Leicht (Hrsg.) Ibn Battuta: Reisen ans Ende der Welt. Das größte Abenteuer des Mittelalters 1325–1353. Darmstadt 1985; vgl. dazu Burman, a. a. O., S. 117–130.
233 Übersetzt bei T. Wright: Early Travels in Palestine. London 1848; vgl. dazu auch Burman, a. a. O., S. 43–47.
234 Im Spätmittelalter gehört dieser Umweg über die Halbinsel Sinai, das Katharinenkloster, Alexandrien und Kairo bereits zur üblichen Reiseroute, so z. B. bei Hans Tucher und Sebald Rieter 1479, Paul Walther 1481, Felix

Fabri 1483, Bernhard von Breydenbach 1483/84 und Arnold von Harff 1496–1499.

235 Die erste Auffassung findet auf der Karte von Ebstorf ihre bildliche Ausformung, die zweite besonders bei Lambert von St. Omer: *Liber floridus.*

236 Etwa aus Livius und Sallust.

237 Isidor: *Etymologiae*, bes. Kap. IX und XII.

238 Die Tierkapitel sind bei Plinius: *Historia naturalis* VIII-XI, bei Solinus: *Collectanea rerum memorabilium* sind sie nach geographischen Gesichtspunkten verteilt.

239 Vgl. dazu F. Lauchert: Geschichte des Physiologus. Straßburg 1889 (Nachdruck 1974); N. Henkel: Studien zum Physiologus im Mittelalter, Tübingen 1976 (= Hermea. 38); C. Schröder: Physiologus. In: Die deutsche Literatur des Mittelalters. Verfasserlexikon. 2. Auflage, Bd. 7. Berlin: New York 1988, Sp. 620–634.

240 N. Henkel, C. Hünemörder: Bestiarium, -ius, Bestiarien. In: Lexikon des Mittelalters, Bd. 1, München, Zürich 1980, Sp. 2072–2074; B. Rowland: Bestiary. In: Dictionary of the Middle Ages, Vol. 2, New York 1983, S. 203–207; W. B. Clark, M. T. McMunn (Ed.): Beasts and Birds of the Middle Ages. The Bestiary and its Legacy. Philadelphia 1989.

241 Vgl. dazu Miller, Mappae mundi V. Die Ebstorfkarte. Stuttgart 1896, S. 1–5 und 71, sowie B. Hahn-Woerle: Die Ebstorfer Weltkarte. Ebstorf o. J.

242 Hahn-Woerle, S. 45.

243 Vgl. K. Miller: Mappae mundi 4. Die Herefordkarte. Stuttgart 1896, S. 37.

244 Vgl. Isidor: *Etymologiae* XII, 2, 14f.

245 Die Abneigung der Elefanten gegen Mäuse (oder eigentlich gegen deren Geruch) findet sich bereits bei Plinius (*Naturalis historia* VIII, 10, 30), nicht dagegen in der mittelalterlichen *Physiologus*-Literatur (vgl. Henkel, a. a. O., S. 177–179), aber wiederum im neuzeitlichen Volksglauben (vgl. H. Bächtold-Stäubli: Handwörterbuch des deutschen Aberglaubens. Bd. 2, Berlin 1929, Reprint Berlin 1986); zu den Elefantendarstellungen im Mittelalter vgl. besonders G. C. Druce: The Elephant in Medieval Legend and Art. In: Archaeological Journal 76 (1919), S. 1–73, und K. Lassacher: Der Elefant in der mittelalterlichen Literatur. Wien, Dipl.-Arbeit 1988.

246 Vgl. dazu T. H. White: The Book of Beasts. Gloucester 1984, S. 14–51.

247 Vgl. weiter u. a. White, a. a. O.; H. Schöpf: Fabeltiere. Graz 1988; D. J. McMillan: The Phoenix. In: M. South (Ed.): Mythical and Fabulous Creatures. A Source Book and Research Guide. New York, Westport, Conn., London 1987, S. 59–74; P. Lum: Fabulous Beasts. London 1952; B. Holbek und I. Piø: Fabeldyr og Sagnfolk. København 1967, [2]1979.

248 Vgl. dazu die jüngeren Sammelbände über das Verhältnis des mittelalterlichen Menschen zur Tierwelt überhaupt und zu Fabeltieren im Besonderen: L'uomo di fronte al mondo animale nell'alto medioevo. 7–13 aprile 1983, 2 Bde., Spoleto 1984; L. Harf-Lancner (Ed.): Metamorphose et bestiaire fantastique au Moyen Age. Paris 1985; Le monde animal et ses Representations au Moyen-Age (XIe-XVe siècles). Toulouse 1985.

249 Vgl. O. Brenner: Nord- und Mitteleuropa in den Schriften der Alten. München 1867, S. 29–34.

250 Brenner, a. a. O., S. 25 f und 34–61.
251 Vgl. Simek: Altnordische Kosmographie, a. a. O., S. 209f.
252 Was nicht zuletzt daran liegt, daß die beiden größten bekannten mittelalterlichen Weltkarten aus Ebstorf in Norddeutschland und aus Hereford in Mittelengland stammen; vgl. oben Anmerkung 54 und 56.
253 Vgl. dazu A.-D. v. d. Brincken: Mappa mundi und Chronographia. In: Deutsches Archiv für Erforschung des Mittelalters 24 (1968), S. 118–167: S. 163.
254 Cassidy, Vincent H. de P.: The voyage of an Island. In: Speculum 38 (1963), S. 595; vgl. ebenfalls Dreyer-Eimbcke, a. a. O., S. 4.
255 Vgl. dazu die ausführlichen Anmerkungen bei G. Ehrismann: Geschichte der deutschen Literatur. Bd. 2, Teil 1, München 1922, S. 231–234.
256 C. Hofmann: Über das Lebermeer. In: Sitzungsberichte der Königlich Bayerischen Akademie der Wissenschaften, Phil.-hist. Cl. 2 (1865), S. 1–19: S. 4.
257 K. Weinhold: Die Polargegenden Europas nach den Vorstellungen des deutschen Mittelalters. In: Sitzungsberichte der phil.-hist. Cl. der kaiserl. Akademie der Wissenschaften Wien 68 (1871), S. 783–808: S. 793f; Hofmann, a. a. O.; J. L. Lowes: The Dry Sea and the Carrenare. In: Modern Philology 3 (1905), S. 1–46; M. Letts: The Liver Sea. In: Notes and Queries 191 (1946), S. 47–49.
258 So Hofmann, a. a. O., S. 11, mit älterer Literatur.
259 Dicuil: *Liber de mensura orbis terrae* VII, 11–15.
260 Bei Isidor *(Etymologiae* XIV, 6, 4) als *pigrum et concretum* bezeichnet.
261 Adam von Bremen: *Gesta Hammaburgensis Ecclesiae Pontificum*, 4, 34, Scholion 150: Magister Adam Bremensis: Gesta Hammaburgensis Ecclesiae Pontificum. In: Quellen des 9. und 11. Jahrhunderts zur Geschichte der Hamburgischen Kirche und des Reiches. Darmstadt 1973, (= Freiherr vom Stein-Gedächtnisausgabe. 11), S. 137–503: S. 482f ; vgl. Lowes, a. a. O., S. 44.
262 Dazu siehe ebenfalls unten im nächsten Kapitel.
263 Kapitel 4, S. 64f.
264 Martianus Capella: *De nuptiis Philologiae et Mercurii* VIII, 876ff.
265 *Ad illud quod obicitur de auctoritate Alfragani et Ptholomei, qui ponunt primum clima incipere citra equinoctialem, dico quod ista ratio non cogit, tum quia ultimum clima, scilicet septimum, parum continet de Anglia, non duas dietas, tamen non sequitur quod Anglia non sit habitabilis, eo quod non diviserunt philosophi tunc temporis terras nisi habitabilis famosas, tum quia non erat terra habitata tunc temporis vel non venerat rumor apud nos. Et, ut breviter dicam, non diviserunt terram habitabilem solum sed inhabitatam publice et famose et ad quam erat accessus liber et recessus.* (L. Thorndike: The Sphere of Sacrobosco, a. a. O., S. 192).
266 Der Einleitungsparagraph weist auch in den lateinischen Fassungen eine Bandbreite von Abweichungen auf; hier frei übersetzt nach F. Zarncke: Der Priester Johannes. 1. Abhandlung. Leipzig 1879 (= Abhandlungen der phil.-hist. Cl. der Königl. Sächs. Gesellschaft der Wissenschaften, Bd. 7, Nr. 8), S. 909.
267 Vgl. dazu unten Kap. 7
268 Zum sandigen Meer, das auch bei Mandeville und bei Odorico (Wyngaert,

a. a. O., S. 419, Strasman, a. a. O., S. 47) zu finden ist, vgl. Lowes, a. a. O., S. 4–19, der es mit der chinesischen Wüste von Lop Nor identifiziert.

269 *Quare sublimitas nostra digniori quam presbiteratus nomine nuncupari se non permittat, non debet prudentia tua admirari. Plures enim in curia nostra ministeriales habemus, qui digniori nomine et officio, quantum ad ecclesiasticam dignitatem spectat, et etiam maiori quam nos in divinis officiis praediti sunt. Dapifer enim noster primus est et rex, oicinera noster archiepiscopus et rex, camerarius noster episcopus et rex, marescalcus noster rex et archimandrita, pzinceps cocorum rex est et abbas. Et icirco altitudo nostra non est passa se nominari eisdem nominibus aut ipsis ordinibus insigniri, quibus curia nostra plena esse videtur, et ideo minori nomine et inferiori gradu propter humilitatem magis elegit nuncupari.* (Zarncke, a. a. O., S. 923 f).

270 E. D. Ross: Prester John and the Empire of Ethiopia. In: A. P. Newton (Hrsg.): Travel and Travellers of the Middle Ages. 3. Aufl. London 1949, Reprint 1968, S. 179; spezieller über enthaltene Gräzismen: V. Slessarev: Prester John. The Letter and the Legend. Minneapolis 1959, S. 41–47.

271 L. Olschki: Storia Letteraria delle Scoperte Geografiche. Studi e Ricerche. Firenze 1937, S. 209.

272 L. Olschki: Der Brief des Presbyters Johannes. In: Historische Zeitschrift 144 (1931), S. 1 –14; C. E. Nowell: The Historical Prester John. In: Speculum 28 (1953), S. 437.

273 Slessarev, a. a. O. S. 5.

274 M. Gosman: La Lettre du Prêtre Jean. Les versions en ancien francais et en acien occitan. Textes et commentaires. Groningen 1982, S. 50–117.

275 Zarncke, a. a. O., S. 877–908.

276 Slessarev, a. a. O., S. 64, führt 14 frühe Drucke der französischen Fassung ab 1488 an.

277 So Olschki: Der Brief, a. a. O., 10ff, der das utopische Element für den Erfolg des Briefes verantwortlich macht.

278 Johannes de Hese: Itinerarium. In: G. Oppert: Der Presbyter Johannes in Sage und Geschichte. Berlin 1864, S. 180–193; vgl. dazu auch Zarncke, a. a. O., 2. Abhandlung, S. 159–171.

279 M. Behland: Die Dreikönigslegende des Johannes von Hildesheim. München 1968; vgl. dazu Zarncke, a. a. O., S. 154–159.

280 Vgl. Zarncke, a. a. O., S. 128–154.

281 Sowohl C. E. Nowell, a. a. O., S. 435–445, als auch Gosman, a. a. O., S. 23–31 referieren die ältere Forschung und kommen ebenso wie Slessarev, a. a. O., S. 80–92, zum Schluß, daß nur eine Verbindung der älteren Erklärungstheorien dem Ursprung des Presbyter Johannes gerecht werden kann. Nichts Neues zum Brief des Presbyter Johannes selbst bringt K. Zatloukal: India – ein idealer Staat im «Jüngeren Titurel». In: Strukturen und Interpretationen. Wien 1974, S. 401–445, während K. Helleiner: Prester John's Letter. In: The Phoenix 13 (1959), S. 47–57, vor allem die politische Dimension des Briefes unter Betonung der anti-byzantinischen Grundhaltung bespricht.

282 Der anonyme Bericht *De adventu patriarchae Indorum ad Urbem sub Calixto papa secundo* und ein Brief des Abtes Odo von Rheims (1118–1151) über denselben Besuch; vgl. dazu Slessarev, a. a. O., S. 9–25.

283 So G. Oppert, a. a. O.; R. Hennig: Das Christentum im mittelalterlichen Asien und sein Einfluß auf die Sage vom «Priester Johannes». In: Historische Vierteljahrsschrift 29 (1935), S. 234–252; referiert bei Nowell, a. a. O., S. 436 und 439, und Gosman, a. a. O., S. 24f.

284 Einmal *Iohannes* [...] *rex et sacerdos*, kurz darauf *Presbyter Iohannes:* vgl. Zarncke, a. a. O., 1. Abteilung, S. 848.

285 C. Marinescu: Le Prêtre Jean. Son Pays. Explication de son Nom. In: Bulletin de la Section Historique de l'Academie Roumaine 10 (1923), S. 73–112; referiert bei Nowell, a. a. O., S. 437f, und Gosman, a. a. O., S. 26f.

286 Z. B. John of Mandeville (Morall, a. a. O., S. 144 und 145f), Marco Polo (Tscharner, a. a. O., S. 15f und 20); Johannes de Pian de Carpini (Giovanni di Pian di Carpini: Storia dei Mongoli, a. a. O., S. 259); Wilhelm von Rubruk (Wyngaert, a. a. O., S. 240).

287 Einmal vermutetete man sein Reich am Oberlauf des Kongo, dann wieder an der afrikanischen Ostküste in Mozambique: Salentiny, a. a. O., S. 59 und 71; Hamann, a. a. O., S. 66, 175f, 272f, 397.

288 Madariaga, a. a. O., S. 207–209.

289 Madariaga, a. a. O., S. 207.

290 W. Irving: The Life and Voyages of Christopher Columbus. Author's rev. ed., London 1876, S. 53f.

291 Ein Verzeichnis von Belegen aus Flavius Josephus, Hieronymus und aus dem schon im 7. Jahrhundert vom schottischen Abt Adamnan aufgezeichneten Pilgerbericht des Arkulf neben hochmittelalterlichen Stellen (Petrus venerabilis, Gervasius von Tilbury) bieten W. Müller: Die heilige Stadt. Roma quadrata, himmlisches Jerusalem und die Mythe vom Weltnabel. Stuttgart 1961, S. 53f, und R. Konrad: Das himmlische und das irdische Jerusalem im mittelalterlichen Denken. Mystische Vorstellung und geschichtliche Wirkung. In: Speculum historiale. [Festschrift für Johannes Spörl], München 1965, S. 530–532.

292 Auf den meisten Ökumenekarten nach dem T-O-Schema (vgl. J.-G. Arentzen: Imago mundi cartographica. München 1984, S. 217–220), so auch auf den großen Karten von Ebstorf und Hereford (vgl. K. Miller: Mappae mundi. Die ältesten Weltkarten. IV und V, Stuttgart 1896).

293 Isidor: *Etymologiae* XIV, 3, 21 (so auch Vinzenz von Beauvais: *Speculum historiale* I, 67) bezeichnet Jerusalem nur als Nabel von Judea, nicht aber der Welt.

294 Vgl. z. B. R. Röhricht, R. Meisner: Ein niederrheinischer bericht über den orient. In: Zeitschrift für deutsche Philologie 19 (1887), S. 8.

295 Z. B. bei Adamnan (7. Jh.: P. Geyer: Itinera Hierosolymitana saeculi IV-VIII. Prag, Wien, Leipzig 1898 (= CSEL 39), S. 219–297), bei dem Jerusalem tatsächlich *umbilicus mundi* «Nabel der Welt» genannt wird; bei Beda venerabilis: *De locis sanctis* (8. Jh.: PL 94, Sp. 1179–1190); beim *Anonymus Mercati* (12. Jh.: K. N. Ciggaar: Byzance et L'Angleterre. Leiden 1976, S. 125f); bei Nikulás von Munkaþverá (12. Jh., isländ.: Simek: Altnordische Kosmographie. Berlin, New York 1990 (= Beihilfe zum Reallexikon für germanische Altertumskunde 3), S. 264–280).

296 R. Simek: Hierusalem civitas famosissima. Die erhaltenen Fassungen des mitteralterlichen *Situs Jerusalem* (mit Abbildungen zur gesamten handschriftlichen Überlieferung). In: Codices Manuscripti 15 (1990) 1–40.

297 *Breviarius de Hieroslyma*, übersetzt bei H. Donner: Pilgerfahrt ins Heilige Land. Die ältesten Berichte christlicher Palästinapilger (4.–7. Jahrhundert). Stuttgart 1979, S. 232–239.

298 Theoderich: Guide to the Holy Land. Translated by A. Stewart. Second Edition by R. G. Musto. New York 1986.

299 Vgl. C. Hippler: Die Reise nach Jerusalem. Untersuchungen zu den Quellen, zum Inhalt und zur literarischen Struktur der Pilgerberichte des Spätmittelalters. Frankfurt, Bern, New York 1987, S. 139f, ohne Angabe konkreter Pilgerführer.

300 Dazu bislang am ausführlichsten U. Ganz-Blättler: Andacht und Abenteuer. Berichte europäischer Jerusalem- und Santiago-Pilger (1320–1520). Tübingen 1990 (= Jakobus-Studien 4), S. 103–106.

301 H. Busse: Vom Felsendom zum Templum Domini. In: Das Heilige Land im Mittelalter. Begegnungsraum zwischen Orient und Okzident. Hrsg. von W. Fischer und J. Scheider. Neustadt a. d. Aisch 1982, S. 19–32.

302 Vgl. J. Hill: From Rome to Jerusalem. In: Harvard Theological Review 76 (1983), S. 192.

303 *Itinerarium Burdigalense*, bei Donner, a. a. O., S. 57.

304 Ebenda, S. 60f.

305 Donner, a. a. O., S. 199–218.

306 H. Kellenbenz: Die Südosteuroparoute der deutschen Kreuzfahrer. In: W. Fischer, J. Scheider (Hrsg.): Das Heilige Land im Mittelalter. Begegnungsraum zwischen Orient und Okzident. Neustadt a. d. Aisch 1982, S. 95–106.

307 H.-J. Lepszy: Die Reiseberichte des Mittelalters und der Reformationszeit. Diss. Hamburg 1952, S. 168.

308 J. Hill: From Rome to Jerusalem. In: Harvard Theological Review 76 (1983), S. 195.

309 Eusebius: *Vita Constantini*, III, 42.

310 E. M. Jung-Inglessis: Romfahrt durch zwei Jahrtausende. Bozen 1978, S. 6.

311 Zu den vielfältigen Gründen für Reisen im Mittelalter vgl. N. Ohler, Reisen im Mittelalter, München 1986, S. 82–105. Zu den Pilgerreisen im speziellen Lepszy, a. a. O., S. 16–23 und S. 110–181. Zur Literatur über die mittelalterliche Reiseliteratur vgl. P. J. Brenner: Der Reisebericht in der deutschen Literatur. Ein Forschungsüberblick als Vorstudie zu einer Gattungsgeschichte. Tübingen 1990, (= Internationales Archiv für Sozialgeschichte der deutschen Literatur. 2. Sonderheft), S. 41–79.

312 Vgl. dazu Donner, a. a. O., S. 36–68 (mit deutscher Übersetzung); Lepszy, a. a. O., S. 112.

313 Eine deutsche Übersetzung des Reiseberichts bei Donner, a. a. O., 332–421 (mit weiterführender Literatur S. 331), englische Übersetzungen bei T. Wright; Early Travels in Palestine. London 1848, S. 1–12, und bei J. Wilkinson: Jerusalem Pilgrims before the Crusades. Warminster 1977, S. 93–116.

314 Lepszy, a. a. O., S. 113f; Wright, a. a. O., S. 13–22.

315 Vgl. J. v. Newald: Der Heilige Koloman. In: Die Kultur 13 (1912), 281–292.

316 Vgl. dazu E. Burman, The World before Columbus 1100–1492. London 1989, S. 24 –41.

317 Wrigth, a. a. O., S. 31 ff.

318 P. Riant: Expéditions et Pèlerinages des Scandinaves en Terre Sainte au temps des Croisade. Paris 1865, S. 173–215; B. Z. Kedar, Chr. Westergård-Nielsen: Icelanders in the Crusader Kingdom of Jerusalem: A Twelfth-Century Account. In: Mediaeval Scandinavia 11 (1978–79), S. 193–211.

319 Riant, a. a. O., S. 303–338.

320 Simek: Altnordische Kosmographie, a. a. O., S. 478–490 (mit deutscher Übersetzung des Itinerars).

321 Burman, a. a. O., S. 43–47.

322 R. Röhricht u. H. Meissner: Deutsche Pilgerreisen nach dem Heiligen Land. Berlin 1880, S. 4.

323 Vgl. das Pilgerverzeichnis bei Röhricht/Meissner, a. a. O., S. 463–546.

324 Lepszy, a. a. O., S. 119.

325 Simek: Altnordische Kosmographie, a. a. O., S. 490.

326 Hippler, a. a. O., S. 49f.

327 Magoun, Francis P.: The Rome of two Northern Pilgrims: Archbishop Sigeric of Canterbury and Abbot Nikolás of Munkathverá. In: Harvard Theological Review 33 (1940), S. 277–289.

328 The Marvels of Rome, Mirabilia Urbis Romae. Ed. and Transl. Francis Morgan Nichols. 2nd edition, with new introduction, gazetteer and bibliography by Eileen Gardiner. New York 1986, S. 3–46.

329 Zu Rompilgern und Rombeschreibungen vgl. J. Zettinger: Die Berichte über Rompilger aus dem Frankenreiche bis zum Jahre 800. Diss. Rom 1900; W. Müller: Die heilige Stadt. Roma quadrata, himmlisches Jerusalem und die Mythe vom Weltnabel. Stuttgart 1961; Magoun, a. a. O.; J. Jung: Das Itinerar des Erzbischofs Sigeric von Canterbury und die Straße von Rom über Siena nach Lucca. In: Mittheilungen des Instituts für Österreichische Geschichtsforschung 25 (1904), S. 1–90; H. Jordan, Heinrich: Topographie der Stadt Rom im Altertum. Bd. 1–2 (in 4), Berlin 1871–1907; H. Bloch: Der Autor der «Graphia aureae urbis Romae». In: Deutsches Archiv für Erforschung des Mittelalters 40 (1984), S. 55–175.

330 G. Walser: Die Einsiedler Inschriftensammlung und der Pilgerführer durch Rom (Codex Einsidlensis 326). Faksimile, Umschrift, Übersetzung und Kommentar. Stuttgart 1987 (= Historia. 53), S. 143–211; die genannten *Mirabilia Urbis Romae* stammen aus der Mitte des 12. Jahrhunderts.

331 K. Herbers: Der Jakobsweg. Mit einem mittelalterlichen Pilgerführer unterwegs nach Santiago de Compostella. Tübingen 1986; R. Plötz: Deutsche Pilger nach Santiago de Compostella bis zur Neuzeit. In: K. Herbers (Hrsg.): Deutsche Jakobspilger und ihre Berichte. Tübingen 1988, S. 1–27; Ganz-Blättler, a. a. O., S. 10.

332 Vgl. dazu K. Herbers: Der Jakobuskult des 12. Jahrhunderts und der Liber *Sancti Jacobi.* Wiesbaden 1984; dt. Zusammenfassung des Werkes bei N. Ohler, Reisen im Mittelalter. München 1986, S. 282–298.

333 Die Heimkehr des Isländers Björn Einarsson (ca. 1350–1415), der nicht nur nach Grönland, sondern dreimal nach Rom und je einmal nach Jerusalem, Santiago und Canterbury gelangt war, berichten sogar die isländischen Annalen zum Jahr 1406 (vgl. dazu Simek: Altnordische Kosmographie, S. 295f).

334 Zu Jerusalem als Zentrum der Erde vgl. u. a. W. Müller, Die heilige Stadt. Roma quadrata, himmlisches Jerusalem und die Mythe vom Weltnabel. Stuttgart 1961; R. Konrad, Das himmlische und das irdische Jerusalem im mittelalterlichen Denken. In: Speculum Historiale, Festschrift für J. Spörl. Freiburg, München 1965 S. 523–540; F. Niehoff: Umbilicus mundi – Der Nabel der Welt. In: Ornamenta Ecclesiae. Kunst und Künstler der Romanik in Köln. Köln 1985, III, S. 53–72; Simek: Hierusalem civitas famosissima, a. a. O., S. 1ff.

335 P. Geyer: Itinera Hierosolymitana saeculi IV-VIII. Prag, Wien, Leipzig 1898 (= CSEL 39), S. 219–297; in der Übersetzung bei Donner, a. a. O., S. 353.

336 Vgl. oben Kapitel 3, S. 49f.

337 Vgl. dazu W. Neuber: Fremde Welt im europäischen Horizont. Zur Topik der deutschen Amerika-Reiseberichte der Frühen Neuzeit. Berlin 1991 (= Philologische Studien und Quellen. 121); E. Luchesi: Von den «Wilden/ Nacketen/Grimmigen Menschfresser Leuthen/in der Newenwelt America gelegen». Hans Staden und die Popularität der «Kannibalen» im 16. Jahrhundert. In: K.-H. Kohl: Mythen der neuen Welt. Berlin 1982, S. 71–74.

338 Vgl. dazu W. Neuber: Imago und Pictura. Zur Topik des Sinn-Bilds im Spannungsfeld von Ars Memorativa und Emblematik (am Paradigma des «Indianers»). In: Text und Bild, Bild und Text. Hrsg. von W. Harms. Stuttgart 1990, S. 245–261.

339 Neben Staden z. B. in: *Underweisung und uszulegen der Cartha Marina.* Straßburg 1530 (vgl. H. Honour: Wissenschaft und Exotismus. In: K.-H. Kohl: Mythen der neuen Welt. Berlin 1982, 22–47); Th. de Bry: *America* (Teil 3 und 4). Frankfurt 1593–94 (vgl. dazu B. Bucher: Die Phantasien der Eroberer. In: K.-H. Kohl: Mythen der neuen Welt. Berlin 1982, S. 75–91).

340 Eine Zusammenstellung solcher Briefe und Neuen Zeitungen über die Entdeckungen in Amerika vom Ende des 15. und Anfang des 16. Jahrhunderts finden sich bei W. Neuber: Fremde Welt, a. a. O.; als Beispiel möge dafür die deutsche Ausgabe (vor 1522) der ersten und dritten Kolumbusreise dienen: *Ein Schöne Newe zeytung so Kayserlich Mayestet auß India yetz nemlich zukommen seind. Gar hüpsch von den Newen ynseln, vnd von yrem sitten gar kurtzweylig züleesen.*

341 U. Bitterli: Die Wilden und die Zivilisierten. Grundzüge einer Geistes- und Kulturgeschichte der europäisch-überseeischen Begegnung. Taschenbuchausgabe München 1982, S. 91.

342 Isidor: *Etymologiae,* IX, 2, 129–132; Vinzenz von Beauvais: *Speculum historiale,* I, 68.

343 Vgl. dazu bes. A. R. Anderson: Alexander's Gate, Gog and Magog, and the Inclosed Nations. Cambridge, Mass. 1932. Zur mittelalterlichen deutschen Rezeption C. Lecouteux: Les Monstres dans la litterature allemande du Moyen Age. Bd. 1, Göppingen 1982, S. 293f.

344 Vgl. dazu M. Panoff u. M. Perrin: Taschenwörterbuch der Ethnologie. 2. Aufl. Berlin 1982, S. 155.

345 Solinus: *Collectanea rerum memorabilium* 32, 4 und 52, 22; Honorius Augustodunensis: *De imagine mundi*, I, 11; Lambertus Audumarensis: *Liber floridus* 53r; Thomas Cantimpratenis: *Liber de natura rerum* III, 5, 2; Konrad von Megenberg: *Das Buch der Natur* (Ed. Pfeiffer, a. a. O. S. 489).

346 Aus einem altisländischen Wundervölkertext; zitiert nach Simek, Altnordische Kosmographie, S. 468.

347 Mandeville, ed. Morrall, a. a. O., S. 124.

348 Marco Polo, ed. Tscharner a. a. O., S. 55f.

349 Ibid., S. 52.

350 W. Neuber: «garriebat philomena». Die erste Columbus-Reise und ihre narrative Tradierung in Deutschland bis zum Jahr 1600. (im Druck).

351 M. Fracan: Newe unbekannthe Lande 1508; vgl. Neuber: Fremde Welt, a. a. O.; F. Kluge: Deutsches Etymologisches Wörterbuch, 22. Aufl. Berlin, New York 1989, S. 352. Eine völlig ahistorische Betrachtungsweise von «Kannibalismus und Fremdheit» findet sich bei F. Gewecke: Wie die neue Welt in die alte kam. Stuttgart 1986, S. 231–239.

352 Obwohl er nie in Indien war; das Werk ist wie die anderen Schriften des Ktesias verloren, wurde aber in der *Bibliotheka* des byzantinischen Theologen Photios (9. Jahrhundert) ausgewertet und teilweise exzerpiert; vgl. dazu J. B. Friedman: The Monstrous Races in Medieval Art und Thought. Cambridge, Mass., London 1981, S. 5, und R. Shafer: Unmasking Ktesias' Dogheaded People. In: Historia 13 (1964), S. 491–503.

353 Friedman, a. a. O., S. 6.

354 Vgl. besonders H. Hosten: The Mouthless Indians of Megasthenes. In: Journal and Proceedings of the Asiatic Society of Bengal. New Series 8 (1912), S. 291–301; Zusammenstellung der wichtigsten Belege auch bei Lecouteux, a. a. O., Bd. 2, S. 12f.

355 Friedman, a. a. O., S. 15.

356 R. Hennig: Der kulturhistorische Hintergrund der Geschichte vom Kampf zwischen Pygmäen und Kranichen. In: Rheinisches Museum für Philologie N. F. 81 (1932), S. 20–24.

357 Friedman, a. a. O., S. 27.

358 Im 4. Jahrhundert durch Julius Valerius Alexander Polemius *(Res gestae Alexandri Macedonis)*, besonders durch eine verkürzte Version des 9. Jahrhunderts («Zacher Epitome») verbreitet, im 10. Jahrhundert durch den Archpresbyter Leo *(Nativitas et victoria Alexandri Magni)*, wirksam in der Fassung *Historia de preliis* aus dem 11. Jahrhundert. Vgl. dazu G. Cary: The Medieval Alexander. Ed. by D. J. A. Ross, Cambridge 1956, S. 9ff.

359 C. Marvin (Ed.): Galteri de Castellione: Alexandreis. Padua 1978.

360 Vgl. dazu H. Buntz: Die deutsche Alexanderdichtung des Mittelalters. Stuttgart 1973.

361 Gen 10, 2; Ez 38, 1ff; Apoc 20, 7.

362 Friedman, a. a. O., S. 7.

363 Vgl. oben Kap. 5, S. 80.

364 Th. Mommsen: C. Ivlii Solini Collectanea rervm memorabilivm. Berlin 1895.

365 Für die drei Handschriften der lateinisch/altenglischen *Wonders of the East* vgl. die Handschriftenbeschreibungen bei P. A. Gibb: Wonders of the East: A Critical Edition and Commentary. Duke Univ. 1977, S. 6–9 und 200–204 (kontinentale Parallelen); zu den wesentlich besser belegten altnordischen Wundervölkerverzeichnissen vgl. Simek, Altnordische Kosmographie, a. a. O., S. 229–249, und R. Simek: Wunder des Nordens. Hundingjar, Einfoetingar und Verwandte. In: Gedenkschrift für E. Stutz. Heidelberg 1992 (im Druck).

366 Vgl. R. Simek: Elusive Elysia, or: Which Way to Glaesisvellir? In: Sagnaskemmtun. Festschrift f. Hermann Pálsson. Wien 1986, S. 247–275.

367 Simek: Wunder des Nordens, a. a. O.

368 Vgl. Isidor: *Etymologiae* IX, 2; Martianus Capella: *De nuptiis Philologiae et Mercurii* VI (F. Eyssenhardt: Martianvs Capella. Leipzig 1866, S. 227 ff).

369 Honorius Augustodunensis: *De imago mundi* XI und XXXIII.

370 Hrabanus Maurus: De universo XII, 4.

371 Miller, a. a. O., Heft 4, S. 45.

372 Miller, a. a. O., Heft 5, S. 59–62 und 74.

373 J. B. Harley, D. Woodward: The History of Cartography Vol. 1. Cartography in Prehistoric, Ancient, and Medieval Europe and in the Mediterranean. Chicago, London 1987, Pl. 14.

374 Ibid. S. 350.

375 Von den erhaltenen Exemplaren noch auf den Karten aus Paris (Bibl. Nat. Cod. lat. n. aqu. 1366) und aus dem kastilischen Burgo de Osma (vgl. dazu Miller, a. a. O., Heft 1, S. 11 f und Heft 5, Tafeln 2 und 3).

376 Vgl. oben Kap. 4, S. 69–73.

377 Wittkower, a. a. O., S. 167 f.

378 Isidor: *Etymologiae* IX, 2; ganz ähnlich auch bei Hrabanus Maurus *De universo* XVI, 2, wo das eigentliche teratologische Kapitel Isidors dagegen fehlt.

379 F. Eyssenhardt (Ed.): Martianvs Capella. Leipzig 1866, S. 233; engl. Übersetzung bei W. H. Stahl, R. Johnson, E. L. Burge: Martianus Capella and the Seven Liberal Arts, Bd. 2. New York 1977, S. 252. Ganz ähnlich bei Lambert von St. Omer, der durch exzerpierende Vorgangsweise ein Kapitel über die Wundermenschen zusammengestellt hat, in dessen Überschrift er ausdrücklich Martianus nennt: *Marcianvs Felix Capella De Gentibvs Diversis Et Monstris:* A. Derolez: Lamberti Liber floridus, a. a. O., S. 101–103 (= Cod. Ghent UB 92, fol. 50r–51r).

380 Isidor: *Etymologiae, De portentis* XI, 3.

381 F. Pfeiffer (Hrsg.): Das Buch der Natur von Konrad von Megenberg. Stuttgart 1861, S. 486; vgl. dazu Lecouteux: Les monstres, a. a. O., I, S. 217 ff; ders.: Konrad von Megenberg: «Von den Wundermenschen». In: Etudes germaniques 37 (1982), S. 290–304, hier S. 297 ff. Konrads deutsche Naturkunde erfreute sich wie seine *Deutsche Sphära* großer Beliebtheit und wurde schon vor 1500 sechsmal gedruckt.

382 Vgl. dazu Friedman, a. a. O., S. 31.

383 Augustinus: *De civitate Dei* XIV, 8.

384 *De portentis. 1. Portenta esse ait Varro, quae contra naturam nata videntur; sed non sunt contra naturam, quia divina voluntate fiunt, cum voluntas Creatoris cujusque*

conditae rei natura sit. Unde et ipse gentiles Deum modo Naturam, modo Deum appellant.

2. Portentum ergo fit non contra naturam, sed contra quam est nota natura. (Isidor, *Etymologiae* XI, 3).

385 Isidors *portenta*, zu denen Wundermenschen ebenso zählten wie Kometen. Dagegen Nicolaus von Oresme: *quod sequitur est quod monstrum in una villa vel patria, si accidat, non significat ibi force malum et cetera* (*De causis mirabilium 3*, 719f; B. Hansen: Nicole Oresme and the Marvels of Nature. Toronto 1985, S. 246).

386 *De causis mirabilium* 3, 471ff: Hansen, a. a. O. S. 228.

387 *Exemplum et gratia exempli: dic quod in generatione hominis ista se sequuntur: primo est sperma, 2^e est ut fungus terre, 3^e ut animal quasi non figuratum ut narrat Aristoteles in 7 animalium quod est quoddam quod dubium est utrum sit planta vel animal et cetera, 4^e ut symeus, 5^e ut pigmeus, 6^e est homo perfectus et cetera. (De causis mirabilium* 3, 592ff: Hansen, a. a. O., S. 238).

388 Vgl. H. W. Janson: Apes and Ape Lore. London 1952, S. 88ff.

389 *Simia autem habens caput canis, vultus quidem similis est cani, sed totum residuum corpus maius est fortius quam canis: et haec sunt quae in Mappa mundi canini homines vocantur. Facies enim illarum symiarum similes sunt faciebus canum (De animalibus libri XXVI* 2. 1.4: Ed. Stadler, a. a. O., S. 247).

390 *cynocephali et ipsi sunt e numeri simiarum: Collectanea rerum memorabilium* 27, 58: Ed. Th. Mommsen, a. a. O., S. 128.

391 *In hoc latifundio et inter Egyptum et Ethyopiam et Libiam sunt genera simiarum silvestria, quorum primum genus generaliter simias dicimus, secundum genus cirofitici, tertium cynocefali, quartum synges, quintum satiri, sextum fauni dicuntur.* Nach K. Miller: Mappae mundi, a. a. O., Bd. V, S. 61.

392 K. Smits: Die frühmittelhochdeutsche Wiener Genesis. Berlin 1972 (= Philologische Studien und Quellen. 59), S. 134–137; vgl. Friedman, a. a. O., S. 93.

393 Die Sündhaftigkeit der Menschen war aber auch für einen Theologen wie den Franziskanerprior Alexander von Hales im Paris des 13. Jahrhunderts der Grund für die Deformitäten: *Summa Theologica*, Ed. B. Marrani, Florenz 1928, S. 576.

394 *De animalibus libri* XXVI.

395 Cap. XVI: *De mirabilibus Indie* (Edmond Buron (Ed.): Ymago mundi de Pierre d'Ailly. Paris 1930, Bd. 1, S. 264–269).

396 Ebenda, S. 264 und 266.

397 Vgl. dazu Hosten, The Mouthless Indians of Megasthenes. In: Journal and Proceedings of the asiatic Society of Bengal. New Series 8 (1912) S. 291–301.

398 Ebenda.

399 Plinius: Naturalis Historia VI, 35; Solinus: Collectanea rerum memorabilium 17, 2; Isidor, Thomas von Cantimpré.

400 Bragmani: Plinius: *Naturalis Historia* (Brachmanae) VI, 64; Gymnosophisten: Plinius: *Naturalis Historia* VII, 82.

401 Vgl. dazu Friedman, a. a. O., S. 168ff.

402 Maritimi: Plinius: *Naturalis Historia*, VI, 194.

403 Solinus: *Collectanea rerum memorabilium* 30, 6.

404 Vgl. Lecouteux: Les Monstres, Bd. 2, 117f; Abb. bei Friedman, a. a. O. S. 17, Abb. 9.

405 Troglodyten («Höhlenbewohner»), ursprünglich Trogodytai, finden sich bei Plinius wiederholt (*Historia Naturalis* V, 8; VI, 28; VI, 33) und Vinzenz von Beauvais: *Speculum naturale* XXXII, 130.

406 Vgl. Thomas von Cantimpré: *De natura rerum* III, 5, 30; Walter von Metz: *Image du Monde*, a. a. O., S. 134; Vinzenz von Beauvais: Speculum naturale XXXI, 120. Dazu weitere zahlreiche Erwähnungen in der enzyklopädischen Literatur. Über Hermaphroditen und Androgynismus allgemein vgl. H. Baumann: Das doppelte Geschlecht. Ethnologische Studien zur Bisexualität in Ritus und Mythos. Berlin 1955.

407 Mittelhochdeutscher Marco Polo S. 31 und 33; vgl. dazu Friedman, a. a. O. S. 21f, ohne Angabe von Quellen. Die Hintergründe dieses Brauchs sind bislang noch unerforscht.

408 Es sei hier nur kurz auf E. T., Alf, Alien, die Gremlins und all die anderen teilweise humanoiden Monster der Science-Fiction Romane und Filme verwiesen, die alle einer Definition für mittelalterliche Wundervölker problemlos entsprechen würden: Menschenähnlichkeit mit körperlichen oder sozialen Defizienzen, exotische Herkunft, Zugehörigkeit zu einer Rasse mit ähnlichen Merkmalen (also keine singulären Mißgeburten) sowie nicht selten Überlegenheit gegenüber Normalmenschen auf einem engumgrenzten Bereich.

409 Erst kürzlich wurde bezweifelt, daß dieser Glaube tatsächlich vorhanden war: C. Gerhardt: Gab es im Mittelalter Fabelwesen? In: Wirkendes Wort (1988), 156–171, wobei aber der synthetische mittelalterliche Wahrheitsbegriff weitgehend außer acht gelassen wurde.

410 Daneben könnten die Riesen durchaus von der Beschreibung extrem hochgewachsener afrikanischer Völker (wie den Watussi) angeregt worden sein, die Amycteres von den kosmetischen Lippendehnungen der afrikanischen Ubangi und die Panoti von verschiedensten polynesischen und zentralafrikanischen Völkern, bei denen man ähnliche Bräuche für die Ohren beobachtet hat.

411 Der wichtigste Vermittler von Wundervölkern in der mittelalterlichen Enzyklopädik war Honorius von Autun, der in seiner *Imago mundi* offenbar direkt Solinus benutzte und ihn mit seiner Kenntnis von Augustinus und Isidor bearbeitete. Das Werk des Honorius wurde durch Walter von Metz in eine französische Reimfassung übertragen (F. Fritsche: Untersuchungen ueber die Quellen der Image du Monde des Walther von Metz. Halle/S. 1880). Selbstverständlich finden sich Wundervölker auch im umfangreichen *Speculum historiale* des Vinzenz von Beauvais (Lib. I, cap. 92). Volkssprachliche Bearbeitungen erfuhr auch die naturkundliche Enzyklopädie *De natura rerum* des Thomas von Cantimpré, nämlich eine französische und Konrads von Megenberg schon erwähnte mittelhochdeutsche.

412 Etwa der Reimchronik des Rudolf von Ems und der damit eng verwandten *Christherrechronik* (vgl. dazu O. Doberentz: Die Erd- und Völkerkunde in der Weltchronik des Rudolf von Hohen-Ems. In: Zeitschrift für deutsche Philologie 12 (1881), S.257–301 u. 387–454 u. 13 (1882), 29–57 und 165–223, sowie R. Simek: Die Wundervölker in der Weltchronik des Rudolf von Ems und der

Christherrechronik. In: Österreichische Zeitschrift für Volkskunde XLIII/92 (1989), S. 37–44.

413 O. Dunn, J. E. Kelley (Ed.): The Diario of Christopher Columbus's First Voyage to America 1492–1493. Abstracted by Fray Bartolomé de las Casas. Norman & London 1989, S. 38f.

414 Ebenda, S. 30–33.

415 R. J. Forbes: Studies in Ancient Technology. Vol 7. Leiden 1966, S. 10–37.

416 E. Kölbing: Geistliche Auslegung von Schiff und Regenbogen. In: Zeitschrift für deutsches Altertum 23 (1878), S. 258–261; L. Larsson: Nochmals Schiff und Regenbogen. In: Zeitschrift für deutsches Altertum 33 (1891), S. 244–248.

417 Grant: Das physikalische Weltbild des Mittelalters, a. a. O., S. 40ff und S. 90f.

418 M. Schramm: Roger Bacons Begriff vom Naturgesetz. In: P. Weimar (Hrsg.): Die Renaissance der Wissenschaften im 12. Jahrhundert. Zürich und München 1981, S. 197–209.

419 Strunz, a. a. O., S. 97.

420 P. H. Blair: The World of Bede. Cambridge 1990, S. 261.

421 Dazu besonders Forbes: Studies in Ancient Technology. Vol 7, a. a. O.

422 Vgl. dazu besonders D. C. Lindberg: The Science of Optics. In: D. C. Lindberg (Ed.): Science in the Middle Ages. Chicago, London 1978, S. 338 bis 368, und D. C. Lindberg: Auge und Licht im Mittelalter. Die Entwicklung der Optik von Alkindi bis Kepler. Frankfurt 1987, der bedauerlicherweise die im Mittelalter häufigen Verknüpfungen zwischen optischen und astronomischen Theorien weitgehend vernachlässigt.

423 Zur spezialisierten physikalischen Literatur, besonders der Mechanik, vgl. Grant: Das physikalische Weltbild des Mittelalters, a. a. O., S. 66–105.

424 Die Vermittlung griechisch-arabischen Bildungsgutes verdeutlicht (am Beispiel medizinischer Literatur) H. Schipperges: Die Rezeption arabisch-griechischer Medizin und ihr Einfluß auf die abendländische Heilkunde. In: P. Weimar (Hrsg.): Die Renaissance der Wissenschaften im 12. Jahrhundert. Zürich und München 1981, S. 173–196: S. 194, Anm. 26.

425 Grant: Das physikalische Weltbild des Mittelalters, a. a. O., S. 69f.

426 Simek: Altnordische Kosmographie, a. a. O., S. 101, nach der altisländischen *Hauksbók* aus dem frühen 14. Jahrhundert.

427 Z. B. Isidor: *Etymolgiae* XIII, 3 (PL 82, Sp. 473) und *De natura rerum* XI, 1 (PL 83, Sp. 979f); Beda: *De natura rerum* 4 (PL 90, Sp. 195ff); Honorius Augustodunensis: *De imagine mundi* I, 3 (PL 111, Sp. 262); Wilhelm von Conches: *De philosophia mundi* I, 21 (PL 172, Sp. 121).

428 Vgl. dazu die sogen. *Mainauer Naturlehre*, eine nur in einer einzigen Handschrift des 14. Jahrhunderts erhaltene mittelhochdeutsche naturwissenschaftliche, besonders auf die Zeit konzentrierte Abhandlung, die aber eine klar faßliche Elementenlehre an den Anfang stellt: H. R. Plant, M. Rowlands, R. Burkhart (Hrsg.): Die sogenannte «Mainauer Naturlehre» der Basler Hs. B VIII 27. Göppingen 1972 (= Litterae. 18), S. 5f und 17f.

429 Oben schon behandelt unter Kap. 5, S. 89f.

430 Pseudo-Bede: *De mundi terrestrisque constitutione.* A Treatise on the Univers

and the Soŭl. Edited and translated by C. Burnett. London 1985 (= Warburg Institute Surveys and Texts. 10), S. 20–22.; vgl dazu D. Gottschall: Sternschnuppen und Altweibersommer. Zu «De mundi constitutione», einem naturwissenschaftlichen Traktat des 12. Jahrhunderts aus der süddeutschen Provinz. In: Zeitschrift für deutsches Altertum 119 (1990), S. 154–162.

431 Z. B. bei Anaxagoras und Demokrit von Abdera; vgl. Forbes: Studies in Ancient Technology 7, a. a. O., S. 40–47.

432 Ebenda, S. 22.

433 Grant: Das physikalische Weltbild des Mittelalters, a. a. O., S. 124f.

434 Die Vorlage ist der *Liber de natura rerum* des Thomas Cantimpratensis: Ed. H. Boese. Berlin, New York 1973.

435 Konrad von Megenberg: Buch von der Natur, ed. F. Pfeiffer. Stuttgart 1861, S. 107–113.

436 Zu historischen Erdbeben vgl. G. Dragon: Quand la terre tremble. Paris 1981 (= Travaux et mémoires du Centre de recherche d'histoire et civilisation de Byzance. 8), und J. Vogt: Historische Seismologie - Einige Anmerkungen über Quellen für Seismologen. In: Frühneuzeit-Info 1 (1990), S. 17–22.

437 Avicennae «De congelatione et conglutinatione lapidum»; being sections of the Kitâb al-shifâ. The Latin and Arabic Texts, ed. with an English translation by E. J. Holmyard and D. C. Mandeville. Paris 1927; vgl. Grant: Das physikalische Weltbild des Mittelalters, a. a. O., S. 124f.

438 Vgl. R. A. Koch: Die aktualistische Bedeutung der Vulkanexperimente des Albertus Magnus. In: Abhandlungen des Staatlichen Museums für Mineralogie und Geologie zu Dresden 11(1966), S. 307–314.

439 Forbes, a. a. O., S. 52ff.

440 Vgl. Isidor: *Etymologiae* XIV, 6, 32 und XIV 8, 14; mit direktem Verweis auf Aristoteles auch bei Arnoldus Saxo: Liber in naturalibus I, 4, 17 (Emil Stange (Hrsg.): Die Enzyklopädie des Arnoldus Saxo, zum ersten Mal nach einem Erfurter Codex herausgegeben. (= Königliches Gymnasium zu Erfurt. Beilage zum Jahresbericht 1904/05, 1905/06, 1906/07), S. 40).

441 Vgl. dazu L. Thorndike: A History of Magic and Experimental Science. Vol. 4, New York 1934, S. 414ff.

442 S. Jenks: Astrometeorology in the Middle Ages. In: Isis 74 (1983), S. 185–210.

443 Ebenda, S. 193ff.

444 D. Harmenig: Bauernpraktik. In: Lexikon des Mittelalters. Bd. 1, München und Zürich 1980, Sp. 1621f; G. Eis (Hrsg.): Wahrsagetexte des späten Mittelalters. Aus Handschriften und Inkunabeln. Berlin 1956, (= Texte des späten Mittelalters. 1).

445 Konrad von Megenberg, ed. Pfeiffer, S. 95f.

446 *De mundi celestis terrestrisque constitutione*, ed. Burnett, S. 26.

447 Ebenda.

448 Konrad von Megenberg, ed. Pfeiffer, S. 82.

449 Vgl. Thomas Cantimpratensis: Liber de natura rerum. Ed. H. Boese. Berlin, New York 1973, S. 381.

450 Konrad von Megenberg, ed. Pfeiffer, S. 83.

451 L. Thorndike: A History of Magic and Experimental Science. Vol. 2, New York 1923, S. 580.

452 Plinius: *Naturalis Historia* II, 162; vgl. dazu Forbes, a. a. O., S. 33f.

453 Beda: *De natura rerum* XXXIV und XXXV (PL 90, Sp. 253f); Thomas von Cantimpré: *Liber de natura rerum* XVI, 3–4 (Ed. H. Boese, S. 380f); *De mundi celestis terrestrisque constitutione*, ed. Burnett, S. 26–28; Konrad von Megenberg: *Buch von der Natur* (ed. Pfeiffer. S. 86 und 84); Wilhelm von Conches: *Philosophia mundi* III, 8 (PL 172, Sp. 77).

454 *De mundi celestis terrestrisque constitutione*, ed. Burnett, S. 26–28; Konrad von Megenberg: Buch von der Natur (ed. Pfeiffer. S. 86 und 84); Wilhelm von Conches: *Philosophia mundi* III, 8 (PL 172, Sp. 77).

455 *De mundi celestis terrestrisque constitutione*, ed. Burnett, S. 30.

456 Konrad von Megenberg: Buch von der Natur (ed. Pfeiffer. S. 77).

457 Gottschall, a. a. O., S. 158–161, welche hier auch die Quellen des Konrad von Megenberg behandelt.

458 *Mainauer Naturlehre* (ed. Plant u. a.), S. 17; Alexander Neckham: *De naturis rerum* II, 14: Alexandri Neckam De naturis rerum libri duo. Ed. von Th. Wright. London 1863 (= Rerum Britannicarum Medii Aevi Scriptores. 34), S. 135f.

459 *De naturis rerum* II, 49 (Ed. Wright, S. 159).

460 Zum Verhältnis von Erdkugel und Hydrosphäre vgl. S. Günther: Die Lehre von der Erdrundung, a. a. O., S. 10ff, und S. Günther: Aeltere und neuere Hypothesen über die chronische Versetzung des Erdschwerpunktes durch Wassermassen. Halle 1878 (= S. Günther: Studien zur Geschichte der mathematischen und physikalischen Geographie. 3), S. 129–164.

461 Johannes Burdidanus: *De coelo et mundo* II, 7 (Übersetzt bei Grant: A Source Book in Medieval Science, a. a. O., S. 621–624).

462 Günther, Aeltere und neuere Hypothesen, a. a. O., S. 146–154.

463 Nicole Oresme and the Marvels of Nature. A Study of his *De causis mirabilium* with Critical Edition, Translation and Commentary by. B. Hansen. Toronto 1985, (= Studies and Texts. 68), S. 392; zu den physikalischen Ansichten des Nikolaus Oresme vgl. auch J. D. North: Intimations of Cosmic Unity? Fourteenth century Views on Celestial and Sub-lunar Motion. In: Nicolas Oresme. Tradition et innovation chez un intellectuel du XIVe siècle. Etudes recueillies et éditées par P. Souffrin et A. Ph. Segonds. Paris 1988, S. 45–55.

464 Beda: *De natura rerum* XXXIX (PL 90, Sp. 258–260); Thomas von Cantimpré: *Liber de natura rerum* XIX, 4 (Ed. H. Boese, S. 409); *De mundi celestis terrestrisque constitutione*, ed. Burnett, S. 24.

465 Ed. Burnett, S. 24.

466 Die zwei Strömungen, die nach Norden führten, trafen aufeinander, und durch den Aufprall könnte der Wechsel der Gezeiten entstehen: ibid.

467 Wilhelm von Conches: *Philosophia mundi* III, 8 (PL 172, Sp. 80).

468 So bei Athanasius Kircher: *Mundus Subterraneus* I, 86, 147ff (L. Thorndike: A History of Magic and Experimental Science. Vol. 7, New York 1958, S. 572).

469 Adam von Bremen: Gesta Hammaburgensis Ecclesiae Pontificum, 4, 39: Magister Adam Bremensis: Gesta Hammaburgensis Ecclesiae Pontificum. In: Quellen des 9. und 11. Jahrhunderts zur Geschichte der Hamburgischen

Kirche und des Reiches. Darmstadt 1973 (Freiherr-vom-Stein-Gedächtnisausgabe 11), S. 137–503: S. 490f.

470 Vgl. H. de Boor: Die deutsche Literatur von Karl dem Großen bis zum Beginn der Höfischen Dichtung. 8. Aufl. München 1971, S. 153f.

471 Beda: De natura rerum XXVI (PL 90. Sp. 246f); ähnlich Wilhelm von Conches: *Philosophia mundi* III, 15 (PL 172, Sp. 81f).

472 *De mundi celestis terrestrisque constitutione*, ed. Burnett, S. 30.

473 Ebenda.

474 *Etymologiae* XIII, 8.

475 De natura rerum XXVIII (PL 90, Sp. 249f).

476 Thomas von Cantimpré: *Liber de natura rerum* XVIII, 2 (Ed. H. Boese, S. 396); Konrad von Megenberg: Buch von der Natur (Ed. Pfeiffer, S. 91).

477 Thomas von Cantimpré: *Liber de natura rerum*, ebenda; *De mundi celestis terrestrisque constitutione*, ed. Burnett, S. 30.

478 Konrad von Megenberg: *Buch von der Natur* (Ed. Pfeiffer, S. 92).

479 Ebenda.

480 Ebenda, S. 97–100.

481 So in der altnordischen *Hauksbók* (F. Jónsson: Hauksbok. København 1916, S. 174f.

482 Zum *Physiologus* und den Bestiarien vgl. oben Kap. 5, S. 85ff.

483 Beda: De natura rerum 31 (PL 90, Sp. 252); ihm folgend im 11./12. Jahrhundert *De mundi celestis terrestrisque constitutione*, ed. Burnett, S. 32, aber mit den Farben grün, grau, blau und rot.

484 Über die Brechung (und Optik überhaupt) handelte aus gutem Grund der große Wissenschaftler des 14. Jahrhunderts und spätere Bischof von Lisieux, Nikolaus Oresme, in seinem Werk über die Wunder (*De causis mirabilium*), da er wußte, daß gewisse optische Erscheinungen seinen Zeitgenossen wunderbar vorkamen. Zur wissenschaftlichen Grundhaltung des Nikolaus Oresme vgl. E. Grant: Nicole Oresme on Certitude in Science and Pseudo-Science. In: Nicolas Oresme. Tradition et innovation chez un intellectuel du XIVe siècle. Etudes recueillies et éditées par P. Souffrin et A. Ph. Segonds. Paris 1988, S. 31–43.

485 Isidor: *Etymologiae* III, 71, 3; Beda: *De natura rerum* 11; Honorius Augustodunensis: *De imagine mundi* I, 70; Wilhelm von Conches: *Philosophia mundi* II, 12; Thomas von Cantimpré: *De natura rerum* XVIII, 3.

486 L. Thorndike: A History of Magic and Experimental Science. Vol. 2, New York 1923, S. 320; zu Michael Scotus vgl. auch L. Thorndike: The Sphere of Sacrobosco and its Commentators, a. a. O., S. 21- 23.

487 U. Dall'Olmo: Latin Terminology Relating to Aurorae, Comets, Meteors and Novae. In: Journal for the History of Astronomy 10 (1979), S. 12–16.

488 Buch der Natur (Ed. Pfeiffer, S. 78).

489 Dall'Olmo, a. a. O., S. 23 vermerkt das Fehlen des Wortes in lateinischen Texten des Mittelalters; den mittelhochdeutschen Beleg kennt er nicht.

490 Vgl. Bauer, a. a. O., S. 51ff.

491 *De imagine mundi* III, 13: *Quod cometa non sit stella* (PL 172, Sp. 80).

492 H. Pruckner: Studien zu den astrologischen Schriften des Heinrich von Langenstein. Leipzig 1933, S. 25.

493 Der Text des Albertus Magnus ist übersetzt bei Grant: A Source Book in Medieval Science. a. a. O., S. 539–547.
494 Vgl. dazu L. Thorndike: A History of Magic and Experimental Science. Vol. 4, New York 1934, S. 83.
495 Ebenda.
496 Vgl. dazu L. Thorndike: A History of Magic and Experimental Science. Vol. 4, New York 1934, S. 414ff; B. Hansen: Nicole Oresme, a. a. O., S. 59, Anm. 30 und S. 191f, Anm. 30.
497 P. M. de Anghiera: De Orbe Novo. Sevilla 1511.
498 Vgl. Jacob, a. a. O., S. 327f.
499 Salentiny, a. a. O., S. 90; Hamann: Der Eintritt der südlichen Hemisphäre, a. a. O., S. 347.
500 Salentiny, a. a. O., S. 84.
501 Jacob, a. a. O., S. 327f.
502 Hamann, a. a. O., S. 363–417.
503 Salentiny, a. a. O., S. 72ff.
504 Salentiny, a. a. O., S. 77.
505 Gewecke: Wie die neue Welt in die alte kam, Stuttgart 1986, S. 41.
506 Gewecke, a. a. O., S. 42f, nach E. J. Hamilton: American Treasure and the Price Revolution in Spain 1501–1650. 2. Aufl., Cambridge, Mass. 1934, S. 34ff.
507 O. Peschel: Die Theilung der Erde unter Papst Alexander VI. und Julius II. Leipzig 1871, S. 14–17; E. Staedler: Die «donatio Alexandrina» und die «divisio mundi» von 1493. In: Archiv für katholisches Kirchenrecht 117 (1937), S. 363–402; Hamann, a. a. O., S. 370–378.
508 Salentiny, a. a. O., S. 93ff.
509 Schedelsche Weltchronik, a. a. O., f. 12v–13r.
510 Vgl. Gewecke, a. a. O., Abb. 3 und 4.
511 A. a. O., Abb. 5.
512 E. Zinner: Entstehung und Ausbreitung der copernicanischen Lehre. 2. Aufl., München 1988, S. 181f.
513 H. Grössing: Die Kopernikanische Wende. In: W. Seipel (Hrsg.): Mensch und Kosmos. Linz 1990, S. 78–80.
514 Ebenda, S. 80f.
515 Grant: Das physikalische Weltbild, a. a. O., S. 114–120.
516 Vgl. G. Hamann, H. Grössing (Hrsg.): Der Weg der Naturwissenschaften von Johannes von Gmunden zu Johannes Kepler. Wien 1988 (= Sitzungsberichte der österr. Akademie der Wiss., phil.-hist. Kl. 364).
517 Ebenda, S. 81.
518 S. Arrhenius: Die Vorstellung vom Weltgebäude im Wandel der Zeiten. Leipzig 1908, S. 73.
519 E. McMullin: Introduction. Galileo, Man of Science. In: Galileo, Man of Science. Princeton Junction, New Jersey 1988, S. 20f; W. Hartner: Galileo's Contribution to Astronomy. In: Galileo, Man of Science. Princeton Junction, New Jersey 1988, S. 182ff.
520 H. Grössing: Galilei und Kepler oder Theologie gegen Naturwissenschaft. In: W. Seipel (Hrsg.): Mensch und Kosmos. Linz 1990, S. 114f.

521 W. Brandmüller: Das Ende einer Affäre. In: 30Tage 1/3 (1991), S. 54–59.
522 Konrad von Megenberg: *Buch der Natur* (ed. Pfeiffer, a. a. O., S. 78).
523 Vgl. etwa Miller, Mappae mundi, a. a. O., Bd. 4, S. 4.
524 M. Jancey: Mappa mundi. The Map of the World in Hereford Cathedral. Hereford 1987, S. 1 f.
525 Vgl. oben S. 61 u. 106.
526 Zu den Labyrinthtraditionen des Mittelalters vgl. besonders F. Weissengruber: Labyrinthus. Hic habitat Minotaurus. In: Festschrift zum 400jährigen Jubliäum des humanist. Gymnasiums in Linz, Linz 1952, S. 127–147; P. Santarcangeli: Il libro dei labirinti. Florenz 1967; H. Birkhan: Laborintus – labor intus. In: Festschrift für R. Pittioni, Wien 1976, S. 423–454; und zuletzt zusammenfassend: H. Kern: Labyrinthe. München 1982.
527 Vgl. Miller, Mappae mundi, a. a. O., Bd. 4, S. 18.

Verzeichnis der Abbildungen und Pläne

Abbildungen

Pläne

Register

Im Bechtermünz Verlag ist außerdem erschienen

John Gray Landels
Die Technik
in der antiken Welt

276 Seiten, Format 15,0 x 22,7 cm
gebunden, Best.-Nr. 475 327
ISBN 3-8289-0362-2
DM 19,90

Die Griechen und Römer haben nicht nur in Kunst, Kultur, Philosophie und Kriegsführung, sondern auch in Technik und Ingenieurwesen Überragendes geleistet. Sie fertigen Armbrüste und Katapulte für den Kriegsgebrauch, bauten Wassermühlen und Pumpen, entwarfen Kräne und Winden, Ruder- und Segelschiffe. Ihre größte Leistung aber waren die gewaltigen Aquädukte, die das Wasser über weite Entfernungen und unwegsames Gelände in die Großstädte leiteten, um dort die öffentlichen und privaten Versorgungssysteme zu speisen.

Landels schildert in diesem faszinierenden Werk detailliert, wie alle diese Maschinen und technischen Einrichtungen entworfen, gebaut und weiterentwickelt wurden.
Ein Buch, das nicht nur dem Kenner der Antike reichen Gewinn bringt.

Im Bechtermünz Verlag ist außerdem erschienen

S. Fischer-Fabian
Die Deutschen
im späten Mittelalter

368 Seiten, Format 13,5 x 21,5 cm
gebunden, Best.-Nr. 453 746
ISBN 3-8289-0373-8
DM 19,90

Die Menschen des späten Mittelalters, lebten in einer Epoche der Gärung, der Umwertung aller Werte, in der das Alte wankte, das Neue aber seine Gestalt noch nicht gefunden hatte. Grausam und gütig, erbarmungslos und mildtätig, wollüstig und keusch, anmaßend und demütig, sündenbeladen und fromm, so waren sie, und so war ihre Zeit.

S. Fischer-Fabian beweist mit diesem Buch einmal mehr seine Begabung, Geschichte so zu vermitteln, daß der Leser sie mitzuerleben glaubt. Voller Geist und sinnlicher Anschauung, respektvoll und kritisch zugleich, zwingt er uns in den Bann seiner erzählerischen Kraft.